LIN Yutang

L'IMPERATRICE DE CHINE

Roman traduit du chinois
par Christine Barbier-Kontler

*Éditions
Philippe Picquier*

Titre original : *Wou Tsô-t'ien Tcheng-tchouan*

Le Mas de Vert
13200 Arles

En couverture : D.R.

Conception graphique : Picquier & Protière

ISBN : 2-87730-189-3
ISSN : 1251-6007

AVANT-PROPOS

Du VIIe au milieu du VIIIe siècle, sous le règne de la dynastie des T'ang, la Chine connaît une des périodes les plus fastueuses de son histoire. C'est en 618 que la famille Li fonde un empire puissant qui va parachever l'œuvre de réunification entreprise par les Souei entre 581 et 617. Renouant avec la politique hégémonique des Han (206 av.-220 ap. n.e.), l'empire des T'ang étend progressivement sa domination sur toute l'Asie, de la Perse à la Corée, du lac Balkhach au Vietnam. La Chine reçoit des influences islamiques, iraniennes, et indiennes à travers ses ports de la mer du Sud et les royaumes d'Asie centrale. Sa culture traditionnelle revivifiée par ces apports va rayonner en Asie du Sud-Est et en Extrême-Asie. Les capitales, Tch'ang-ngan et Lo-yang, reconstruites sur des plans grandioses aux environs de l'an 600, sont les centres d'une civilisation brillante et cosmopolite. L'extraordinaire rayonnement de la Chine des T'ang coïncide avec l'épanouissement d'un vaste courant spirituel et religieux qui inspire aussi l'art et l'économie de l'Asie tout entière : le bouddhisme, voie de salut dominante, jamais dominatrice, infuse ses forces vives aux cultures asiatiques dans le respect de leur diversité.

Au VIIe siècle, la scène politique chinoise est accaparée par un personnage d'exception, une femme, l'unique « empereur » que la Chine connut jamais. Elle a pour nom Wou Tchao et vivra de 624 à 705. Entrée au palais à l'âge de quatorze ans, elle est, sous le Grand

T'ai-tsong (629-649), simple dame au service de l'empereur. A force d'intrigues et de séduction, de complots et de meurtres, elle va bientôt régner sur le cœur du nouveau souverain, le faible Kao-tsong (649-683), sur le palais impérial, sur la Cité interdite, siège de l'administration centrale, et sur l'empire tout entier. Après avoir éliminé ses propres fils héritiers du trône et les membres de la famille impériale au pouvoir, elle s'arroge, en 690, le titre d'empereur, se fait appeler Tso-t'ien ou « Conforme à la volonté du Ciel » et fonde sa dynastie, celle des Tcheou, qui ne sera ruinée que peu de temps avant sa mort.

Comment expliquer pareille destinée sinon par une vitalité incomparable, une puissance de vie exceptionnelle ? On dit que, dans sa vieillesse, elle entretient un harem de jeunes pages, l'*Institut des Grues,* et qu'il lui repousse des dents de sagesse et de nouveaux sourcils. Comme bien des monarques chinois, elle se berce du rêve de l'immortalité, de la longue vie promise par la religion taoïste. Ne meurt-elle pas à quatre-vingts ans passés, certaine que son nom ne sera jamais oublié ?

Tout concourt à fortifier ce destin d'exception. Elle soutient l'église bouddhique, alors au faîte de sa puissance politique et économique. Les moines éminents, admis à la Cour, contribuent à l'éclat et au dynamisme des études philosophiques. De nombreux temples et monastères sont construits dans la capitale de l'est, Loyang, la ville de ses prédilections. L'immense grotte sanctuaire Fong-sien sera aménagée vers 672 dans la montagne du défilé de Longmen et aujourd'hui encore, on peut admirer l'altier Bouddha monumental qui domine l'ensemble. Ces édifices grandioses servent sa gloire, sa propre édification, sa déification enfin. Elle fait accroître la légende de sa réincarnation du Bouddha des temps à venir et se présentera aussi comme la descendante des sages rois Tcheou de l'Antiquité.

Tout despote d'envergure, car elle fut surtout une despote et sans doute une des plus grandes meurtrières de tous les temps, a besoin de légitimité. A quoi servirait le pouvoir s'il n'était connu et reconnu par les hommes et par les dieux ? Le mandat céleste ne se confère qu'à l'aide de signes, de présages, de prophéties. L'usurpatrice multipliera les preuves, vraies ou fausses, de la volonté divine. Preuves qui lui serviront surtout à légitimer le massacre des aristocrates de la famille de son mari et à justifier le règne de la terreur et de la délation universelles. Sa tyrannie requiert des méthodes peu différentes, somme toute, de celles utilisées aujourd'hui encore. Son intelligence n'est jamais exempte de machiavélisme, de grandeur aussi. Hommes et événements, traditions et croyances, deviennent entre ses mains des armes politiques redoutables. Si elle favorise la création et la formation d'une nouvelle classe de fonctionnaires, recrutés par concours, c'est pour servir ses visées de suprématie universelle. Mais les jalons sont posés et on connaît l'importance et l'influence des concours mandarinaux sur le destin de l'empire jusqu'en 1911.

Les montagnes et les collines de loess non loin de l'ancienne capitale, Tch'ang-ngan, recèlent de vastes ensembles funéraires. Ce sont les tombes des princes qu'elle fit massacrer qui nous permettent aujourd'hui de retracer la vie brillante de la cour des T'ang. Le prince héritier, Li Hsien (654-684), contraint à la pendaison, reçut les honneurs posthumes dus à son rang ; ses petits enfants, le prince Li Tchong-jouen et la princesse Yong-t'ai, fouettés à mort sur ses ordres en 701, furent réensevelis avec des honneurs spéciaux près du mausolée de Kao-tsong à Kiang-ling, cinq ans après la mort de l'impératrice. Découvertes et fouillées dans les années 1970, ces trois tombes, ouvertes au public, ont fait l'objet de nombreuses études. On consultera avec bonheur les ouvrages respectifs de madame Vandier-Nicolas,

Peinture chinoise et tradition lettrée et de Danielle et Vadime Elisseeff, *Nouvelles découvertes en Chine*, publiés tous les deux par l'Office du livre en 1983.

Dans ce roman historique très érudit, Lin Yutang fait parler un des nombreux petits-fils de la maison impériale T'ang, fils de Li Hsien justement, rescapé du massacre et qui recouvre, sa terrible grand-mère disparue, ses titres de noblesse et la liberté. Ses sources sont principalement les annales des T'ang, l'*Ancienne histoire des T'ang (kieou t'ang chou)* et la *Nouvelle histoire des T'ang (sin t'ang chou)* achevées respectivement en 945 et en 1060. Ces ouvrages aux dimensions considérables contiennent des biographies ou « annales véridiques » *(che-lou)* de l'impératrice Wou. La valeur des faits qui y sont consignés est relative car, jamais, leur choix et leur notation n'échappent à la conception morale de l'histoire de leurs compilateurs ou de leurs auteurs. Ce qui, d'ailleurs, est le cas de Lin Yutang lui-même. Nous renvoyons le lecteur soucieux d'authenticité officielle à la traduction de l'une d'elles, parue en 1959, dans le Bulletin de la société des Etudes Indochinoises : *Une traduction juxta-linéaire commentée de la biographie officielle de l'impératrice Wou Tsö-t'ien* par Nghiêm Toan et Louis Ricaud. Les meilleures traductions des annales des T'ang demeurent les travaux du grand érudit Robert des Rotours : *Traité des examens*, Paris, 1932 ; *Traité des fonctionnaires et de l'armée*, Leide, 1947-48. C'est à lui que nous empruntons la traduction des titres des fonctionnaires civils et militaires et la nomenclature de l'administration. La description minutieuse de celle-ci due à Etienne Balazs, *Histoire et Institutions de la Chine ancienne*, 4e partie, Paris, 1967, et la synthèse brillante de Jacques Gernet, *Le Monde chinois*, Paris, 1972, apportent des éléments indispensables à la compréhension du cadre politique économique, et social de l'époque.

Le lecteur appréciera sans doute de retrouver dans *l'Impératrice de Chine* la figure légendaire et sympathique du juge Ti dont les aventures policières furent réécrites avec brio par le grand amateur de la Chine que fut Robert Van Gulik. Il apprendra comment ce dignitaire intègre et courageux vaincra la grande despote et restaurera la dynastie des T'ang.

Lin Yutang nous permet de vivre ce moment exceptionnel de l'histoire de la Chine en brossant de vifs portraits des principaux protagonistes du drame qui faillit ruiner les T'ang. Son œuvre se caractérise par une rare acuité d'esprit, un humour glacé et une finesse jamais démentie. Si son admiration pour cette femme qui fut une des plus grandes souveraines et une des plus grandes meurtrières de l'histoire transparaît parfois, jamais il ne la juge à l'aune de la mentalité courante. En retraçant les lignes forces du destin de l'impératrice Wou, Lin Yutang fait œuvre de romancier, d'historien, de moraliste aussi. La cause qu'il défend est celle de la culture lettrée, de l'humanisme face à l'autoritarisme et à la barbarie. N'est véritablement souverain que celui, ou celle, dont l'existence et les actes s'inspirent de la vertu d'humanité. La cause, en Chine et dans le monde, est d'actualité. Notre tâche ne sera accomplie que si nous l'avons servie avec fidélité.

Nous avons utilisé pour cette traduction une édition en langue chinoise publiée à Shanghai. Nous nous sommes aussi référés avec intérêt à une version anglaise parue en 1979 à Taiwan. La transcription phonétique du chinois que nous avons adoptée est celle de l'Ecole Française d'Extrême-Orient. D'un usage plus commode pour le lecteur francophone, elle nous semble mieux correspondre aussi à l'esprit d'un texte dont les événements remontent au Moyen Age de la Chine.

Christine Barbier-Kontler
Tours, 1990

LIVRE I

Chapitre premier

Moi, Cheou-li, prince de Pin, ai décidé de narrer les événements survenus en ces décades dramatiques et navrantes de ma jeunesse quand la maison royale des T'ang, à laquelle j'appartiens, fut menacée d'extinction.

Depuis vingt-quatre ans à présent, nous avons, nous les princes, recouvré nos possessions, grâce à notre souverain le puissant Ming-houang [1], et jouissons de la paix, de la sécurité et de tout ce que la vie peut offrir. Pour nous qui appartenons à l'ancienne génération et qui avons survécu à ces années terribles, tout ce passé semble irréel, pareil à un mauvais rêve. Mon cousin K'ieou, duc de Ying, fils du prince de Hsiu, Sou-kie, fait partie des heureux survivants. Il perdit son père comme je perdis le mien, au cours de la même vague de persécution. Honnête homme, il porta secours à bien des enfants de notre maison. Lui, comme moi, fut orphelin de bonne heure ; il connut la peur, la faim, la solitude de l'enfant perdu dans les forêts sauvages de l'île de Hainan la subtropicale, sise dans les mers du Sud. Il connut aussi le sort du fils de proscrit dont le nom est entaché d'opprobre. Sa mère et neuf de ses frères furent assassi-

---

1 « L'empereur brillant » (685-762) règne à partir de 712 sous le nom de Hiuan-tsong.

nés le même jour tandis que lui et trois de ses plus jeunes frères furent exilés dans cette île maudite.

Lui et moi nous asseyons souvent devant une coupe de vin pour échanger nos souvenirs et parler de cette femme extraordinaire et pour le moins stupéfiante que fut notre grand-mère. Son père, mon oncle, et mon propre père étaient tous deux de véritables gentilshommes. Quelle différence cela fait-il ? Son père fut pendu et on contraignit le mien à la pendaison. Mais mon cousin et moi prenons plaisir à ces entretiens, pareils en cela à de vieux marins qui se racontent leur sauvetage après un naufrage en mer.

Comment parler de sa grand-mère ? Surtout, quand, comme la nôtre, ce fut une putain !

La maison impériale, Sa Majesté incluse, tient pour tacite usage de n'en jamais parler irrespectueusement ; même si, à l'encontre, nous n'avons jamais mâché nos mots pour parler de ses neveux, les Wou. Un silence gêné s'établit quand son nom est prononcé par inadvertance au cours des conversations. N'était-elle pas notre grand-mère après tout ? Même de cela je ne suis pas vraiment certain ; de sérieux doutes subsistent quant au fait qu'elle fut ma véritable grand-mère ; je tendrais plutôt à croire, comme je le montrerai au cours du récit, que mon père n'était pas son fils, mais celui de la dame de la principauté de Han.

Il m'est arrivé tout récemment de commettre un impair. Nous étions en avril et le temps était particulièrement beau. Quand le prince de K'i, frère de l'empereur, vint me rendre visite, je ne me sentais pas très bien et lui dis : « Je parie qu'il va pleuvoir bientôt. » Et, en moins d'un jour, le temps changea. Il plut sans discontinuer dix jours durant. Quand, au cours d'un dîner, je dis au prince de K'i que le temps allait s'éclaircir de nouveau, il ne me crut pas tant le ciel était couvert. « Je vous en fais le serment », déclarais-je. Et, de la même manière qu'il s'était couvert, le temps s'éclaircit dès le lendemain et il cessa de pleuvoir. Mon cousin en fut si surpris qu'il rapporta les faits à Sa Majesté, me prêtant des pouvoirs de divination. Sa Majesté m'interrogea.

– Je n'use d'aucune magie, lui répondis-je. Dans ma jeunesse, quand j'étais enfermé dans le « palais de l'est », je recevais, trois ou quatre fois l'an, la bastonnade de la main des Wou. Vous étiez alors trop jeune et ne vous en souvenez certainement pas. Les cicatrices se sont refermées, mais leurs effets demeurent. Quand le temps change et se met à la pluie, je ressens dans tous mes os de grandes douleurs qui cessent dès que le beau temps revient. Voilà tout ! Et j'ajoutais : « Merci grand-mère. » L'atmosphère se tendit sur l'instant, ce fut comme si je venais de commettre un terrible faux pas.

Il m'est difficile d'admettre cette convention. Sa Majesté s'est pourtant montrée généreuse à mon égard, comme elle le fut à l'égard de tous ses frères. Ce fut Elle qui marcha avec ses hommes sur le palais lors d'une attaque surprise et mit à mort les derniers des Wou. Combien pouvait-elle haïr Yi-tsong, San-sseu et tous les autres membres de ce clan infâme ! Alors que Sa Majesté était encore enfant, on lui permit un jour de sortir du palais pour aller se recueillir en notre temple ancestral. En chemin, le jeune prince et sa suite furent arrêtés par Yi-tsong, alors au faîte de sa puissance et lui, l'enfant, s'écria :

– Comment osez-vous ? Nous sommes ici même au temple de nos ancêtres impériaux, le temple de la famille Li ; en quoi notre présence vous regarde-t-elle ?

Mais Sa Majesté préfère aujourd'hui tenir le nom et tout ce qui concerne grand-mère à l'écart de nos conversations. Pourquoi toutes ces simagrées, tous ces vains préjugés vis-à-vis de ses ancêtres comme s'ils se devaient d'avoir toujours bien agi ? Si je ne peux écrire avec honnêteté et franchise sur les étranges affaires et les néanmoins fracassants exploits de cette femme, à quoi serviraient ces mémoires ?

Les temps ont changé. Les Wou ne sont plus – enterrés certes, mais pas oubliés –, définitivement écartés de notre route en tous cas. La seule mention du nom de grand-mère avait pour effet de nous figer le sang ; à présent, après toutes ces années, elle m'apparaît comme une force démoniaque qui s'est déployée pour s'éteindre ensuite. Elle apparut cocasse parfois par ses extravagances, son opiniâtreté et son irrésistible croyance en elle-même. Elle aimait la vie. La vie, pour elle, était un jeu, un jeu pour le pouvoir et elle joua de toute son âme jusqu'à son dernier jour. Et si, à la fin, le rôle qu'elle choisit de tenir n'appartenait plus en rien à l'histoire courante, elle devait dominer son époque par une détermination extraordinaire et une volonté plus ferme que l'acier. Elle avait certainement voulu devenir la plus grande et la plus puissante femme de toute notre histoire. Si finalement elle fut vaincue, la faute ne lui en est nullement imputable ; aucun des membres de son clan, aucun des Wou, ne possédait la moitié de son intelligence et de son caractère, encore moins de son habileté politique.

Je dispose de tous les loisirs du monde pour écrire ces mémoires ; les rédiger sera une occupation utile et agréable à mon esprit. Nul doute que j'en serai gratifié. Il n'entre nullement dans mon propos de faire œuvre de lettré comme mon père en laissant à la postérité une admirable compilation intitulée : *Commentaire à l'histoire de la dynastie des Han postérieurs* [2]. Je souhaite rapporter fidèlement l'histoire des hommes et des événements qui ont marqué mes jours et ceux de notre impériale famille. Laissez-moi à présent m'effacer devant eux.

---

2. Les Ham postérieurs ou Han de l'est (Heou-Han) ont régné de 25 à 220 de n.e.

Chapitre 2

En la vingt-troisième année de l'ère *Tchen-kouan* (649), le vieil empereur, mon arrière-grand-père T'ai-tsong, était couché sur son lit de mort dans sa magnifique résidence des collines Tchong-nan, sise parmi les arbres et une végétation luxuriante.

Lieu de ses villégiatures estivales, la résidence était reliée à la capitale par une charmante vallée où coulait la Tsan, rivière claire et bruissante qui descendait des collines environnantes pour courir jusqu'aux quartiers sud de la ville, là où les villas se pressaient autour du lac Tchou-kiang. Plus loin, les collines rejoignaient doucement la grande chaîne accidentée des monts T'ai-po. Mais là, environ mille mètres au-dessus de la cité, le plateau où s'élevait la résidence formait un espace clos et comme retiré du monde. « Le palais du vent frais », le *Han-fong-dian,* était une construction simple dans le goût rustique des maisons d'été pour laquelle on avait utilisé le bois d'un ancien palais. Il fallait voir dans cette simplicité un des principaux traits de caractère du vieil empereur. Fondateur de notre grande dynastie, il ne devait jamais se préoccuper de splendeur et de magnificence dans l'architecture et il vécut toujours dans les anciens palais des Souei[3], qu'il avait vaincus, se contentant de faire exécuter, ici ou là, quelques réparations

3. Les Souei (581-617) furent les restaurateurs de l'unité et de la cohésion de l'empire après une partition qui dura près de quatre siècles.

mineures. Il savait combien son peuple était pauvre et combien il avait souffert des années de guerre et de chaos qui avaient précédé son avènement au trône. Les constructions grandioses ne demandent-elles pas des pauvres gens un surcroît de dépenses et de labeur ? Cependant, il avait fait ériger, dans l'enceinte du palais impérial, la « tour où l'on s'élève jusqu'aux vapeurs » ou *Ling-yen-ge* pour célébrer les vingt-quatre braves qui avaient œuvré et bataillé à ses côtés à la fondation du nouvel empire. Mais il ne fallait pas voir dans ce monument commémoratif une vaine affirmation de magnificence. Rien ne lui ressemblait davantage que de rendre un hommage vibrant à ses amis, à ses généraux et à ses preux compagnons d'armes qui s'étaient sacrifiés pour lui et pour la paix de l'empire.

La dysenterie qui l'avait affecté deux mois auparavant n'avait jamais bien guéri et, bien qu'il connût des moments de répit, toutes ses forces semblaient l'avoir quitté. Emacié et affaibli, il sentait sa fin proche. Il avait alors cinquante-deux ans, mais avait été un vieillard vigoureux et encore gaillard. Il avait toujours vécu comme un soldat animé d'un solide sens de la camaraderie. Véritable meneur d'hommes, il était doté d'une grande humanité et du charme de la simplicité vraie. Quand ses ministres commettaient des fautes, il le leur disait carrément et leur demandait en retour la même franchise. Il avait su ainsi rassembler autour de lui des hommes éminents par leurs capacités, des hommes de courage et d'honneur qui l'admiraient autant qu'ils l'aimaient. D'une certaine manière, ils savaient qu'il était plus grand et meilleur qu'eux tous. La fumée et la poussière des champs de bataille avaient souvent envahi ses narines et il avait conduit en personne la campagne de Corée. Avec ses grands généraux, il avait vaincu et écrasé la Confédération des Turcs de l'est au septentrion et porté les frontières de l'empire à l'ouest jusqu'à la mer Caspienne. D'autres généraux et leurs armées avaient investi l'Inde par le nord et forcé le Népal à verser tribut. L'empereur portait des favoris terrifiants, si épais qu'on aurait pu y bander un arc – il était d'ailleurs un archer hors pair – mais par dessus tout, il fut un homme de vraie compassion. Ce fut cette mansuétude qui donna à la grande et glorieuse dynastie des T'ang sa force car la loyauté profondément enracinée dans le cœur du peuple à l'égard de notre maison causa finalement la ruine des rêves de la dame Wou. Et s'il m'est apparu si important d'évoquer cette loyauté, c'est que les événements qui allaient survenir plus tard ne furent guère inspirés par ce sentiment altier.

Un jour qu'il visitait une prison, il fut touché par l'état des condamnés à mort et leur demanda :

– Voulez-vous rentrer chez vous et voir vos parents avant de mourir ? Les prisonniers n'en crurent pas leurs oreilles. « Eh bien, poursuivit-il, je suis l'empereur et vous déclare libres. Rentrez chez vous, voyez vos parents et vos enfants, mais revenez à l'automne pour subir votre châtiment. »

Les condamnés étaient confondus. On les libéra. Et quand vint l'automne, en vertu de la promesse faite à leur empereur, ils regagnèrent de leur plein gré la prison pour être exécutés. Ils expièrent leur crime, le cœur empli de gratitude. En ces jours, les condamnés à la peine capitale avaient droit à trois recours auprès de l'administration judiciaire locale, suivis par un appel à la Cour suprême de justice où siégeaient conjointement des membres du Grand Secrétariat impérial et de la Chancellerie impériale. T'ai-tsong avait agi selon son cœur. C'était un caprice qu'il n'aurait pas dû répéter trop souvent, mais c'était bon qu'il en fut ainsi car cette généreuse inclination révélait sa vraie nature.

A présent, grandement affecté par la maladie, il songeait à sa succession et aux événements du passé. Il avait nommé son fils, le prince de Kin, Tche, héritier du trône. Dans sa maison, il avait connu bien des chagrins.

Son épouse, l'impératrice Tch'ang-souen, était morte trop tôt, emportée par la maladie à l'âge de trente-six ans. Pour éviter que certains de mes lecteurs ne me taxent de misogynie, car je ne suis pas vraiment assuré de ce que je dirai des autres femmes de pouvoir au cours de ces mémoires, je dois rendre hommage ici à celle qui fut à la fois une bonne épouse et une femme généreuse. Elle prenait le parti des ministres lorsqu'ils avaient offensé son impérial époux et qu'il avait perdu son sang-froid. Bien souvent, elle avait contribué à maintenir leur loyauté au trône. Elle ne voulut jamais que l'on octroie trop de pouvoir à son propre frère Tch'ang-souen Wou-ki, qui était le meilleur conseiller et le plus grand stratège de T'ai-tsong.

Au cours de la maladie qui devait lui coûter la vie, quelqu'un avait suggéré une amnistie générale pour infléchir les dieux et tenter de la sauver. « Non, avait-elle déclaré, cela mettrait mon bien-être personnel au-dessus des lois de l'Empire. Nos existences sont prédestinées et de bonnes actions peuvent sans doute prolonger nos vies de quelques années. Mais si mes bonnes actions n'y suffisent pas, les prières aux dieux sont au moins aussi vaines ! »

Dans le même esprit, elle voulut être ensevelie dans un tombeau creusé dans une colline naturelle plutôt que dans un tertre artificiel aménagé spécialement pour elle, de façon à épargner la peine du peuple. « Le but de l'enterrement, avait-elle affirmé, est de cacher aux yeux des vivants la putréfaction du corps, non pas de s'autoglorifier. »

Rien d'étonnant que T'ai-tsong devint, avec une telle femme de bien à ses côtés, un grand personnage. La mort l'avait emportée dans sa prime jeunesse mais elle avait laissé à la postérité un « nom parfumé » tout de grâce et de pureté. Le vieil empereur avait été grandement affecté par sa disparition. Il avait dit à ses dignitaires et courtisans venus le réconforter : « Je sais bien qu'il est de notre lot commun de mourir un jour. Elle s'est toujours tenue à mes côtés pendant les moments de crise et m'a donné d'excellents conseils. En la perdant, c'est aussi une compagne et une amie que j'ai perdues. Vous comprendrez qu'il m'est difficile, bien difficile, d'admettre sa disparition. »

Du jour où il la perdit, il ne fut plus le même homme. Il eut des femmes, beaucoup de femmes, mais rien n'était plus pareil et il ne souhaita pas faire accéder une de ses concubines au titre d'impératrice. Il perdit aussi l'une de ses filles qui était âgée de douze ans et son chagrin fut si profond qu'il en fut marqué pour le reste de ses jours. La princesse Kin-yang était une enfant calme et affectionnée ; elle le suivait jusqu'à la porte *K'ien-houa* quand il allait présider les audiences. Elle avait pour surnom « bison ». Il est toujours difficile de connaître l'origine de ces sobriquets surtout quand, comme celui-ci, ils sont insolites. Bison et son frère, le jeune prince héritier que l'on appelait « pauvre faisan », étaient très attachés l'un à l'autre. Ils avaient à peu près le même âge. Quand il dut se rendre en la maison de l'héritier du trône pour recevoir l'éducation des princes, elle pleura à chaudes larmes, pensant qu'elle ne le reverrait jamais plus. Les sentiments que son père lui portait furent connus de tous après sa mort ; on le vit souvent verser des larmes sans raison et il perdit l'appétit un mois durant.

– J'aimais tant cette enfant, expliqua-t-il aux serviteurs qui le suppliaient de se nourrir correctement, je ne m'en remettrai pas. Je ne sais pourquoi.

Ainsi fut l'homme qui donna à son peuple paix et justice, qui était sans peur au combat, dont les armées portèrent la terreur jusqu'au cœur des terres turques et qui, dans l'intimité, savait se montrer généreux et profondément humain.

Chapitre 3

Il nous faut maintenant essayer de comprendre pourquoi le vieil empereur avait choisi un « pauvre faisan » pour lui succéder. Il avait quatorze fils, nés de dix mères différentes. Parmi eux se trouvaient les trois fils de l'impératrice Tch'ang-souen : l'aîné Tch'eng-k'ien « Conforme au ciel », le quatrième T'ai « Eminent » et le neuvième Tche « Règlement », qui étaient en bonne position pour accéder au trône. Mais les bambous de bonne souche donnent parfois de mauvaises pousses et même un empereur ne peut avoir exactement la progéniture qu'il souhaite. L'aîné Tch'eng-k'ien, héritier en titre, n'était en fait qu'un lourdaud, un chenapan qui s'affichait en compagnie d'acteurs, de prostituées et de garçons. Un soir, dans une salle sombre du palais, il s'allongea par terre et fit le mort. Il fit demander à ses amis de se vêtir à la mode turque et de danser autour de lui ; au beau milieu de cette danse de mort, il sauta en l'air, ce qui ne manqua pas de les effrayer grandement. C'était là sa conception du divertissement. Les meilleurs lettrés de l'empire furent chargés de son éducation, mais conseillers et professeurs ne purent le corriger un tant soit peu, au grand dam de son père. Celui-ci porta son choix sur T'ai, le quatrième. A la fois élégant et sérieux, lettré et écrivain à ses heures, il aurait pu devenir, à bien des égards, un bon souverain. L'empereur qui l'avait secrètement élu le fit vivre tout près de la salle du trône, le *Wou-tö-tien*, et devait lui accorder plus de faveurs qu'à tous les autres princes, bien plus, en tout cas, qu'au prince héritier en titre. L'influence de T'ai grandit rapidement et son frère en prit ombrage. Les querelles entre les deux frères, leurs complaintes et leurs griefs mutuels ennuyèrent le vieil empereur au-delà de toute mesure. Les choses s'envenimèrent quand le prince héritier conduisit des hommes d'armes contre son frère ; sa révolte fut réprimée aussitôt mais l'empereur en conçut la plus grande honte. Ce jour-là, après l'audience, ordre avait été donné à Wou-ki, son fidèle beau-frère, et à deux autres dignitaires d'accompagner l'empereur en son palais intérieur. L'empereur était en proie à une rage si violente que, saisissant une épée accrochée au mur, il hurla : « Quelle sorte d'homme suis-je donc pour avoir un tel fils ! » et tenta de mettre fin à ses jours. Wou-ki l'arrêta dans son geste. Le vieil empereur avait toujours eu confiance en son preux compagnon d'armes ; il lui obéit et fit bannir Tch'engk'ien dont la vie fut épargnée. La succession était ouverte : choisir T'ai impliquait la poursuite de cette lutte à mort que les deux frères avaient engagée. Le vieil empereur réfléchissait et Wou-ki lui conseilla de nommer Tche au titre de prince héritier.

– Tche ? Le « pauvre faisan » ? dit l'empereur. Vous avez probablement raison. L'inimitié entre mes autres fils est allée trop loin. T'ai tuera Tch'eng-k'ien ou Tch'eng-k'ien conduira une rébellion contre T'ai. Si je fais de Tche mon successeur, ils seront épargnés tous les deux. D'autre part, Tche est affectueux, loyal, un peu faible, certes, mais...

Et, pour la première fois de sa vie, le grand T'ai-tsong commit une erreur de jugement en nommant Tche prince héritier afin de protéger un fils indigne et débauché. Tche était trop faible, trop hésitant, trop timide enfin pour tenir les rênes de l'empire. Son père s'en aperçut vite ; il dit un jour à son fidèle Wou-ki : « Vous m'avez conseillé Tche... Je ne sais pas vraiment... »

De toute façon, la question de la succession devait être réglée rapidement pour éviter les conflits à venir.

C'est ainsi que le vieil empereur fit proclamer un édit selon lequel l'ancien prince héritier Tch'eng-k'ien avait été déposé et banni et que Tche était le nouvel élu. Tout autre aspirant à la couronne ou quiconque soulevant à nouveau la question serait sur le champ éliminé.

Tche avait alors vingt-deux ans. Il était marié et avait déjà quatre fils. Bon jeune homme, il était de tempérament nerveux, manquait de confiance en lui et n'était guère brillant. Son père l'aimait pourtant car il était d'un caractère affectueux, loyal et obéissant ; il lui avait choisi une charmante personne pour épouse qui allait devenir l'impératrice Wang et qui pour l'heure résidait avec lui en la maison de l'héritier du trône. La position et l'état de prince héritier étaient très particuliers. Le prince, placé sous la tutelle d'hommes vénérables du gouvernement choisis pour leur savoir et leur caractère, vivait à part, dans une résidence propre ; même là, dans le palais d'été de l'empereur, il occupait des appartements séparés situés à l'est de ceux de son père.

Quelques jours avant sa mort, le vieil empereur fit mander ses deux ministres les plus fidèles pour qu'ils reçoivent ses dernières volontés. L'un d'entre eux était bien sûr son beau-frère Wou-ki et l'autre Tchou Souei-leang, un homme d'une parfaite intégrité que l'empereur traitait comme un frère juré. C'était un honneur très prisé, mais aussi une lourde responsabilité que d'être responsable de l'exécution du testament impérial. Le vieil empereur savait que son fils Tche allait avoir besoin d'aide et il accordait toute sa confiance à ces deux hommes. Les événements futurs montreront que T'ai-tsong ne les avait pas méjugés mais qu'il s'était mépris sur l'acteur principal du drame qui allait se jouer, son propre fils.

Pour l'heure, Wou-ki, Souei-leang, le prince héritier et son épouse se trouvaient dans la chambre impériale de la résidence. Tenant les mains de Souei-leang, le vieil empereur déclara : « Vous m'avez servi avec loyauté tout au long de mes années de règne. Je vous ai appelés pour que vous receviez mes dernières volontés. Vous savez combien le prince héritier est aimable et combien il fut un fils de devoir à mon égard. Je vous les recommande, lui et son épouse. Préservez-les des périls qui peuvent les menacer et guidez-les pour qu'ils observent, maintiennent et poursuivent la tradition que j'ai établie. »

Voilà comment Wou-ki et Souei-leang étaient devenus « grands exécuteurs des volontés impériales », *kou-ming tatch'en,* et devenaient les « oncles » du jeune empereur qui allait régner sous le nom de Kao-tsong ; de fait, Wou-ki était son oncle véritable.

L'empereur se tourna vers son fils et sa bru et leur demanda de mettre genou à terre avant de déclarer à nouveau : « Aussi longtemps que Souei-leang et Wou-ki seront à vos côtés, vous n'aurez rien à craindre. »

On demanda à Souei-leang de prendre par écrit ces déclarations et quand il eut terminé, le vieil empereur lui dit : « Wou-ki est depuis toujours mon bras droit. J'ai gagné le trône et établi l'empire grâce à son aide. Faites en sorte qu'il ne soit pas victime des intrigues politiques. S'il lui arrivait malheur, vous auriez failli à votre loyauté à mon égard. »

Souei-leang en fit la promesse solennelle et l'empereur sut que cette promesse valait de l'or. Mais il ne savait pas que, dès cet instant, Souei-leang était proche d'une femme qui allait lui demander bien des comptes à l'avenir. Elle se trouvait là, dans la chambre où ils étaient tous réunis ; ce n'était qu'une suivante.

Chapitre 4

Dame Wou était en effet une des dames au service de l'empereur. Le protocole de la maison des T'ang avait établi que l'empereur pouvait avoir une impératrice, *heou,* quatre concubines impériales, *fei,* neuf concubines impériales de second rang, *tchao-yi,* neuf « grâces », *kie-yu,* quatre « beautés », *mei-jen,* cinq « talentueuses », *ts'ai-jen,* en plus des suivantes de palais qui étaient au nombre de vingt-sept dans chacun des trois rangs inférieurs. Elles se regroupaient toutes sous l'appellation de « dames des appartements privés » et étaient en droit de recevoir les « faveurs impériales », terme usité lorsque l'empereur conduisait une dame jusqu'à son lit.

Dame Wou ne portait à l'époque que le titre de « talentueuse » du sixième rang. C'était une jeune femme de vingt-sept ans déjà qui résidait au palais depuis sa quatorzième année. Si l'on considère qu'elle n'avait jamais été promue à un rang plus élevé et qu'elle était aussi « talentueuse » qu'ambitieuse, on conçoit aisément ses frustrations et son chagrin. L'empereur T'ai-tsong n'aimait pas les fortes femmes et prisait surtout chez le beau sexe la féminité et la douceur. Il avait remarqué dame Wou lors d'une de ses visites à la maison de son père, lequel avait servi au cours de ses campagnes. Le fait d'avoir une fille choisie par l'empereur pour servir au palais était une grande faveur et dame Wou s'était montrée efficace, pleine d'attention et de clarté d'esprit. Elle était grande, vigoureuse et respirait la santé ; son visage était carré, son menton fort et bien dessiné et ses sourcils nets s'élargissaient vers les tempes. Elle sut toujours garder sa place et agir avec correction. Néanmoins, le vieil empereur eut l'heur de connaître un des traits du formidable caractère de cette femme. Dans sa vieillesse, elle avait l'habitude de raconter l'anecdote suivante : « Lorsque j'étais une jeune personne au service de T'ai-tsong, il y avait dans les écuries impériales un cheval puissant qui répondait au nom de « Crinière de lion ». Personne ne pouvait le maîtriser. Je dis un jour à l'empereur : « Moi, je peux le dompter. Donnez-moi trois choses simplement, un fouet de fer, une masse de fer et une dague effilée. Si je ne peux le briser avec le fouet, j'userai de la masse et si encore il se cabre, je lui plongerai la dague en plein cœur. Croyez-m'en, l'empereur fut impressionné par mon esprit ! »

Quel esprit, en effet, pour une jeune personne de vingt ans ! Cette anecdote est en quelque sorte la préfiguration de son histoire et je ne doute point qu'elle ait dû passablement effrayer l'empereur. Comment briser un cheval ? Le réduire sous le fer ? L'issue était simple, le cheval mourait ou il était estropié à vie. J'ai souvent repensé à cette histoire. La maison impériale des T'ang n'était-elle pas le cheval qu'elle avait essayé de « briser » et qu'elle avait réussi à estropier ?

Dame Wou était remarquable par sa singulière intelligence, son sang-froid peu commun et son ambition démesurée. Elle avait reçu une excellente éducation, mais ne montra jamais d'intérêt véritable pour les arts et les lettres. Rien ne la passionnait plus que les faits et gestes de la cour et elle donnait l'impression de connaître toutes les subtilités de l'étiquette. Son inclination naturelle la portait vers la domination mais avec T'ai-tsong elle n'eut jamais l'occasion de la manifester. Pour lui, elle n'était qu'une des nombreuses dames du palais et, de surcroît, à l'encontre des autres dames toutes de grâce et de délicatesse, elle le rebutait quelque peu par son sens strict des responsabilités qu'un visage plat et carré et un front large semblaient augmenter encore. Refrénant des ambitions qui semblaient ne la conduire nulle part puisqu'elle n'avait jamais été promue à un rang plus élevé dans la hiérarchie du gynécée, elle menait une vie relativement austère sans pourtant jamais rien faire paraître de ses sentiments intimes.

Dès que le prince Tche fut nommé héritier en titre, elle porta son attention sur lui. Elle vit là une opportunité que ses compagnes ne sentirent même pas. Après la mort du vieil empereur, Tche serait le souverain ; elle le choisit pour cible et quelle cible facile ne fit-il pas ! Elle l'avait sondé assez rapidement pour se rendre compte que le jeune prince âgé de vingt-deux ans était sentimental à l'excès. Il avait connu bien des femmes déjà et montrait des signes de faiblesses congénitales et un sybaritisme notoire. Il détestait toutes les formes d'activité physique pour ne s'intéresser qu'aux visages charmants et au plaisir des livres. Au cours des deux mois précédents, alors que le vieil empereur reposait dans sa chambre, elle avait su se montrer au jeune prince sous son jour le meilleur. Elle vivait dans l'intimité impériale sans rien perdre de sa dignité, ni de sa fierté naturelle. Bien en chair sans être replète, elle n'avait pas négligé l'ordonnance de sa coiffure et l'apprêt de ses fards. Le jeune prince se prit à l'admirer pour toutes les qualités qui lui faisaient défaut : une santé florissante, un abord calme, une belle prestance et par dessus tout un esprit supérieur. La présence toute proche du vieil empereur et les rigueurs du décorum impérial ajoutèrent du piquant à la cour discrète qu'il lui faisait. Les occasions, ni les endroits ne manquaient. Passages et antichambres, lieux retirés des jardins furent les témoins d'œillades discrètes, de sourires silencieux, de baisers volés et d'effleurements non fortuits. Et dès le début de leur flirt, le destin du jeune prince fut ruiné. Les mots dont elle usait alors étaient toujours à double sens ; elle disait espérer pour Sa Majesté des « faveurs spéciales » et vouloir faire de son mieux pour La « servir ». Des termes aussi anodins dans les conversations courantes que « dévotion », « affection » ou « fidélité » devenaient dans la bouche de la jeune femme autant d'armes subtiles pour capturer sa proie. C'est ainsi que, peu à peu, le prince Tche fut encouragé, séduit et ensorcelé. Avec une extrême prudence, le badinage entre la suivante et le prince se poursuivit derrière le dos du vieil empereur. Le prince, refusant les sottes conventions, était plein d'espérances ; l'idylle lui semblait parfaite. Elle était sa bien-aimée et quoiqu'il puisse advenir, il devait la posséder.

– Et qu'allez-vous devenir après ma mort ? demanda un jour le vieil empereur à dame Wou.

– Je quitterai ce monde et entrerai au couvent pour prier pour vos âmes, répondit-elle d'une voix triste avec des larmes de convention dans les yeux. C'était une coutume alors bien établie que les épouses impériales prononcent les vœux et entrent au couvent après la disparition de l'empereur, comme si leurs corps étaient supposés lui appartenir en propre et demeurer sacrés et inviolables. Le vieil empereur s'était senti rassuré par la fidélité de la dame à sa mémoire, d'autant plus rassuré qu'un grand dignitaire nommé Li Tch'ouen-fong, astronome de premier rang célèbre pour sa connaissance des éclipses de soleil et qui était aussi astrologue, avait prédit à l'empereur que, dans une trentaine d'années, quelqu'un répondant au nom de Wou ruinerait la maison impériale. Comment ne pas croire en l'astrologie ? Car même si vous ne prenez pas ses prédictions au sérieux, vous ne pouvez les faire disparaître entièrement de votre esprit. Mais là, dans le cas présent, comment l'empereur eût-il pu un instant croire qu'une nonne allait usurper le titre d'empereur ?

Quelques jours plus tard, le vieil empereur mourut. On dut ramener son corps dans la capitale. Afin de prévenir tout incident, Les dignitaires Souei-leang et Wou-ki avaient nommé le prince Tche successeur au trône. Aussi la proclamation de la mort de T'ai-tsong parvint-elle conjointement à l'annonce du couronnement du nouvel empereur, le prince Tche devenu Kao-tsong. Quatre mille soldats et cavaliers étaient rangés le long des rues quand le cortège funèbre traversa la cité et l'empire tout entier pleura son souverain.

Quelques temps auparavant, dans la résidence d'été des collines Tchong-nan, tandis que les préparatifs pour la cérémonie mortuaire étaient bien avancés, dame Wou avait commencé à servir le jeune souverain comme elle avait servi son père, avec le même sens du devoir. Toujours au rang de « talentueuse », elle prenait soin de son équipage. Elle fut le témoin de la scène où le futur empereur sentit le cœur lui manquer lorsque Souei-leang et Wou-ki le firent agenouiller devant le cercueil de son père pour l'introniser. Fils favori de ses parents, il avait toujours vécu près d'eux, trop près d'eux pour ne pas fondre en larmes sur l'épaule de Souei-leang, accablé par ses responsabilités futures. Dame Wou avait tout noté de ce qui s'était passé alors.

Au cours des longues veilles de la nuit, il était de son devoir de prendre soin du jeune héritier. Dans le hall sombre où reposait la dépouille impériale, éclairé par de grands candélabres blancs et plein des fragrances exotiques des encens cambodgiens, ils eurent souvent l'opportunité de se trouver seuls. Prières et offrandes se suivaient selon les rites prescrits pour le deuil et, aux périodes d'activité, succédaient de longs moments de silence. On marchait sur la pointe des pieds et on ne s'adressait la parole que dans un murmure. En tant que fils du défunt, le jeune Kao-tsong devait se tenir auprès du cercueil la plupart du temps. Dame Wou l'assistait, lui apportant une tasse de thé ou lui proposant de le remplacer lorsqu'il était trop fatigué. Revêtue de la longue robe blanche du deuil, elle tenait sa tête toujours inclinée en signe de respect et d'attention à ses devoirs et apparaissait comme l'image même de l'affliction. Mais sa peine était autant destinée à la mémoire du souverain défunt qu'à sa propre personne. Son cœur était empli d'une révolte sourde à l'idée du sort cruel qui lui était réservé. Comment admettre qu'elle allait finir ses jours derrière les murs d'un couvent ? Quand ils furent seuls, Kao-tsong saisit l'opportunité de s'entretenir avec elle. La jeune femme sentit son cœur se briser lorsqu'il lui demanda :

– Ainsi vous allez nous quitter ?

– Je ne veux pas vous quitter, Majesté, mais que puis-je faire d'autre ? Nos chemins se séparent et jamais plus je ne passerai la porte du Palais impérial. Mon cœur cependant ne changera jamais, au couvent ou ailleurs, non, je ne changerai jamais.

– Vous ne souhaitez pas vraiment partir, n'est-ce pas ?

– Qui le voudrait ? J'aurais aimé que les choses fussent différentes, j'aurais aimé demeurer près de vous, vous servir et vous aider. Comme il est stupide de penser à tout cela. Je désire tant vous revoir et vous saurais infiniment gré de ne pas m'oublier tout à fait...

– Vous oublier ? C'est impossible, voyons !

– Si vous ne m'oubliez pas, venez parfois au monastère. Je ne demande rien d'autre que de vous voir à nouveau. Ma vie s'achève, tout du moins, ma vie dans le monde prend fin.

– Ne dites pas cela, vous êtes si jeune encore ! Dame Wou riait derrière ses larmes et pensait : « Dire que vous êtes l'empereur à présent et que je ne suis qu'une pauvre suivante. » Est-ce vraiment sans espoir ? poursuivit-il comme elle ne répondait pas.

– Je le crains.

Kao-tsong demeura silencieux. La jeune femme le regarda à la dérobée un moment, puis déclara, de manière à le provoquer, lui qui était si prompt à s'échauffer :

– Même vous, qui êtes à présent le fils du Ciel, ne pouvez rien pour moi.

– Comment ! Je peux faire ce que je veux.

– Ne faites rien d'insensé. Je vous ai seulement demandé de venir me voir au monastère si vous pensez encore à moi. Mon cœur vous appartient, vous le savez bien. Je dois vous revoir.

– Je vous en fais la promesse.

Ce fut leur dernier échange privé. Les jours qui suivirent, Kao-tsong fut tout le temps entouré par les courtisans, les dignitaires et les serviteurs et dut rendre les derniers devoirs à son père défunt. Après la procession funèbre, les concubines et les dames du gynécée se préparèrent à se rendre au monastère de la « Reconnaissance des bienfaits », le *Kan-ngen-sseu*. La présence des servantes et des caméristes les empêchèrent de se parler, mais ils purent échanger un bref adieu. Quand Kao-tsong vint la trouver, elle préparait ses affaires. Ses yeux étaient emplis de larmes et elle lui dit dans un soupir :

– Vous rappelez-vous votre promesse, Majesté ?

– Oui, madame.

Revêtue des habits de deuil, dame Wou suivit les autres femmes et monta en voiture. Comme les autres, dès son arrivée au monastère, elle fut tonsurée. Elle n'espéra alors plus qu'une chose, que le jeune empereur tienne sa promesse, qu'il vienne la voir et qu'il agisse selon son bon vouloir – le sien propre, bien entendu – et elle savait déjà comment le faire agir ainsi.

Chapitre 5

Elle réussit. Lors de l'une de ses visites au monastère, le jeune empereur la trouva en larmes. Sa détresse semblait si grande qu'il l'interrogea et apprit qu'elle était enceinte. Qu'allait-elle devenir si on découvrait son déshonneur ? Lui seul était responsable. N'était-il pas venu la voir à plusieurs reprises ?

Permettez-moi de faire ici une digression. Je dois rétablir la vérité sur un point négligé par les annales de l'histoire. Le fils aîné de dame Wou, Hong, avait vingt-quatre ans (vingt-trois selon le calcul occidental) lorsqu'il mourut en 675 ; il avait dû naître en 652 au moment où Kao-tsong fit revenir sa mère au palais et il ne pouvait donc avoir été conçu en dehors du couvent !

Après cette visite, l'empereur, embarrassé, parla à son épouse, l'impératrice Wang. Celle-ci devait se montrer, en cette occasion, aussi compréhensive que coopérative car elle sentait sa position menacée par une rivale. Combien de larmes silencieuses n'avait-elle pas versées ? La belle et charmante concubine impériale Hsiao l'avait peu à peu remplacée dans le cœur du souverain. Elle lui avait même donné un fils, le prince de Hsiu, prénommé Sou-kie, alors qu'elle-même n'avait jamais pu avoir d'enfant ; le plus âgé des fils de l'empereur, le prince Tchong, alors héritier en titre, avait été adopté. La concubine impériale Hsiao était une personne spirituelle et loquace, entêtée et rancunière à la fois et de surcroît terriblement jalouse. Ajoutez à cela les intrigues de la cour, les sous-entendus doucereux et les coups de griffe et vous comprendrez pourquoi, afin de consolider sa position et d'éliminer sa rivale, l'impératrice Wang était prête à tout. Elle en oublia même l'aspect scandaleux de la situation, l'inceste que réprouvait la morale la plus élémentaire. Elle permit le transfert de la nonne enceinte dans des quartiers retirés du palais où sa présence devait demeurer secrète jusqu'à la naissance de l'enfant et la repousse des cheveux de dame Wou. La situation n'était guère honorable pour cette dernière, mais l'enjeu était d'importance.

Bientôt, l'impératrice Wang et dame Wou firent cause commune contre la belle concubine Hsiao. Qui rapprocherait mieux deux femmes que la ruine d'une troisième ? Dame Wou prit du plaisir à ce jeu. Elle connaissait aussi les faiblesses du jeune empereur et usa de toutes ses ressources pour accéder à ses désirs les plus intimes et lui plaire en toute chose, sans que le moindre sentiment de vergogne ne vînt l'effleurer. On peut commettre bien des excès quand on est jeune, mais l'empereur était de constitution débile, et bientôt les plaisirs du lit altérèrent sa santé. Satisfait au-delà de toutes ses espérances, il oubliait imperceptiblement la concubine impériale Hsiao. S'il avait perdu la tête, dame Wou gardait la sienne froide et il est fort probable qu'elle usa plus de son esprit que de ses charmes dans le lit impérial. Elle avait cinq ans de plus que lui et savait combien il était sentimental et soumis aux volontés d'une personne déterminée comme elle.

En passant de l'état de nonne au couvent à celui de favorite au palais, dame Wou venait sans doute de franchir le plus grand obstacle de sa carrière, même si, par la suite, d'autres devaient se dresser devant elle. Très rapidement, elle comprit que l'empereur, qui n'était rien d'autre qu'une petite chose à dorloter, était en son pouvoir. Jamais d'ailleurs elle ne douta de sa puissance, car elle allait devenir Wou Tsö-t'ien, « Conforme à la volonté du Ciel », et jamais personne n'arrêterait Wou

Tsö-t'ien dans sa marche. Son destin était clair, sa route bien tracée et ses buts immuables. Elle n'avait nullement besoin du secours d'un homme pour passer du sort de dame de rang inférieur à celui de souveraine de l'empire tout entier. En d'autres termes, dame Wou possédait toutes les vertus de son sexe, la modestie mise à part.

Sa finesse innée lui fit se rendre aimable à l'impératrice ; elle sut satisfaire les moindres désirs de cette dernière, se montra soumise et respectueuse et, l'assurant de sa déférence, elle lui donna aussi des conseils avisés. Elle ne devait jamais s'opposer directement aux volontés de l'empereur.

Elle savait plus grands le poids et la portée des allusions indirectes, des suggestions, des sous-entendus malveillants. Ses conseils semblaient désintéressés et objectifs en ce qui la concernait personnellement. Elle ne voulait jamais ce qu'elle désirait réellement et faisait, sans doute, ce qu'elle ne voulait pas faire. L'empereur, aveuglé par ses talents et l'aide dont elle le gratifiait, était pris dans des chaînes douces et élastiques, mais indestructibles.

Après l'élimination de la concubine Hsiao, l'impératrice Wang se sentait sottement heureuse et ne tarissait point d'éloges à l'égard de dame Wou qui fut bientôt promue au titre de *tchao-yi,* concubine impériale de second rang. Comment l'impératrice aurait-elle pu savoir qu'en permettant à dame Wou d'entrer au palais, elle avait remplacé une coquette vindicative par une femme de haute intelligence, aux manières doucereuses, qui aurait un tout autre pouvoir, un pouvoir mortel cette fois, sur son époux ?

Une année à peine s'était écoulée depuis son retour au palais et déjà, dame Wou tenait la maison impériale sous son contrôle. Il faut savoir, ce que les fous oublient souvent, que l'élément primordial d'un palais n'est pas l'empereur, ni l'impératrice, encore moins les dames ou les concubines, mais la domesticité, la foule des serviteurs, des suivantes, des cuisiniers et des dames de compagnie. L'impératrice Wang était une femme de convenances, parfois inflexible et toujours imbue de sa personne. Elle n'accordait guère d'importance aux servantes et ne s'abaissa jamais à cultiver leur amitié. Sa mère, dame Lieou, se montrait, en leur présence, brutale et effrontée. Or, on ne peut conduire d'intrigues à la cour sans le concours des domestiques. Dame Wou savait cela. Elle eut la délicatesse de gagner le cœur de ses servantes par l'amitié et la générosité, couplées de quelques remarques acerbes et d'avertissements secs de temps à autres pour couper court à toute velléité d'insubordination. Lorsqu'elle recevait des présents de l'empereur, elle prenait soin d'appeler ses caméristes, plus particulièrement celles qui avaient agi au mieux pour lui plaire, et leur donnait à l'une un bijou, à l'autre de l'or ou de l'argent ou encore une pièce de soierie précieuse. Les présents étaient d'autant plus somptueux qu'on l'avait mieux servie. Aussi les servantes ne se faisaient-elles pas prier pour lui raconter tout ce qui se passait dans l'entourage immédiat de l'impératrice et dans l'enceinte du palais. Dame Wou prenait ensuite un malin plaisir à tout rapporter par le menu à l'empereur. Le palais, au fond, ne couvrait qu'une faible superficie, et si elle n'était pas en mesure d'y régner, il eût mieux valu abandonner le rêve de devenir la reine la plus puissante de l'histoire.

Bien évidemment, une dame aussi talentueuse que dame Wou ne pouvait demeurer au rang de concubine impériale de second rang. Elle envisageait de faire destituer l'impératrice et de prendre sa place, et rien ne pourrait la détourner de ce but. Mais hélas, l'impératrice, femme d'une moralité exemplaire qu'expliquait largement un manque certain d'imagination, ne commit aucune faute dont aurait pu tirer parti dame Wou qui dut faire preuve d'une infinie patience.

Chapitre 6

Un jour, enfin, la chance se présenta à elle. Elle donna naissance à un enfant. Quand on lui apprit que c'était une fille, elle eut un transport au cerveau. Mais le Ciel sait que grand-mère n'était pas femme à se laisser aller trop longtemps. D'une disgrâce, elle fit un avantage et, de fait, en lui envoyant cette enfant, les dieux ne pouvaient pas mieux la servir.

Ne soyez pas surpris de ce que je vais vous raconter car il vous faut vraiment réaliser que dame Wou étant une femme peu banale, elle agit toujours de manière particulière. L'impératrice qui, comme on le sait, n'avait pas eu d'enfant, se rendit un jour dans les appartements de dame Wou pour voir le bébé qui n'avait alors guère plus de dix jours. Elle le prit dans ses bras, le câlina un moment avant de le reposer dans son berceau. A l'annonce de la visite de l'impératrice, dame Wou s'était retirée à dessein. Dès le départ de celle-ci, elle revint, étrangla l'enfant et le recouvrit de sa couverture. Elle savait que l'empereur viendrait la voir, aussitôt ses affaires à la cour réglées. Il arriva. Dame Wou était la mère heureuse qui ne pouvait s'empêcher de parler sans arrêt de son merveilleux bébé.

– Prends l'enfant et montre-le à Sa Majesté. Mais enveloppe-le bien, ordonna-t-elle à une de ses suivantes favorites. La suivante arriva avec l'enfant et sa mère tendit les bras pour l'y recevoir. Elle parut au summum de la consternation quand elle vit que la fillette n'ouvrait pas les yeux, ne bougeait pas et ne respirait plus. Elle était morte ! Dame Wou fut terrifiée, ou tout du moins le parut, et s'écarta avec horreur.

– Qu'est-il arrivé ? Ce matin encore, elle était bien vivante ! s'écria-t-elle, désespérée, avant d'éclater en sanglots violents.

– Nous pensions qu'elle était bien tranquillement endormie, répondit la suivante avec intelligence.

Séchant ses larmes, la mère qui n'était pas vraiment effondrée l'interrogea à nouveau :

– Qui est entré dans la chambre en mon absence ?

– L'impératrice Wang. Elle est venue voir l'enfant, l'a cajolé un moment et l'a remis dans son berceau. Les yeux de dame Wou rencontrèrent ceux de l'empereur. La chose était incroyable, quelle haine, quel acharnement !

– L'impératrice s'est montrée très jalouse de vous ces temps derniers, dit l'empereur, mais jamais je n'aurais pensé qu'elle ait pu commettre pareille action.

L'impératrice nia sans que cela ne plaide en sa faveur le moins du monde. Si seulement elle avait su cultiver le bon vouloir des servantes ! Il fut prouvé qu'elle était la seule à avoir touché l'enfant au cours de l'heure passée. L'empereur, qui n'avait jamais été très épris de sa femme, la considéra avec le plus profond dégoût. Ne s'était-elle pas montrée aussi jalouse de dame Wou que de la concubine impériale Hsiao ? Ce crime dépassait les bornes de la décence, l'impératrice ne devait-elle pas être un exemple de moralité pour toutes les épouses et toutes les mères de l'empire ? Ne voyait-il pas aussi la pauvre dame Wou, au désespoir, qui versait des larmes silencieuses et pleurait son enfant chérie ? Son inclination pour elle grandit encore et il lui dit :

– Je veux déposer cette femme méprisable. Elle n'a pas de mérites et n'est convenable en rien...

– Ne pensez pas à une chose pareille. Ce qui est fait est fait, répliqua dame Wou avec une magnanimité singulière. Mais, ajouta-t-elle, ne trouvez-vous pas qu'il est grand temps que je devienne l'égale de la concubine Hsiao par le rang ?

Accéder au rang de *fei* ou de concubine impériale de premier rang n'était pas chose aisée. Le protocole de la cour en avait fixé le nombre à quatre. Les postes étant occupés, Kao-tsong, pour lui plaire, proposa d'en créer un spécial *tch'enfei ou* « concubine de la maison impériale ». Mais en matière d'étiquette, l'empereur ne disposait que d'une liberté relative. Le président du Grand Secrétariat impérial, Han Yuan, et le président de la Chancellerie impériale, Lai K'i, s'opposèrent à son projet et dame Wou dut se ranger à leur décision. Elle était montée dans la hiérarchie aussi haut qu'elle avait pu et ne monterait encore que si une des titulaires des postes plus élevés venait à mourir d'une manière ou d'une autre. Et si le destin ne crée pas une femme d'exception, la femme d'exception se crée son propre destin.

Chapitre 7

Au cours de la sixième année du règne de Kaotsong, en 655, les événements prirent une tournure nouvelle. L'impératrice Wang, selon toute apparence, avait usé de sorcellerie et de magie noire pour porter atteinte à la personne de l'empereur en voulant aggraver le mal qu'il avait dans la poitrine ; pour sa part, dame Wou était parfaitement au fait de cette maladie. Une figurine de bois avait été découverte derrière le lit de l'impératrice. Cette fois encore, combien s'était-elle montrée négligente vis-à-vis de ses suivantes ! Sur la statuette, les noms, prénoms et date de naissance de l'empereur avaient été gravés et un clou se trouvait fiché à la hauteur du cœur. Ces faits avaient été rapportés à l'empereur en secret et il avait conduit les recherches lui-même. L'impératrice était prise – si l'on envisage les choses ainsi – en flagrant délit. Elle fut si consternée qu'elle demeura d'abord sans mot dire avant de nier, de nier encore et toujours. Elle se mit à genoux et plaida son innocence. Pourquoi aurait-elle souhaité la mort de son époux ? Elle avait des soupçons sur la personne qui avait dissimulé la statuette dans sa chambre, mais toutes les preuves étaient contre elle. Ce fut à ce moment-là qu'elle réalisa qu'elle avait chassé un serpent pour être piquée, et cette fois mortellement, par un scorpion.

Les rumeurs les plus diverses se répandaient au palais et dans l'enceinte de la Cité interdite. Les grands dignitaires furent choqués par la nouvelle tandis que les jeunes secrétaires se prirent à spéculer. Etait-il possible que l'impératrice ait usé de magie noire pour porter atteinte à la vie de Sa Majesté ? N'était-ce pas là un coup monté ? Elle aurait pu tout aussi bien vouloir mettre fin aux jours d'une autre personne, de la concubine impériale Hsiao ou de la dame Wou, par exemple. Tout paraissait incroyable. L'impératrice ne pouvait avoir agi seule. Elle devait avoir pour complice un sorcier. Qui était-il ? Une enquête menée auprès des suivantes pourrait facilement amener des preuves suffisantes de sa culpabilité ou, au contraire, la disculper. Devait-on détrôner l'impératrice Wang et, dans ce cas, qui avait le plus de chance d'être promue ? N'étant pas demeurée inactive au cours des trois années précédentes, dame Wou avait donné à l'empereur deux fils et une fille, celle qu'elle avait tuée de ses propres mains. Elle avait toutes les chances d'être couronnée impératrice.

Ainsi commença le combat contre l'impératrice Wang et la cour tout entière fut en proie à l'effervescence. L'impératrice Wang qui avait menacé la vie de l'empereur – c'est en tous cas ainsi que les choses furent présentées – était sur le point d'être déposée. Les dignitaires Souei-leang et Wou-ki, investis de la promesse faite à T'ai-tsong de protéger son fils et sa bru, pressentirent ce qui allait arriver. Toute l'histoire leur parut incroyable quel que fût l'angle sous lequel ils envisageaient les faits. Dame Wou savait qu'ils tenteraient de s'opposer à elle, mais l'affaire était engagée et rien ni personne ne viendrait contrecarrer ses plans. Elle était de toute manière persuadée que l'empereur se rangerait à ses côtés et que les grands officiers ne pourraient rien contre elle.

Un fonctionnaire impérial nommé Hsiu King-tsong vit dans cette crise le moyen de monter en grade en soutenant dame Wou. Hsiu était annaliste de cour. Il était connu pour sa grande faconde et pour avoir falsifié bien des faits de l'histoire, tant les conceptions qu'il se faisait de sa charge étaient viles. C'est ainsi que de nombreux fonctionnaires purent s'acheter une place dans notre histoire et de la considération à bas prix. De son propre chef, il s'activa beaucoup et tenta de prouver que dame Wou devait être élevée au rang d'impératrice. Quand il se rendit chez le dignitaire Wou-ki, ce dernier lui intima l'ordre de se taire. Comme la plupart des ministres en charge des plus hautes fonctions de l'administration impériale, il savait ce qui se tramait derrière les murs du palais et préférait s'en tenir à l'écart. Tous les hauts dignitaires se rangèrent du côté de l'impératrice Wang et tentèrent d'empêcher dame Wou de monter sur le trône car ils savaient qu'elle avait été au service du père de l'empereur, ce que la décence la plus élémentaire réprouvait.

Depuis la mort de T'ai-tsong, Wou-ki et Soueileang avaient fait de leur mieux pour préserver la noble tradition instaurée par l'empereur défunt. Chaque jour, en audience, ils demandaient à dix des présidents et ministres de les rencontrer pour parler des problèmes du pays, mettre au point la politique à suivre et envisager les mesures à prendre. Ils étaient pour l'heure déchirés entre leur promesse sacrée faite à T'ai-tsong de protéger son fils et sa belle fille et la situation présente qu'ils pressentaient pleine de danger pour l'empire. Selon eux, une impératrice ne pouvait être déposée sans de bonnes raisons et à la suite d'une enquête sérieuse seulement. L'impératrice Wang n'était-elle pas l'épouse que feu le souverain avait lui-même choisi pour son fils ? Rien ne pouvait leur paraître plus mauvais que de légitimer l'inceste en permettant à l'empereur d'épouser une des femmes de son père. Cela tendrait à discréditer le trône et à vicier l'atmosphère du régime. Ces considérations d'hommes d'Etat s'ajoutant à leur position d'exécuteurs testamentaires de T'ai-tsong, ils jugèrent qu'il y allait de leur honneur d'éviter une telle catastrophe.

Dame Wou savait que, de toutes les personnalités présentes à la cour, c'était Wou-ki qui comptait le plus.

Premier des trois ducs de l'empire, maréchal et oncle de l'empereur, il devait être rallié à sa cause. Si Wou-ki approuvait la déposition, tout serait facile. Elle suggéra à Kao-tsong de lui rendre une visite personnelle et elle décida de l'accompagner. La visite d'un empereur à la résidence privée d'un de ses sujets était un honneur si peu ordinaire que mention en était faite dans les chroniques du règne. Dès que l'empereur fut annoncé, Wou-ki se douta du but de la visite, et quand il vit que dame Wou l'accompagnait, ses soupçons s'affirmèrent.

« Où est notre tante ? » demanda dame Wou avec douceur. Ainsi, il s'agissait d'une visite familiale. On introduisit les hôtes impériaux et l'épouse de Wou-ki les reçut avec les honneurs dus à leur rang. L'empereur et dame Wou se montrèrent particulièrement aimables. Dame Wou, surtout, fut chaleureuse, gaie et cordiale. Ils évitèrent soigneusement dans leurs propos le sujet qui les intéressait et ils demeurèrent à bavarder de choses et d'autres jusqu'à l'heure du dîner. Quand tout naturellement Wou-ki leur proposa de partager le repas avec eux, ils réalisèrent subitement qu'il était fort tard. La conversation avait été si passionnante ! Ils acceptaient bien volontiers. Dame Wou suggéra de rassembler à table les hommes et les femmes : « Ne sommes-nous pas une grande famille ? » allégua-t-elle. Le dîner fut servi et on porta des toasts pour célébrer cette heureuse occasion. Les quatre fils de Wou-ki étaient parmi eux et l'empereur s'enquit de leur situation. Si l'aîné était bibliothécaire de cour, les trois plus jeunes, encore adolescents, n'avaient pas de titres honorifiques. Dès que l'empereur apprit cela, il leur conféra le titre de *ta-fou* réservé aux plus hauts fonctionnaires. Wou-ki était un homme de principes. Du temps de T'ai-tsong, il s'était opposé à l'établissement des charges héréditaires. Embarrassé, il déclina l'offre impériale.

« Pourquoi refuser, mon oncle ? lui dit dame Wou. Vous avez plus œuvré pour l'Empire que n'importe quel autre dignitaire. Le gouvernement de Sa Majesté ne se doit-il pas de vous montrer sa satisfaction ? Il n'est rien là que votre droit le plus strict. »

Wou-ki ne put donc refuser et ordonna à ses jeunes fils de quitter la table après avoir présenté leurs remerciements à l'empereur pour cette faveur particulière. On échangea encore de nombreux toasts. Les coupes se vidaient et l'atmosphère était si détendue que tous se sentirent à l'aise. Rassemblant enfin son courage, l'empereur mentionna l'affaire de la statuette en bois et suggéra à mots couverts que l'impératrice, l'ayant laissé sans héritier mâle, devait être déposée. Dame Wou, en silence, observait Wou-ki lequel, en diplomate expert, commença par toussoter avant d'éluder la question. Il n'approuva, ni ne réprouva. Selon lui, une question aussi importante ne pouvait se régler si rapidement et devait être examinée avec soin. Kao-tsong sentit les réticences de son oncle et en fut marri. Cette soirée, toute de cordialité, était un échec et, peu après, les hôtes impériaux se retirèrent.

Le jour suivant, dame Wou fit envoyer à la maison de Wou-ki, au nom de l'empereur, dix rouleaux de soieries précieuses et des présents d'or et d'argent. Sa propre mère, dame Yang, les apporta personnellement de façon à assurer l'oncle de l'empereur de son affection et de son respect. Le geste ne fut que trop évident à Wou-ki. Ses fils avaient reçu la veille des titres honorifiques et, à présent, on le couvrait d'or et d'argent. Dame Wou pensait-elle vraiment pouvoir l'acheter si facilement ? Il choisit quelques rouleaux de soieries en signe d'acceptation et fit renvoyer le reste au palais.

Chapitre 8

L'opposition de tous les grands dignitaires et des principaux responsables de l'administration impériale contre dame Wou demeurait entière. Le vice-président du département des Affaires d'Etat, Souei-leang, le grand-duc et maréchal Wou-ki, le président de la Chancellerie impériale Lai Tsi et celui du Grand Secrétariat impérial Han Yuan étaient fermement hostiles à la déposition de l'impératrice Wang. Le grand-duc Li Tsi se rangea à leurs côtés, encore qu'il se montra plus circonspect et que, somme toute, la situation ne devait guère l'affecter. Li Tsi était un homme bon et honnête, un des rares survivants des grands généraux de T'ai-tsong. Juste avant sa mort, ce dernier l'avait, contre toute attente, exilé dans une province lointaine. Il s'en expliqua à son fils en secret : « Li Tsi irait jusque dans les terres infernales pour moi et avec moi. Telle est sa loyauté à mon égard. Mais il ne vous doit rien. Je l'ai éloigné de la cour pour l'éprouver, et s'il avait refusé l'exil, je l'aurais fait exécuter. Il est parti. Rappelez-le et proposez lui vous-même une promotion. Il vous servira alors avec fidélité. »

Un peu plus tard, les grands dignitaires se retrouvèrent dans la cour latérale, attendant le début de l'audience que marquait le son d'une cloche. Wou-ki prit Souei-leang à partie et lui raconta tous les événements de la veille. Tendus, les autres ministres se tenaient autour d'eux. On eût dit qu'un ouragan allait les emporter. Quelqu'un devait parler le premier à l'empereur. Wou-ki se proposa.

– Laissez-moi parler le premier, déclara l'intrépide Souei-leang, ne serait-il pas embarrassant de laisser l'empereur réprimander son propre oncle ?

– Pour sûr : ne vaudrait-il pas mieux que ce soit le grand-duc Li Tsi ?

– Je ne pense pas, poursuivit Souei-leang, sa position est bien trop importante. Si l'empereur a pris sa décision, ce que je crois, toutes sortes de désastres sont à prévoir pour ceux qui se seront opposés aux plans de dame Wou.

– Mais n'avez-vous rien à craindre, vous-même ?

– Je ne compte guère et ma famille est de basse extraction. Il est de mon devoir, ayant reçu les dernières volontés de T'ai-tsong, de protéger sa belle-fille. Si je ne fais pas cela, comment pourrais-je regarder Sa Majesté en face dans l'au-delà ?

Quand la cloche sonna, les dignitaires se mirent en rang et pénétrèrent l'un après l'autre dans la salle des audiences. L'empereur était assis sur son trône et, derrière lui, séparée de l'assemblée par un rideau en gaze de soie, se tenait dame Wou, prête à entendre les propos échangés au cours de cette audience cruciale pour son destin. Kao-tsong ouvrit la séance en déclarant à ses ministres que l'impératrice avait usé de magie noire contre sa personne et que la peine qu'elle encourait était la mort. Incapable de surcroît d'être un exemple pour les femmes de l'empire, elle devait, selon lui, être détrônée. Souei-leang s'avança d'un pas et dit :

– Majesté, il est de mon devoir de vous déconseiller d'agir ainsi. L'impératrice fut choisie par votre père. Sur son lit de mort, il me prit la main et vous recommanda à moi, vous-même et votre épouse. L'avez-vous oublié ? Aucune preuve n'a été apportée, l'impératrice n'est pas coupable et ne doit pas être déposée.

Avec calme, l'empereur leur montra la statuette de bois.

– Regardez, leur dit-il.

Et ils virent en effet un clou fiché à la hauteur du cœur de la figurine qui portait les noms et l'horoscope de l'empereur.

– Pourquoi ne pas poursuivre l'enquête ? interrogea Souei-leang. Quelqu'un d'autre peut avoir gravé ces noms. Il doit y avoir des complices et des témoins. Il est certain que les suivantes connaissent le sorcier ou la sorcière, auteur de ce forfait. Qui vous dit que la statuette ne fut pas placée dans la chambre de votre épouse par quelqu'un qui lui veut du mal ?

L'empereur demeurait silencieux. Han Yuan, président du Grand Secrétariat impérial, s'avança à son tour pour soutenir l'opinion de Souei-leang.

– Que Sa Majesté me pardonne ma franchise. Il n'est pas bon pour l'Empire que l'impératrice soit déposée aussi légèrement. Je crains que la cour et le pays tout entier ne soient grandement perturbés par cette décision. Je rejoins l'opinion de Souei-leang, l'impératrice fut choisie par votre père et ne doit pas être rejetée.

Et comme Wou-ki était sur le point de prendre la parole, l'empereur s'écria : « Qu'on les jette dehors ! » Souei-leang et Han Yuan se retirèrent et l'audience prit fin.

Chapitre 9

Le jour même, plusieurs dignitaires et amis personnels de Wou-ki se réunirent chez lui, en privé. On avait appris, tard dans l'après-midi, que Lieou Che, l'oncle maternel de l'impératrice qui avait été autrefois président de la Grande Chancellerie impériale, avait été démis de ses fonctions.

– Ainsi nous perdons Lieou Che, dit Wou-ki. Les choses vont mal. Quel parti prendre demain ?

– Eh bien, répartit Souei-leang, soyons fermes. Il n'est d'autre issue que l'absence de compromis.

Pei Hsing-kien, gouverneur de la capitale, était aussi déterminé que les autres. Mathématicien à ses heures, il avait aussi étudié la philosophie du *Yin* et du *Yang,* la raison d'être des conflits et conjonctions, des augures bons ou mauvais qui déterminent la destinée des hommes et le cours des événements. Il avait dit alors : « Si nous échouons et si l'impératrice Wang est déposée, ce sera le début de notre ruine. »

Le lendemain, lors de l'audience à la cour, l'atmosphère était tendue. Comme les ministres attendaient l'ordre de pénétrer dans le grand hall, ils apprirent que Pei – qui devait plus tard recevoir le grade de Grand Général – avait été cassé. Ce fut aussi rapide que cela. Un personnage nommé Yuan Kong-yu, qui était présent la veille chez Wou-ki, s'était empressé, aussitôt la réunion terminée, d'aller rapporter les paroles de Pei à madame Yang, mère de dame Wou.

« En voilà un autre d'éliminé », dit Souei-leang avec tristesse. Puis, avec le plus grand calme, il leur fit part de ses intentions. S'il ne réussissait pas à influencer favorablement l'empereur, il donnerait sa démission. Il pouvait être destitué ou exilé, peu lui importait ; il avait envisagé toutes les conséquences de ses actes. Un moment plus tard, les ministres, l'air grave, entrèrent comme à l'accoutumée, un à un, dans la salle des audiences. L'empereur ouvrit la séance par une citation de Mencius [4] :

– De tous les crimes commis par celui qui ne pratique pas la piété filiale, le plus grand est de demeurer sans progéniture. Et, contrairement à dame Wou, l'impératrice ne m'a pas donné de fils. Aussi ma décision est-elle prise.

Souei-leang sortit des rangs pour s'approcher du trône à pas lents. Il s'agenouilla. Il tenait en main la tablette d'ivoire cérémonielle, signe du statut de dignitaire impérial, et déclara :

– Il est de mon devoir de rappeler à Sa Majesté les dernières paroles de feu son père. Je dois tenir la promesse que je lui fis alors, vous aussi Majesté. Si votre décision est prise, je n'ai rien d'autre à ajouter. Je vous rends ma tablette. Que Sa Majesté me pardonne, je n'ai pas d'autre choix.

Puis il déposa la tablette d'ivoire devant le trône et frappa le front avec véhémence contre le sol en signe de protestation. L'empereur fut interloqué par l'attitude insolente et le ton brusque du dignitaire. Mais, déjà, on entendait une voix aigre derrière le rideau de gaze : « Qu'on achève ce coquin ! » C'était une voix féminine – pas vraiment féminine d'ailleurs – qui résonna à travers tout le hall. Wou-ki prit la parole :

– Souei-leang agit selon son cœur. Il est loyal et on ne doit pas le punir.

Mais l'empereur ordonna : « Qu'on le fasse sortir » et l'audience s'acheva aussi abruptement que la précé-

4. Mencius (ou Meng-tseu), 372-288, philosophe qui renouvela les doctrines de l'école de Confucius.

dente. Démis de ses fonctions de vice-président du département des Affaires d'Etat, Souei-leang fut envoyé, en tant que préfet, dans un lointain district montagneux du Kouei-tcheou. L'exil était la forme habituelle du châtiment à l'encontre d'un ministre qui avait osé contrecarrer les volontés du souverain. Souei-leang quitta la capitale sans regret ; sa conscience était en paix, mais il était loin de se douter de ce qui allait se passer par la suite.

Chapitre 10

Après cet épisode, l'empereur exerça sa souveraineté avec une énergie accrue, une détermination et une fermeté quasi viriles, qualités que dame Wou devait lui insuffler. Congédiant ses fidèles ministres ou ignorant leurs conseils, il allait de l'avant. N'était-il pas l'empereur après tout ? C'est à partir de ce moment-là que l'on sentit un changement graduel dans le caractère des hommes qui entouraient le souverain. Un empereur ne trouve-t-il pas toujours des hommes en accord avec ses volontés ? Des dignitaires intègres comme Han Yuan ou Souei-leang furent peu à peu remplacés par des ministres vils et corrompus, à l'instar de Hsiu King-tsong et Li Yi-fou. Hsiu n'avait-il pas soutenu l'action de l'empereur en alléguant à la ronde : « Pourquoi le fils du Ciel ne prendrait-il pas une nouvelle épouse quand un fermier le fait parfois après une bonne récolte ? »

Kao-tsong et dame Wou avaient noté que, depuis la dernière audience, le grand-duc Li Tsi s'était, de son propre chef, retiré de la cour. Peut-être allait-il se montrer plus souple que les autres dignitaires à leur égard ? Kao-tsong avait besoin d'un grand-duc pour le couronnement de la nouvelle impératrice, aussi prit-il contact avec lui et Li Tsi lui répondit : « Ce qui relève de vos affaires intimes n'intéresse nullement vos sujets. » La décision fut prise et un édit promulgué. L'impératrice Wang, jugée coupable, était détrônée et confinée au palais tandis que dame Wou devenait impératrice.

L'édit provoqua un véritable scandale. La promotion de dame Wou au rang d'impératrice fut bientôt au cœur de toutes les conversations et fournit aux clients des maisons de thé un nouveau sujet de commérage plein d'attrait. L'impératrice Wou n'avait-elle pas été la maîtresse du père du souverain ? De plus, elle avait été nonne et avait donné naissance à un enfant alors qu'elle résidait encore au monastère ! De toute évidence, l'impératrice Wou était une putain. Pourquoi les hauts dignitaires du défunt empereur n'avaient-ils pas essayé d'empêcher ce crime, cet outrage aux mœurs de l'empire ? On sait qu'ils avaient tout tenté, pourtant, et que mal leur en avait pris. Le peuple eut le sentiment que la conduite de son souverain était mauvaise. Mais cela s'était déjà produit bien des fois dans l'histoire et quand un roi agissait de la sorte en se laissant dominer par une femme intrigante, que pouvait-on faire ? A l'instar des gens du peuple, les courtisans et les dignitaires sentirent comme un fléau s'abattre sur le trône, quelque chose de sinistre, de malveillant, mais d'inévitable. Quant à Wou-ki, le fidèle, il se tint coi et se cloîtra chez lui.

La date du couronnement fut fixée en novembre, à un mois de là. Dame Wou n'était pas femme à se faire couronner à la sauvette. Elle voulait une grande cérémonie, une célébration plus pompeuse encore que l'intronisation d'un empereur, pour montrer à la face du monde qu'elle, dame Wou, était dans son droit et qu'elle allait devenir souveraine de l'empire. Il faut dire que la pompe, la prodigalité et la grandeur lui étaient chères, qu'elles étaient la véritable expression de son existence. Elle adorait ce genre de manifestations. Elle voulait impressionner et savait combien les gens simples aiment à être impressionnés. Hsiu, l'annaliste, fut désigné d'office comme le seul capable de mettre au point tous les détails de la cérémonie. Tant de choses devaient être prêtes et il restait si peu de temps pour s'occuper de la robe, de la voiture, du sceau impérial, des chants, de la musique, des danseurs, des divertissements, et des réceptions.

Le jour arriva. La musique des tambours et des cloches retentit. Le palais était empli de la foule des dignitaires et des fonctionnaires des plus hauts rangs. Entourée de ses suivantes, dame Wou entra. Sa parure de tête étincelait de l'éclat de l'or et des perles. Elle était revêtue de la robe *wei-yi* portée par les impératrices lors des grandes cérémonies, comme celle des sacrifices au Ciel et à la Terre. La robe, en satin bleu marine, était rehaussée de phénix en vol aux couleurs de l'arc-en-ciel qui avaient été peints à la main ; elle était ornée d'une large bande rouge qui descendait du milieu jusqu'en bas de la jupe. Ses chaussures étaient brodées de fils d'or et elle portait des ornements de taille et une ceinture pareils à ceux de l'empereur. Calme et digne, son menton large bien proportionné, les yeux brillants, elle avait en tous points l'apparence d'une impératrice authentique mais autoritaire. Et, ce jour-là, au moment du couronnement, la seule personne à ne pas être bouleversée fut elle, précisément. La boîte de jade qui renfermait le sceau impérial lui fut tendue par le grand-duc Li Tsi – l'homme dont le cadavre devait être mutilé sur ses ordres des années plus tard –. Elle s'installa sur le trône. On lut l'édit impérial et des poèmes de congratulations en pompeux vers de quatre caractères furent déclamés. La musique solennelle fut entonnée et la cérémonie officielle toucha à sa fin.

Contrairement à la tradition, la nouvelle impératrice se présenta à tous les fonctionnaires impériaux en haut de la porte du « Respect sévère », *sou-yi-men.* Sa longue voiture, utilisée par les impératrices lors des plus grandes cérémonies, était prête. Bleue et or, elle avait huit fenêtres tendues d'étoffes et de rideaux pourpres ; le toit et les roues arrière étaient peints de couleur vermillon. Sur les côtés étaient disposées, à égale distance, des plumes de faisan, symbole des reines, et le harnachement des chevaux brillait de mille feux. La voiture était précédée d'hommes d'armes à cheval, en uniforme cérémoniel, et des porte-étendards des processions impériales. Arrivée à la porte du « Respect sévère », elle descendit de voiture pour gravir les marches de la tour et s'installer sur la terrasse. Là, à ses pieds, fléchis sur leur genou, dans la cour, se tenaient les princes, les dignitaires et les représentants des peuples conquis dans leurs costumes d'apparat. Ceux de la première rangée portaient des robes pourpres serrées par des ceintures d'or et de jade. C'étaient les princes et les fonctionnaires des trois premiers rangs. Venaient ensuite les fonctionnaires du quatrième rang en robe couleur lavande intense et ceintures d'or, puis les fonctionnaires du cinquième rang en robe lavande aussi, mais plus pâle. Les fonctionnaires des sixième et septième rangs étaient revêtus de robes vertes respectivement foncées et pâles avec des ceintures d'argent. Dame Wou sourit avec grâce en recevant l'hommage de ses sujets. Puis elle remonta en voiture pour rentrer au palais où, selon une mesure nouvelle, les épouses des dignitaires et des représentants étrangers étaient invitées à une réception en son honneur dans les appartements privés. Chacun admira sa dignité et son contrôle et essaya de ne pas trop penser à ses origines. Quelques dames remarquèrent combien sa bouche était large, signe d'un caractère vorace ; d'autres furent effrayées par la ligne de ses lèvres, son regard dur et tranchant, révélant une femme de grande détermination. Grand-mère ne fut jamais timide ; elle aimait voir des gens, les rencontrer en différentes occasions, susciter et recevoir des marques d'hommage et d'adulation. Ce jour-là, elle avait créé bien des précédents. Après la réception, le dîner fut servi pour tous les invités ; il fut agrémenté de musique et de danses données par les troupes impériales et de démonstrations d'acrobatie. Tout ceci dura fort avant dans la nuit et, quand grand-mère se retira, elle était exténuée.

Chapitre 11

Dame Wou avait œuvré et attendu avec patience trois années pour réaliser son ambition : devenir impératrice. Cela ne constituait bien sûr qu'une étape. La position d'impératrice pouvait signifier un réel pouvoir ou rien du tout selon l'intelligence de celle qui en disposait. Elle pensait à l'impératrice détrônée et à son ancienne rivale, la concubine Hsiao, qui étaient à présent emprisonnées, et elle riait. Comme ces deux femmes s'étaient montrées stupides ! Elle était toujours irritée par l'opposition dont Wou-ki, Souei-leang et les autres dignitaires avaient fait preuve à son égard. Mue par un instinct bien féminin, elle savait que ces hommes forts étaient le soutien de son mari et qu'aussi longtemps qu'ils resteraient à la cour, elle ne pourrait pas agir à son gré. Hsiu, l'annaliste, représentait le type même d'instrument dont elle avait besoin et elle sut montrer à ceux qui s'étaient rangés à ses côtés sa reconnaissance. Au fond, sa formule pour accéder au pouvoir était simple : « Avec moi, puissance et gloire ; contre moi, la mort ! » C'est ainsi que cet hiver-là, Hsiu fut promu au titre de secrétaire particulier et qu'il reçut l'instruction d'être chaque jour à son poste à la porte ouest de la salle du trône. Afin de ne pas dévoiler ses intentions trop rapidement, elle laissa Wou-ki et les autres en poste à la cour. D'ailleurs, ils étaient puissants et leur prestige parmi le peuple était grand. Elle n'avait pas peur d'eux, mais voulant faire les choses avec l'apparence de la justice, toutes ses actions devaient être revêtues d'un semblant de légalité. Hsiu, expert en lois, statuts et protocoles divers, serait l'homme de la situation. Pour réussir et devenir Wou Tsö-t'ien, « Conforme à la volonté du Ciel », il lui fallait attendre encore que l'on s'habitua à elle, que l'empereur fut sous sa complète domination, et que l'influence et la position de Hsiu fussent mieux établies. Elle s'occuperait plus tard du destin des opposants. Sa principale qualité n'était-elle pas précisément la patience froide et mesurée ? Sa première décision qui, d'ailleurs, ne portait pas trop à conséquence, fut de remplacer le jeune prince Tchong par son fils aîné au titre de prince héritier.

Pourtant, ce même hiver, un événement survint qui devait lui faire oublier la plus élémentaire prudence et qui la conduisit à une démonstration de la fureur la plus aveugle, de cette fureur qui anime les femmes contre leurs rivales, fureur instinctive et sauvage comme la nature. Kao-tsong devait bientôt avoir un avant-goût du caractère de la femme qu'il venait de promouvoir au rang d'impératrice. Il commit une erreur en profitant de son absence, un jour qu'elle était partie rendre visite à des parents, pour aller voir, le cœur rongé par le remords, l'impératrice Wang et la concubine Hsiao dans leurs appartements. Il déambula, seul, dans les cours arrières en proie à une mauvaise conscience proche de la culpabilité. Arrivé devant les appartements en question, il fut choqué de trouver la porte verrouillée. Seule une ouverture sur le côté permettait aux servantes d'apporter la nourriture aux deux femmes. Les dames de la cour qui avaient encouru pareil châtiment étaient d'ordinaire recluses, mais il s'agissait là d'un véritable emprisonnement. Il les appela, à travers l'ouverture, et un moment plus tard, il entendit deux voix faibles et désespérées lui répondre :

– Majesté, nous avons été bannies et ne pensions pas que vous alliez venir nous rendre visite et user encore de nos titres d'autrefois... En mémoire des jours du passé, laissez-nous sortir s'il vous plaît. Nous vous en prions. Permettez que nous soyons libres. Pour vous prouver notre gratitude, nous appellerons cet endroit « le palais de la miséricorde »...

– Ne vous inquiétez pas, répondit Kao-tsong très ému, je vais faire quelque chose pour vous.

L'empereur, hélas, ne connaissait pas bien encore son épouse dont les espions étaient partout. Il ne se rendit pas compte qu'il avait été surpris ; dès que dame Wou fut rentrée au palais, sa visite secrète lui fut rapportée par le menu.

Ainsi l'empereur pensait encore à ces deux femmes ! Dame Wou ne voulut prendre aucun risque. Avant que l'empereur n'ait eu le temps de lui parler, elle lui dit être au courant de sa visite aux condamnées. Etait-ce vrai ? L'empereur nia. « Bien, répliqua-t-elle, je préfère qu'il en soit ainsi. »

On voit comment, bien souvent, les décisions d'un homme nerveux et pusillanime sont changées, ainsi que le cours des événements, par la volonté et la détermination d'une femme. Peu de temps après, l'empereur devait reconnaître ses torts. Dame Wou donna ordre à ses serviteurs de fouetter les deux femmes. Elle leur fit couper les mains et les pieds et, avec leurs pauvres membres mutilés attachés dans le dos, elle les fit plonger dans des cuves à vin[5]. « Laissons les os et la moelle de ces prostituées se dissiper dans l'extase », dit-elle par une référence morbide au plaisir des sens.

Quelques jours plus tard, comme on pouvait s'y attendre, les deux femmes rendirent l'âme. Leur mort fut rapportée à dame Wou qui demanda dans un sourire :

– Se sont-elles enfin liquéfiées dans l'ivresse ?

– Oui, Majesté, répondit la servante.

Dame Wou, ou plus exactement l'impératrice Wou, laissa Hsiu accomplir le reste de sa vengeance. Légale-

5. Il se serait agi, en fait, d'alcool de riz en fermentation.

ment l'impératrice qu'elle venait de faire assassiner serait coupable de trahison. On se souvient que l'oncle de cette dernière, Lieou Che, avait été démis de ses fonctions deux mois avant le couronnement. Mais l'impératrice Wang avait un autre oncle. Lui aussi, comme tous les autres membres de leur clan, ceux du clan de la concubine Hsiao également, furent bannis au Kouang-tong, à l'extrême sud de l'empire. Le père de l'impératrice, Wang Jen-yu, était mort depuis longtemps, mais ses descendants avaient hérité de son titre de duc et de toutes les prérogatives dues à ce rang. Toujours soucieux des volontés de dame Wou, Hsiu allégua que l'empereur s'était montré trop faible à l'égard de la traîtresse et que le duc, son père, et tous ses héritiers devaient être condamnés. La tombe du duc fut ouverte et son corps mutilé. Ecœuré, Kao-tsong n'avait rien fait pour empêcher cette profanation et priva son ex-beau-père de tous ses titres ; ce jugement si douloureux pour des âmes portait la vengeance que dame Wou lui avait inspirée jusqu'à la tombe. Tous les enfants et petits-enfants de la famille furent dégradés et exilés. Dans son triomphe, dame Wou se montra impitoyable et quelque peu grossière aussi dans ses jeux de mots pleins d'un humour grinçant. Elle pensa avec esprit que le nom de l'impératrice Wang rimait avec « cobra » et celui de la concubine Hsiao avec « vautour ». Elle décréta que, dès lors, les enfants de ces deux familles recevraient respectivement les noms de clans de « cobra » et de « vautour ». Les crimes que l'on avait commis contre elle venaient de recevoir une juste punition. Un chapitre de sa vie s'achevait, ou tout du moins, ce fut ce qu'elle ressentit. Ses débuts, car tout cela n'était que début, étaient excellents. Elle s'était ouvert la route du succès et du pouvoir sur le cadavre de deux malheureuses.

Chapitre 12

Après s'être débarrassée de l'impératrice Wang et de la concubine Hsiao, dame Wou devait se conduire comme une impératrice pleine de cœur et d'esprit. Au fond, elle n'avait jamais vraiment haï ces deux femmes, mais comme elle le pensa plus tard, elles avaient eu le malheur de se trouver sur son chemin. D'ailleurs, toute action n'entraînait-elle pas un peu de désagrément ? Peu encline à la sentimentalité, elle dont la nature ne visait qu'aux grandes réalisations et non aux meurtres fortuits ne montra aucun remords. La position d'impératrice lui seyait à merveille. Son mari, le faible et timide Kaotsong, avait hérité du grand empire des T'ang et elle voulait que cet empire devienne plus grand encore. Elle l'aiderait à devenir le plus puissant souverain de l'Asie. Et si d'autres encore se dressaient devant elle, elle saurait sans hésitation aucune les éliminer comme elle l'avait fait avec l'impératrice Wang. N'est-ce pas ainsi que l'on devient un monarque absolu ?

Peu de temps après le couronnement, dame Wou accompagna l'empereur au temple de ses ancêtres dynastiques. La cérémonie revêtait un caractère d'importance puisqu'il s'agissait d'aviser les mânes impériaux de l'appartenance de dame Wou à leur famille et de les assurer de son respect et de sa loyauté. Quand on songe aux événements qui eurent lieu plus tard, on peut se demander si, secrètement, ce fut ce jour-là, où pourtant elle se conduisit dans la plus pure tradition familiale, qu'elle conçut ses projets. Comment les âmes de T'ai-tsong et de son père auraient-elles pu pressentir sans frémir qu'un jour on les priverait d'offrandes !

Dame Wou excellait à faire parade de ses nouveaux pouvoirs. Au printemps suivant, elle accomplit une des plus nobles et plus anciennes traditions de l'empire en participant à la cérémonie des vers à soie. De même, l'empereur rendait un culte à la terre en traçant le premier sillon à la charrue dans le champ sacrificiel. L'agriculture et la sériciculture, activités respectives des deux sexes, étaient les fondements mêmes de la vie paysanne et de l'empire tout entier. Attentive aux réactions de ses sujets, dame Wou avait, contrairement à l'impératrice Wang, une activité prodigieuse. Comme elle souhaitait entretenir les femmes de son empire de la vertu, elle fit compiler un ouvrage qui parut sous le titre *Nei-ts'ö* ou *De la bonne conduite des épouses dans leur maison,* livre qui soulignait la primauté de la vertu d'obéissance ; la femme devait garder sa place à la maison, obéir à son époux en toute chose et être bonne et aimable avec sa belle-famille. Mais par dessus tout, l'ouvrage attirait l'attention sur le fait que, dans les grandes familles, il ne fallait pas que les épouses se montrent partiales vis-à-vis de leur propre parentèle. Il est très intéressant d'envisager les règles édictées là à la lumière des événements futurs où ce fut tout le contraire qui se produisit, dans le clan de dame Wou tout au moins. Mais, à l'époque, les lecteurs furent abusés par une femme qui accordait tout crédit à la morale confucéenne et qui se tenait du côté de la religion. Elle était la femme obéissante – le parangon de l'épouse vertueuse en quelque sorte – qui ne régentait pas son mari et le faisait encore moins espionner. En somme, elle approuvait toutes les normes que la bonne société prônait en matière de vertus féminines. Le précepte selon lequel il ne fallait pas accorder des faveurs particulières à sa propre famille était-il une attaque voilée contre Wou-ki, oncle maternel de l'empereur ? On ne le sut jamais. En tous cas, il lui servit, car elle voulait se débarrasser de ses deux demi-frères, sujets d'affliction pour sa mère et pour elle-même.

Le père de dame Wou avait été marié en premières noces avec une jeune personne qui lui avait donné deux fils, Yuan K'ing et Yuan Chouang. Lorsqu'elle mourut, il se remaria avec dame Yang dont il eut trois filles, la cadette étant dame Wou. Quand leur père qui avait été nommé ministre décéda, les deux garçons devenus chefs de famille se montrèrent froids et irrespectueux à l'égard de leur belle-mère et celle-ci conçut une haine farouche à leur égard. S'ils occupaient des postes au palais, dame Yang était devenue, quant à elle, mère de l'impératrice et avait été élevée au rang de duchesse. Elle prit, un jour, ses beaux-fils à partie et leur déclara avec autant d'acrimonie que de jubilation dans la voix :

– Vous rappelez-vous les jours passés ? Voyez aujourd'hui ma position !

– Effectivement, répondirent-ils. Comme le fait que notre sœur soit impératrice est gênant pour nous ! Les gens, toujours enclins à se méprendre, pensent que c'est à elle que nous devons nos charges et non à notre père !

Ils se montreraient donc toujours aussi insolents ! Dame Yang entra dans une noire colère et rapporta ces mots à sa fille. Cette dernière, alléguant ses précédentes déclarations sur les vertus féminines, les fit bannir dans des provinces reculées et prouva ainsi qu'elle n'était pas partiale envers ses propres parents. Ce fut là une décision relativement douce de sa part. Yuan K'ing mourut dès son arrivée à Long-tcheou dans l'extrême sud de l'empire, mais Yuan Chouang refusa de disparaître aussi facilement. Il fut exilé, plus tard, dans un autre lieu et impliqué dans une affaire judiciaire à l'issue de laquelle il fut condamné à mort. Ce qui se produisit alors dans ce district lointain, encore à demi sauvage, ne causa pas même un éclat dans la vie lisse, élégante et vertueuse de la cour.

Mais le bonheur de dame Wou était grandement perturbé par la présence de chats dans le palais. Elle avait développé une peur morbide de ces animaux à la suite des châtiments infligés à ses deux rivales. Lorsqu'elle avait fait fouetter l'impératrice Wang et la concubine Hsiao, en trois endroits pour être exact, sur le dos, sur les fesses et sur les cuisses, la première s'était laissée faire sans mot dire, mais la concubine Hsiao s'était rebellée et l'avait maudite en ces termes : « Je vais prier pour renaître sous la forme d'un chat et m'abattrai une nuit sur la gorge de cette putain ! Que le Ciel m'en soit témoin ! » Croyant elle-même à la sorcellerie et à la réincarnation, dame Wou fut terrorisée et craignit d'être attaquée pendant son sommeil par une chatte en furie. Et cela pouvait se produire car le palais était construit de plain-pied près des murs nord de la ville et l'endroit attirait les souris. Elle préférait endurer la vue de cent souris plutôt que l'ombre d'un seul chat. Ces animaux furent chassés du palais, mais, malgré cela, ses cauchemars revenaient toujours. Elle se réveillait en hurlant ; elle hurlait souvent au milieu de la nuit. Pire encore furent les fantômes des deux femmes assassinées. Ils refusèrent de s'enfuir et vinrent hanter ses appartements. Elle les voyait souvent apparaître, faces sanglantes et cheveux défaits, accourant vers elle avant de disparaître. Ceci eut des conséquences politiques non négligeables. Ces fantômes ou ces supposés fantômes, ce qui revient au même, coûtèrent au peuple des millions de sapèques, car ils l'incitèrent à construire un nouveau palais et, même, à déplacer la capitale de l'empire de Tch'ang-ngan à Lo-yang.

Deux mois après la naissance de son troisième fils, le prince Tche, elle partit pour Lo-yang. Nous étions alors en janvier de l'année 657. Aussi longtemps qu'elle y demeura, les fantômes ne la hantèrent plus. Mais dès qu'elle revint à la capitale, ils la harcelèrent à nouveau. Le palais impérial lui parut oppressant, elle se sentait misérable et brûlait de retourner à Lo-yang qui avait été aux temps jadis la capitale de plusieurs dynasties. Dès le mois de juillet suivant, elle partit pour Lo-yang et y séjourna encore en décembre. Elle y demeura aussi longtemps qu'elle le put. Elle aimait Lo-yang chaque jour davantage car elle y était heureuse, tandis que chaque retour au palais impérial ravivait ses angoisses.

Elle prit la décision de quitter le palais, ce palais peuplé de ses propres hantises bien sûr. Toujours soucieuse du bien-être de son époux, elle donna pour raison les rhumatismes de ce dernier ; le sol du palais était trop bas et trop humide. Ne valait-il pas mieux élever un nouveau palais en un lieu plus sain ? Les frais seraient énormes, bien sûr, mais après tout, la santé et le bonheur de Sa Majesté ne passaient-ils avant toute autre préoccupation ? Derrière le palais, le grand parc impérial était bordé par les collines qui descendaient de la haute chaîne du nord-ouest. Elle choisit un endroit juste derrière les murs nord de la cité, à l'est de l'ancien palais, et relia celui-ci au nouveau par un alignement de jardins strictement privés qui s'étendaient à l'est et à l'ouest. Ce fut ainsi que l'ancien palais fut abandonné et que le nouveau, l'actuel « palais de la grande lumière », *ta-ming-kong,* appelé à l'origine « palais des immortels des îles P'eng-lai »[6], fut édifié.

---

6. Les îles P'eng-Lai que la mythologie situe dans la mer de l'est sont le séjour des génies et des immortels.

Chapitre 13

Dame Wou n'oubliait jamais... Souei-leang avait été exilé, mais la vieille querelle qui l'avait opposée à Wou-ki, Han Yuan et Lai Tsi n'avait pas encore trouvé l'issue qu'elle souhaitait. Si quelques dignitaires s'étaient élevés contre son couronnement, d'autres n'avaient pas montré un réel enthousiasme et certains même s'étaient tenus à l'écart. Elle connaissait l'attitude de chacun grâce aux travaux de Hsiu, l'annaliste devenu son secrétaire. Ainsi Wou-ki, on s'en souvient, s'était cloîtré chez lui, sans mot dire. Ne s'inquiétant plus de l'administration de l'empire, il avait consacré ses loisirs à la rédaction d'une histoire des deux précédents règnes, celui de T'ai-tsong et du père de T'ai-tsong, au cours desquels il avait joué un rôle politique déterminant. Dame Wu l'exécrait comme elle exécrait aussi ceux qui, à l'instar de Han Yuan et de Lai Tsi, tenaient haute leur tête, parlaient sans détour et ne s'humiliaient jamais, en vertu de leur âge vénérable et de leur position élevée. En un mot, pour une personne comme elle, qui prisait par dessus tout l'ordre et la discipline, la cour était le lieu de la confusion la plus grande. Le temps était venu pour elle de consolider son pouvoir et d'établir un nouveau régime. N'avait-elle pas raconté un jour l'histoire de ce cheval indomptable qu'elle se proposait de briser à l'aide d'un fouet, d'une masse et d'une dague ? Elle sentit nécessaire d'user du fouet pour tenir les dignitaires de la cour sous ses ordres et, pour se faire la main, comme au cirque le dompteur avant l'entrée en scène, elle fit claquer quelques coups.

Han Yuan, président du Grand Secrétariat impérial, fut le premier à en subir les effets. En fait, sa véritable cible était le grand-duc Wou-ki car elle le savait fort, puissant et respecté. N'était-il pas le soutien moral du souverain ? Son génie lui prescrivit de détruire les autres d'abord afin qu'il se retrouvât seul, sans allié, à sa merci, enfin. Han Yuan lui donna l'opportunité d'exercer ses talents. Il eut l'audace de demander la grâce de Soueileang ; le bannissement de son ami pesait sur sa conscience et, comme une année venait de s'écouler, il pensa qu'il était de son devoir de faire rendre justice à cet homme excellent. L'esprit de loyauté qui primait parmi les grands dignitaires au temps de T'ai-tsong ne s'était pas totalement éteint et des gentilshommes étaient capables d'offenser leur roi et de perdre leur position, pour le bien de l'empire. Lors d'une audience, Han Yuan lut le mémoire qu'il avait rédigé avec soin :

« La destitution d'hommes de bien est toujours le signe de la dégénérescence de l'esprit d'un Etat. Soueileang qui a consacré sa vie entière au service du défunt T'ai-tsong n'a jamais fait montre que de loyauté et d'intégrité. Votre père, Majesté, le considérait comme son frère, car jamais il n'intervint que pour le bien de l'empire. Ses conseils furent profitables à tous. Votre père le choisit pour recevoir ses dernières volontés, Votre Majesté l'aurait-elle oublié ? Depuis le premier jour, sa révocation pèse sur ma conscience et ma charge quotidienne de président du Grand Secrétariat m'amène à observer avec crainte comment une erreur qui semble minime peut entraîner de graves conséquences. Pourrais-je demeurer silencieux quand un des principes sacrés de notre empire – le destin d'hommes honnêtes et loyaux – est menacé ? » Han Yuan continua sa diatribe en citant des exemples de l'histoire ; des royaumes avaient été ruinés et des régimes altérés par le bannissement d'hommes d'honneur. « Les grands rois du passé n'encourageaient-ils pas la critique et les avis honnêtes dictés par la loyauté du cœur ? Majesté, vous devez conformer votre conduite à la leur. » Et il conclut : « Même si Souei-leang vous a offensé, il a subi un an durant un cruel châtiment. Sa Majesté ne lui accorderait-elle pas le pardon à présent ? »

Han Yuan ne se doutait peut-être pas que dame Wou se tenait assise derrière l'écran de gaze du trône, ou peut-être ne s'en souciait-il pas. Quand il eut terminé, l'empereur déclara :

– Je respecte vos propos, mais je pense que vous prenez cette affaire trop au sérieux. Je sais que Souei-leang est un homme honnête, mais il s'est comporté grossièrement à mon égard. Ne devais-je pas le punir de son outrecuidance vis-à-vis du trône ?

– Je crains ne pas voir les choses comme vous, Majesté, répondit Han Yuan avec fermeté. Tout bon gouvernement doit être fondé d'abord sur la sélection et l'encouragement des hommes de valeur. La question est de savoir si Votre Majesté veut des hommes ou des laquais. Le proverbe ne dit-il pas « qu'une seule mouche peut souiller une étoffe blanche ? » J'ai peur que la voie ne soit ouverte à des individus ambitieux et que les preux ne soient écartés.

Han Yuan poursuivit en citant exemple sur exemple : *Le Livre des Odes*[7] ne nous apprend-t'il pas qu'une maison splendide comme celle des Tcheou fut ruinée par Pao-sseu ? » La référence à la célèbre dame de la principauté de Pao qui avait ruiné le royaume des Tcheou était plus qu'une erreur de jugement ou qu'un manque de tact. C'était la pire insulte que l'on puisse faire à l'impératrice. D'ailleurs cette dernière n'ouvrit point la bouche et ce silence n'augura rien de bon ; le destin de Han Yuan était scellé.

« Vous pouvez vous retirer », grommela l'empereur.

---

7. Un des cinq livres classiques, dépositaires de la pensée antique.

Déçu, Han Yuan regagna sa résidence. Il écrivit une lettre de démission qui fut refusée et le résultat immédiat de son plaidoyer pour son ami fut le bannissement encore plus lointain de celui-ci à Kouei-lin au Kiang-hsi. Cet événement marqua le déclin des hommes qui avaient consacré leur vie au bon gouvernement, mais l'esprit de ce dernier devait leur survivre.

L'année suivante, Han Yuan et Lai Tsi furent inculpés de trahison. On les accusa d'avoir tenté de fomenter une révolte pour remettre sur le trône l'ancien héritier, le prince Tchong. Pour détruire tous ceux qui avaient osé s'opposer à elle, dame Wou utilisa le jeune homme. On s'en souvient, il avait été déposé de son titre de prince héritier à l'âge de treize ans et n'avait personne pour le défendre, sa mère, une dame de bas rang et sa mère adoptive, l'impératrice Wang, ayant disparu toutes deux. Dame Wou échafauda de toutes pièces une conspiration dont il fut le centre et le maintint des années durant dans une peur constante de la mort. Tous ceux qui lui désobéiraient ou qui tenteraient de contrecarrer ses plans seraient accusés d'être membres de la conspiration du prince Tchong et considérés comme des ennemis de l'Etat. Han Yuan fut banni à Hai-nan, l'île peuplée d'indigènes au large des côtes de Canton, et Lai Tsi fut envoyé vers l'est, sur les côtes du Tchö-kiang. De tels bannissements étaient laissés au bon plaisir du prince et Hsiu l'annaliste n'eut pas besoin d'ajouter de fausses preuves à ses fausses charges. De toute manière, que cela fût vrai ou non n'aurait pas empêché le prince Tchong de perdre la vie et les deux dignitaires d'être décapités.

Rien ne comptait plus vraiment que le pouvoir grandissant de Hsiu qui avait le soutien total de l'impératrice Wou et qui, peu à peu, en vint à assumer les charges de président du Grand Secrétariat. Par la suite, il devait alléguer que la conspiration était partie de Kouei-lin et que son chef n'était autre que Souei-leang.

Han Yuan, alors qu'il était encore en poste au Grand Secrétariat, ne l'avait-il pas fait envoyer à Kouei-lin ? On exila Souei-leang plus loin encore ; cette fois pratiquement aux limites du monde civilisé, dans la ville de Hanoï. Souei-leang écrivit une lettre brève mais néanmoins pathétique à l'empereur, lui rappelant combien il l'avait soutenu au moment où il s'était écroulé devant le cercueil de feu son père. Il s'excusait de l'offense faite à son souverain et lui demandait d'être autorisé à vivre les derniers jours de sa vie en paix. La lettre resta sans réponse. Une année plus tard, Souei-leang mourut et fut enterré à Hanoï. Ainsi finit la vie d'un gentilhomme et d'un brave que la postérité honora pour sa loyauté envers l'Etat. Ses deux fils exilés au même endroit moururent peu de temps après lui. Il en fut de même pour l'oncle de l'impératrice Wang, Lieou Che. Tel fut le prix qu'ils eurent à payer pour s'être opposés à la promotion de dame Wou au titre d'impératrice.

Chapitre 14

Han Yuan, Souei-leang et Lai Tsi s'étaient effondrés sous les coups du fouet de fer. Wou-ki était seul à présent. Pressentant ce qui allait se passer, il ne s'était plus préoccupé que de la rédaction d'un ouvrage consacré aux deux précédents règnes des empereurs T'ang comme on l'a vu plus haut, livre qui comportait quelque quatre-vingts volumes et dont l'achèvement lui apporta en récompense deux mille pièces de soieries précieuses. Le couperet était au-dessus de sa tête, prêt à tomber sur lui qui avait été le plus proche assistant de T'ai-tsong à la fondation de l'empire. L'impératrice Wou le visait, mais elle visait aussi le général Yu Tchening, un des proches de T'ai-tsong également, qui n'avait pas suivi les directives de sa nouvelle politique. L'arme utilisée à son instigation par l'annaliste était toujours la même, la prétendue conspiration du prince Tchong.

Au printemps suivant, en 659, l'annaliste s'efforça d'obtenir un témoignage contre Wou-ki pour le faire accuser de complicité dans la conspiration. Un des amis de Wou-ki, nommé Wei Li-fang, fut emprisonné sous le chef de corruption. L'annaliste devenu président de la Grande Chancellerie se trouvait être en même temps secrétaire supérieur de la Cour suprême où il avait placé ses hommes. Le juge promit à Wei de le libérer s'il acceptait de témoigner contre le grand-duc. Si Wei était prêt à se laisser corrompre, il n'était pas prêt à vendre un honnête homme. Il refusa l'offre sous la torture et tenta de mettre fin à ses jours. Blessé en plusieurs endroits, il était sur le point de trépasser. Ne pouvant pas obtenir son témoignage et sentant qu'il allait lui échapper, l'annaliste forgea une pseudo-confession selon laquelle c'était Wou-ki et non Souei-leang qui avait dirigé la conspiration.

L'empereur fut choqué d'apprendre cette nouvelle. Il ordonna une enquête complémentaire qui fut menée par un dénommé Hsin Mao, homme à la solde de l'annaliste. Le résultat de cette contre-enquête fut la confirmation de la précédente bien que le « témoin » à l'agonie ne fut plus en mesure de parler.

« Hsiu, vous êtes un idiot ! s'écria l'empereur. Jamais mon oncle ne se serait laissé aller à commettre un tel forfait. Quelles auraient pu être ses raisons ? »

Hsiu avait une réponse toute prête. Sa Majesté n'avait-elle pas remarqué que Wou-ki s'était tenu à l'écart, contrarié et mécontent ? N'avait-il pas plaidé le premier pour que le prince Tchong soit nommé prince héritier ? Après la déposition du jeune homme, sa situation devait être bien inconfortable et il s'était toujours élevé contre l'impératrice Wou. Quoi de plus naturel que d'avoir fomenté une rébellion visant à restaurer Tchong et à se maintenir au pouvoir ? Kao-tsong était désespéré. Démettre Wou-ki de ses fonctions lui semblait aussi cruel que de se couper la main droite. Il hésita beaucoup avant de signer l'arrêt et, s'y résignant, il laissa échapper dans un soupir : « Quelle infamie pour notre famille ! »

Hsiu insista pour que Wou-ki soit arrêté sur-le-champ. Il rappela à l'empereur que ce dernier avait des alliés puissants parmi les généraux et les dignitaires de la cour. Une fois la conspiration découverte, ne fallait-il pas agir promptement ? De plus, un empereur se devait de placer la loi de son Etat au-dessus de ses considérations personnelles et de ses sentiments familiaux.

« Laissez-moi réfléchir », supplia l'empereur qui n'eut pas le courage de s'entretenir directement avec son oncle.

Et, cette nuit-là, en la compagnie de dame Wou, il signa le décret d'arrestation du grand-duc, le faisant bannir à K'ientcheou. Wou-ki était une institution. Son nom, toujours associé à celui de T'ai-tsong, symbolisait les temps glorieux de la fondation de l'empire. Kao-tsong donna l'ordre qu'il soit autorisé à conserver son rang et ses titres et que, sur le chemin de l'exil, il soit reçu par les fonctionnaires locaux avec les hommages dus à un dignitaire de premier rang.

Une fois disgracié et exilé, il est facile de disposer du destin d'un homme. L'année suivante, l'annaliste envoya auprès de Wou-ki un des juges assistants à la Cour suprême, un dénommé Yuan, celui-là même qui les avait trahis après la réunion chez Wou-ki au cours des premières attaques contre l'impératrice Wang. L'annaliste demanda à Yuan d'obtenir la confession complète de Wou-ki afin de connaître les noms des membres de la conspiration. Wou-ki n'accéda point à sa demande. « Pourquoi ne vous pendez-vous pas ? lui suggéra le juge. J'aurai de toute manière votre confession signée après votre mort. »

Acceptant l'inévitable, le grand-duc Wou-ki, beau-frère de T'ai-tsong, se pendit. Quant à sa confession, le bruit courut que le juge l'avait en main avant même de quitter la capitale. Au cours de ce même voyage, on demanda à Yuan de se rendre chez Han Yuan pour de semblables raisons. Han Yuan, heureusement, était mort mais on fit ouvrir son cercueil afin d'identifier son corps. Les familles des deux dignitaires furent exilées au Kouang-tong où elles furent réduites à l'état d'esclavage. L'infortuné prince Tchong qui avait alors dix-huit ans vit son nom impliqué dans une conspiration dont il ne savait rien. Il fut dégradé, banni et emprisonné dans ce même district où Wou-ki avait trouvé la mort. Au courant de tout ce qui s'était tramé autour de lui et informé du sort qui avait été réservé à Wou-ki, le jeune homme qui était de tempérament nerveux développa un sentiment de persécution qui, dans son cas, était parfaitement justifié. Il s'habillait en fille ou changeait de lit pour abuser ses éventuels assassins. Ses peurs grandissaient toujours et il faisait des cauchemars si effrayants qu'il bondissait hors de son lit la nuit. Il consultait fréquemment des diseurs de bonne aventure pour qu'ils interprètent le sens de ses rêves. Il dépérit, seul et sans ami. Apparemment, l'impératrice Wou, sa belle-mère, jugeait qu'il était plus utile vivant car qui aurait pu justifier d'une révolte contre le trône autour d'un prétendant défunt ?

Cinq ans après la nomination de dame Wou au titre d'impératrice, les grands dignitaires Wou-ki, Soueileang et Han Yuan avaient disparu. Sous l'ombre de « la conspiration Tchong » que les historiens imputèrent plus tard à l'annaliste, tous les anciens hommes d'Etat, compagnons de T'ai-tsong, avaient été éliminés. Le général Yu Tchening ne connut pas un sort meilleur. Seul survivait le grand-duc Li Tsi. La cour était « purgée » de tous ses ministres indépendants et tous ceux qui demeurèrent en poste s'aperçurent bientôt qu'ils ne pourraient conserver leur position qu'en obéissant à l'impératrice et en acceptant le régime qu'elle avait instauré. Le pouvoir de ses instruments, Hsiu et Li, était grandissant et eux-mêmes étaient sous sa tutelle. Dame Wou tenait fermement en main le contrôle du gouvernement et le destin de l'empire.

LIVRE II

Chapitre 15

L'empereur était à présent frappé d'impuissance, pareil à l'oiseau dont les ailes sont clouées au sol. Dame Wou ne lui avait pas enlevé le pouvoir ; il l'avait tout simplement laissé s'échapper. Etait-ce la faute de grand-mère si, au cours des audiences, elle avait des opinions bien précises sur la politique de l'Etat tandis que lui se perdait dans des considérations aussi anodines que confuses ? Elle assistait de plus en plus souvent aux conseils et étonnait les dignitaires par l'expression juste et claire de ses opinions, la fermeté de ses décisions et la rigueur de son raisonnement. L'aide dont elle le gratifiait était immense et l'empereur sentait bien que ses ministres étaient plus enclins à reconnaître l'autorité de sa femme que la sienne. Il n'y avait plus personne de la trempe de Han Yuan ou de Lai Tsi pour exercer un contre-pouvoir ou, à l'occasion, pour exprimer des opinions personnelles. Le gouvernement de l'empire continuait sa marche de manière doucereuse, bien trop doucereuse. L'administration avait été « unifiée » et nulle voix ne s'élevait plus pour contredire ou contrecarrer les volontés de Sa Majesté. Hsiu, l'annaliste, Li Yi-fu, Yuan Kong-yu et les autres travaillaient de concert en ce sens. Que ces hommes vénaux et corrompus s'emparent des femmes ou des terres des autres dignitaires n'affectait en rien la bonne marche des affaires de la cour. Les exactions de Li étaient tout spécialement fameuses. Lorsqu'il fit enterrer sa mère, la procession funèbre s'étendit sur plusieurs kilomètres. Nul n'en fit remarque car l'impératrice aimait voir ses instruments se vautrer dans le luxe et dans la gloire, pouvoir dont elle les gratifiait ou qu'elle leur retirait à son gré. Cet état de fait fut aggravé par la santé toujours plus chancelante de l'empereur ; il avait alors trente-deux ans et, au cours du mois d'octobre 660, il subit une attaque ; il souffrait aussi d'arthrose, de constantes migraines et de lombalgie. Deux années plus tard, il devait être frappé de paralysie des bras, affection intermittente qui ne cessait que pour mieux reprendre. Souvent, il était incapable d'assister aux audiences ou, s'il le faisait, son esprit distrait par la maladie ne se pouvait concentrer. Au fur et à mesure que sa puissance de vie s'amenuisait, celle de son épouse grandissait.

Les affaires privées du couple impérial suscitèrent bien des commérages. L'empereur était un homme seul et malheureux et, si certains sont de nature vertueuse, d'autres sont obligés à la vertu. L'impératrice faisait montre d'une jalousie telle qu'aucune des quatre concubines de premier rang, des neuf concubines de second rang, des quatre « beautés », des cinq « talentueuses » et des quatre-vingt-une dames de ses appartements, pour peu qu'elle songeât au sort de l'impératrice Wang et de la concubine Hsiao, ne voulait avancer la date de ses funérailles en partageant le lit impérial. Ce fut pour cette raison que l'empereur Kao-tsong n'eut d'enfants que de dame Wou ; ce qui était passablement extraordinaire pour la dynastie : T'ai-tsong avait eu vingt-deux fils et dix-neuf filles et notre actuel souverain, Ming-houang, a une soixantaine d'enfants.

L'état de mariage avait été purifié. L'empereur menait une vie privée strictement monogame, un peu comme s'il n'avait pas été empereur en réalité. Dame

Wou avait décidé que trop de partenaires représentait un danger pour sa santé. Le protocole devait être changé et il le fut. Il n'y eut plus ni concubines impériales, ni « grâces » ou « beautés ». La dignité impériale exigeait que l'empereur ait ses appartements privés remplis de femmes. Il ne pouvait pas, sans encourir le rire des princes, vivre à l'instar du moine ou du pauvre fermier. Mais le nombre des dames fut réduit et leur position redéfinie. Elles devenaient les assistantes de la vertu impériale. Ainsi, à la place des concubines du premier rang, on nomma des « aides à la vertu » et les dames des rangs suivants devinrent « préceptrices du maintien ». Ne croyez pas qu'il s'agissait là de titres vides de sens. Plusieurs gouvernantes avaient réellement pour charge de contrôler le souverain et de le dissuader de s'éloigner de l'étroit sentier de la vertu. Les autres dames se virent assigner des tâches bien précises, entretien de sa chambre, de sa toilette et de son équipage, chargées des présents, des courses, des missives. L'atmosphère morale du palais fut ainsi rectifiée et l'empereur reçut des marques de sympathie de la part de ses frères et de ses cousins.

Il y eut néanmoins une exception. Dame Wou avait, on s'en souvient, deux sœurs. L'une d'entre elles était morte et la seconde, qui avait épousé un certain Ho-lan, était veuve. Elle fut nommée dame de la principauté de Han. En tant que sœur de l'impératrice, elle était autorisée à circuler à son gré dans le palais, sans subir les restrictions imposées aux autres dames. Elle prenait ses repas avec le couple impérial et avait ses appartements dans l'enceinte du palais. L'empereur se prit d'une grande affection pour elle et leurs relations prirent un tour tel que l'on murmura que le prince Hsien, mon père, était son fils et non le fils de dame Wou. J'y reviendrai plus loin.

Il était de coutume, pour les dames élues par l'empereur, de manger quelque chose qu'elles n'auraient pas dû ingérer et de tomber raides mortes. La dame de la principauté de Han mourut ainsi, dans d'étranges convulsions. Le fait était peut-être accidentel, mais d'autres connurent plus tard le même sort. On ne pouvait imputer pareils agissements au personnel des cuisines qui était surveillé par des fonctionnaires chargés précisément de la prévention de tels accidents. Kao-tsong fut mortifié, mais n'osa point poser de questions car dame Wou, la propre sœur de la dame empoisonnée, ne sembla pas s'en alarmer et ne fit pas mener d'enquête ultérieurement. La mort de la dame marqua un changement abrupt dans les relations conjugales de l'empereur et de l'impératrice. L'empereur souffrait de n'avoir plus personne à qui parler et à qui se confier. Il lui semblait vivre dans une prison dont les murs se rapprochaient chaque jour. S'il dépendait entièrement de l'impératrice pour les affaires publiques, il n'avait aucune liberté dans ses affaires privées non plus. Chacun de ses mouvements et chacune de ses actions étaient rapportés à l'impératrice, si bien qu'il n'osa plus s'approcher d'une autre femme. Il se prit à haïr cette épouse qui avait fait assassiner sa bien-aimée laquelle était aussi sa belle-sœur. Mais chose étrange, ce fut lui qui se sentit coupable des relations qu'il avait entretenues avec la dame car c'était cette liaison illicite qui avait causé la mort de la malheureuse. Dès qu'il se tenait face à l'impératrice, il se sentait timide, timoré, effrayé, comme si, en sa présence, il allait faire ou dire quelque chose de répréhensible. En mémoire de la dame de la principauté de Han, il fit nommer la jeune et charmante fille de celle-ci, dame de la principauté de Wei. Pourquoi ne se conduisait-il pas en véritable souverain capable d'agir à son gré ? Une femme talentueuse comme son épouse, toujours soucieuse de son bon droit et sûre d'elle-même en toute occasion, présentait certes des avantages pour l'empire, trop, sans doute. Jamais, en sa présence, il ne pouvait se détendre, ni avoir un instant de folie ou d'irresponsabilité. Il s'en fatigua et tenta une dernière rébellion pour se détacher d'elle. Les choses se passèrent ainsi.

Il n'était pas entièrement faux que le nouveau palais avait été construit pour son bien-être car il souffrait constamment de toutes sortes de maux. Mais il avait été édifié aussi car dame Wou, effrayée par les fantômes des femmes qu'elle avait fait assassiner, voulait vivre dans une atmosphère complètement différente. La nouvelle construction ne comportait pas seulement un palais, mais une suite complète de bâtiments et de cours, de résidences privées et de jardins ; s'y trouvaient même la maison du prince héritier, à l'est, ainsi qu'une bibliothèque et des bureaux pour le Grand Secrétariat et la Grande Chancellerie. Une centaine de milliers de personnes, venues des quinze districts voisins, venaient y travailler chaque jour. On avait demandé à tous les fonctionnaires une contribution sur leurs propres émoluments pour pourvoir aux dépenses. Le nouvel ensemble palatial était plus grand et plus majestueux que le vieux palais hérité de la dynastie précédente. Dame Wou, toujours active et infatigable, usait son époux. Toutes les nouveautés, en quelque domaine que ce soit, l'enthousiasmaient. Au mois de février de l'année 662, le 4 très exactement, elle fit changer, après examen, la nomenclature de toutes les charges gouvernementales, civiles et militaires et ce, sans raison véritable. Huit ans plus tard, elle devait la transformer à nouveau pour revenir aux noms anciens. Cela lui donnait l'impression d'agir, de créer, de ne pas suivre la routine des souverains du passé. Sûre de son destin, elle accueillait avec bienveillance tous les augures du ciel, qu'ils fussent réels ou non. Un jour, un paysan d'une province reculée avait aperçu un crocodile dans son champ au cours d'une inondation. L'animal ressemblait à un dragon émergeant des eaux boueuses. Ce devait être un dragon, l'animal emblématique de l'empereur, c'était donc un dragon !

Aussi changea-t-elle le nom du règne en « Ere du Dragon ». Après l'achèvement de la nouvelle salle du trône, elle changea encore le nom de l'année de règne car quelqu'un, ayant aperçu un os jeté des fenêtres de la cuisine impériale, allégua qu'il ne pouvait s'agir que d'un os de licorne, l'animal sacré dont l'apparition marquait la naissance des sages à l'instar de Confucius. Cela devait être une licorne et le nouveau nom d'ère fut « Vertu de la Licorne ». L'habitude qu'elle contracta de changer les noms de règnes qui déterminent, comme on le sait, le calcul des années, était fâcheuse, mais elle empira encore au fil des ans. Elle était subjuguée par la magie des mots et des noms. Je reparlerai plus loin de sa manière de changer encore et toujours les noms de ses fils, les princes. Si une lubie qui pouvait dater du repas du matin la prenait, elle décrétait : « J'ai pensé à un nouveau nom, qu'on l'utilise ! » Elle changea ainsi le calendrier comme on le verra par la suite, faisant de novembre, janvier. Il lui suffisait de dire : « Que l'année commence en novembre ! » ou « Que l'année commence à nouveau en janvier ! » Parfois les changements de noms se produisaient plusieurs fois au cours de l'année, si bien que certaines années portèrent trois noms de règne, comme ce fut le cas pour 684. Elle accumula finalement trente-trois noms de règne sa vie durant, un record absolu, dicté par le seul caprice féminin, quand on sait que les autres monarques n'en utilisèrent en général qu'un seul.

Des choses étranges se produisirent dans le nouveau palais. Il lui parut hanté soudain, comme si les esprits l'avaient poursuivie, ce qui se comprenait aisément car les deux palais, l'ancien et le nouveau, étaient reliés entre eux et la distance qui les séparait pouvait être franchie en une quinzaine de minutes. Les fantômes ne sont-ils pas plus rapides encore que les êtres humains ! Dame Wou invita un sorcier nommé Guo à exorciser ces esprits en déclamant des incantations cabalistiques et en brûlant des charmes portant des inscriptions taoïstes. De telles pratiques durèrent des nuits entières. Personne ne sut dire ce que l'impératrice espérait vraiment de ces activités nocturnes. Elle et le prêtre taoïste se retrouvaient seuls, nuit après nuit. On disait que nul humain, excepté elle, ne devait s'approcher sinon les esprits refuseraient de se montrer. Ces activités requéraient un isolement complet et le plus grand silence. Un eunuque rapporta ces faits à l'empereur qui fut enragé à l'idée que de telles actions suspectes aient lieu au palais, qu'elle osait perpétrer de tels crimes en compagnie de sorciers et de maîtres en magie noire. L'impératrice Wang n'avait-elle pas été jugée coupable et n'avait-elle pas payé de sa vie de tels agissements ?

L'empereur devenu nerveux et irritable depuis la disparition de la dame de la principauté de Han en conçut un sentiment encore timide et incertain qui devait se transformer bientôt en répulsion. On sait qu'il avait suspecté l'impératrice du meurtre de sa bien-aimée, mais qu'il avait gardé ses soupçons pour lui. Il était prêt à se cabrer comme un cheval rétif quand, après cinq ou six ans de mariage, dame Wou lui apparut sous son vrai jour, comme une femme démesurément ambitieuse, impitoyable et par-dessus tout arrogante et sûre de sa supériorité. Si elle l'avait choyé et flatté autrefois, il s'était peu à peu senti dirigé, tancé et constamment corrigé. Il se détacha d'elle comme elle s'était détachée de lui. Comme il aimait pourtant la simplicité et la douceur câline dans ses relations avec les femmes ! A présent, pour être franc, l'empereur craignait son épouse. Ne pourrait-il pas recouvrer sa liberté en la faisant châtier comme la précédente puisqu'elle se rendait coupable du même crime ? La pensée de pouvoir s'ébattre et vivre à son aise en dehors des liens dans lesquels elle l'enserrait se fit plus pressante encore. Il avait préféré taire ses sentiments. La seule chose qui lui manquait était le courage. Il confia ses pensées au vice-président de la Grande Chancellerie impériale, Chang-kouan Yi, l'unique personne en qui il avait confiance. Chang-kouan Yi alors était un poète célèbre dont l'influence s'exerce aujourd'hui encore. Il avait les mêmes idées que lui sur la question et, lui rappelant qu'il était l'empereur, il le pressa de faire déposer l'impératrice. Tout ce dont il avait besoin était un édit signé de lui. « Parfait ! dit l'empereur à Chang-kouan, rédigez l'édit. Je le signerai. Mais gardez le plus grand secret. »

Hélas, ce ne fut pas aussi simple qu'il l'avait pensé. N'avait-il point promis, autrefois, à l'impératrice Wang emprisonnée de « faire quelque chose pour lui faire rendre la liberté ? » Ce soir là, il était assis à sa table de travail, l'édit posé devant lui. N'aurait-il pas dû savoir que tous ses actes étaient espionnés et rapportés à l'impératrice nonobstant ses déclarations morales sur la discrétion et l'obéissance des épouses ? Dame Wou entra à brûle-pourpoint dans la pièce, le regard courroucé. Elle le fixa d'un air incrédule. Le visage de Kao-tsong avait pâli comme s'il s'était trouvé soudain en présence d'une apparition.

– Est-ce vrai ?

– Quoi ? De quoi parlez-vous ?

– Ne m'interrompez pas ; j'ai été accusée par un eunuque de pratiquer la sorcellerie. Ne mentez pas... Où est l'édit ? hurla-t-elle en posant son regard sur la feuille de papier de couleur jaune qui était sur le bureau.

– Non, non, dit l'empereur qui ne tenait plus en place. Ce que vous voyez là n'est qu'un brouillon que m'a suggéré Chang-kouan Yi.

– Donnez-le moi !

Kao-tsong le lui tendit par habitude et elle le déchira en pièces avant de s'asseoir et de poursuivre :

« Nous devons nous parler. Je voulais vous entretenir depuis longtemps déjà et l'occasion m'en est fournie à présent. N'est-ce pas stupide de votre part d'écouter les ragots d'un eunuque et de ne pas être venu me voir directement ? Je voulais simplement exorciser le nouveau palais de ses influences pernicieuses... Aurais-je failli dans mon rôle d'épouse ? »

L'empereur demeura silencieux ; il ne pouvait vraiment pas répondre par l'affirmative.

« Je vous ai vu devenir morose et irritable ces temps derniers, poursuivit-elle, je pensais que votre santé vous tourmentait et ne m'en suis pas alarmée outre mesure. J'ai été terriblement occupée, comme vous le savez, par les nouvelles constructions et toutes les affaires qui requièrent mon attention. Que fais-je éveillée la nuit ? Je pense, je planifie, je prends des décisions pour la cour et l'Empire. Tout cela ne vise-t-il point à vous aider ? Si quelqu'un veut ma place, je la lui cède bien volontiers. Je suis prête à ne pas poursuivre mes efforts pour faire de vous un grand souverain... »

Kao-tsong était confondu. Son esprit agité vacillait ; il détestait parler de politique et encore plus en cet instant précis. Silencieux et morose, il ressemblait à un enfant buté.

« Je sais que quelque chose se trame derrière tout cela, continua-t-elle, j'ai dû accomplir des actions fort désagréables vis-à-vis de Wou-ki et de Souei-leang du fait de votre trop grande complaisance. Si je n'avais pas insisté, le Ciel seul sait ce que nous serions aujourd'hui ! Heureusement que tout fut stoppé à temps ! Croyez-vous que vous auriez pu demeurer solidement assis sur le trône si je n'avais pas agi avec fermeté ? La véritable question est de sentir et d'agir en vrai souverain. Je suis là pour vous y aider. Pourquoi aurais-je fait construire un nouveau palais sinon pour vous ? Je n'ai jamais ménagé mes efforts pour faire de vous un grand roi, un souverain puissant. Vous devez avoir plus d'allant et de confiance en vous. Voyez notre Empire ! Les Confédérations turques, les Tibétains, les gens du royaume de Khotan, les barbares d'au-delà les monts K'ouen-louen demandent la paix. Il semble que la Corée soit soumise d'ici peu. J'ai pour vous de grandes visées. Nous construirons de nouveaux palais et de nouveaux bâtiments et établirons un règne éclatant ! Soyez roi ! Ensemble, main dans la main, nous réussirons. Et vous voilà, écoutant comme un enfant stupide et fou les billevesées d'un eunuque ! »

Kao-tsong chancelait déjà avant ce flot de paroles. Il lui semblait que sa tête allait éclater. Son corps et son âme malades n'aspiraient qu'à surseoir à ses responsabilités et à éviter de prendre des décisions.

– Je crois que vous pourriez diriger l'Etat vous-même, sans moi, dit-il d'un air lugubre.

– Oui, répondit-elle, mais je désire seulement votre bien. Vous êtes malade, allez vous coucher à présent et essayez de dormir. Oubliez toutes vos stupidités.

L'empereur rejeta sa tête vers l'arrière en signe de résignation. Toute pensée de liberté l'avait abandonné et il parut heureux de se reposer sur sa forte femme, un peu comme un estropié est heureux de trouver appui sur une béquille.

Ainsi, par son action fulgurante, dame Wou venait d'éviter une catastrophe. Que se serait-il passé si elle n'avait été qu'une femme ordinaire ou si Kao-tsong s'était montré un autre homme ? Le fait cependant qu'il ait pu, même un court instant, songer à se défaire d'elle fut un choc terrible. Jamais elle n'aurait pu penser une telle chose possible. De retour dans ses appartements, elle continua d'y penser et sa colère grandit. Touchée dans son amour-propre, elle se jura que jamais rien de tel ne surviendrait à l'avenir. Elle se proposait de donner une leçon aux dignitaires, une bonne fois pour toute. Faire exécuter un ministre ne requérait, en fait, qu'un décret. Elle fit appeler Hsiu qui lui suggéra que l'eunuque et le poète avaient été tous deux au service du prince Tchong lorsqu'il était héritier. Selon toute évidence, ils appartenaient à la conspiration des traîtres ! Accusés de ce crime, les deux hommes furent décapités en public et les membres de leurs familles réduits à l'esclavage. Et ce fut en tant que suivante qu'une des petites-filles du poète entra plus tard au palais. Ironie du sort de penser qu'elle jeta la cour dans la plus grande confusion comme nous le verrons à la fin de notre histoire !

La mystérieuse conspiration autour du prince Tchong avait trop servi et perdait de son intérêt. Peu de temps après, le pauvre jeune homme qui avait vécu dans la peur constante d'être assassiné fut accusé d'avoir consulté sorciers et diseurs de rêves, ce qui était la stricte vérité. L'infortuné qui avait tant prié pour la paix de ses âmes la trouva enfin. Plutôt que d'être exécuté en public, on lui octroya un privilège de prince : l'ordre de se pendre. Il avait vingt-deux ans à peine et, bien sûr, son père ne put le sauver.

Chapitre 16

La mort du poète Chang-kouan Yi marqua une étape dans le règne de Kao-tsong. La détermination de l'empereur pour éliminer son impérieuse épouse n'avait guère duré plus de vingt-quatre heures et il sortit de cette épreuve encore plus faible et plus dépendant d'elle. Cette ultime rébellion étouffée, il devint courant de voir l'impératrice assise derrière son rideau de soie pourpre lors des audiences à la cour, participant aux débats, prenant la parole, interrogeant. Les dignitaires et les ministres prirent l'habitude de tenir compte des avis dictés par cette voix féminine. Il était malséant pour une épouse d'interférer dans les affaires des hommes, mais n'avait-elle pas pour excuse d'aider un mari défaillant ? Il en était ainsi et nul ne pouvait l'accuser de ne pas s'intéresser à la politique. Le Ciel sait combien les affaires de l'empire la fascinaient. Il devint courant aussi dans les conversations privées comme dans les communications officielles d'utiliser le pluriel « Leurs Majestés » *eul-cheng*, plutôt que le singulier en parlant du souverain.

Dame Wou avait réalisé à ses dépens combien l'ardeur de l'empereur s'était rafraîchie et combien il se montrait moins galant à son égard. Depuis la mort mystérieuse de sa sœur, elle avait bien senti que son mari agissait d'étrange manière. L'avait-il soupçonnée ? Pensait-il encore à elle ? Ils n'en avaient jamais plus reparlé, mais animée par un instinct foncièrement féminin, elle pressentit que seul un changement d'atmosphère pourrait leur être bénéfique et leur permettrait d'oublier cet épisode désolant. Ils partiraient en voyage à Lo-yang, « la capitale de l'est » comme on l'appelait alors. Là seulement, elle pourrait échapper à ses pensées morbides et à l'ambiance empoisonnée de l'ancien palais. Et puis n'avaient-ils pas souvent parlé d'un voyage à la montagne sacrée T'ai, sise non loin de là, dans la province côtière du Chan-toung ? La cérémonie du sacrifice au Ciel serait une grande affaire qui impressionnerait le peuple et oblitérerait les mesquines querelles domestiques de la maison impériale.

C'est ainsi qu'à peine une quinzaine de jours plus tard, au cours du mois de janvier de l'année suivante, le couple impérial partit pour Lo-yang. Le changement fut délicieux. On sait qu'elle avait toujours aimé la ville et qu'elle souhaitait en faire le siège de son gouvernement. Les vieux palais hérités des Souei étaient en bien mauvais état et comme T'ai-tsong s'était montré stupide en ne dépensant rien pour leur reconstruction ! Lo-yang lui apparaissait offrir de nombreuses possibilités et elle ordonna la construction d'une nouvelle salle du trône, le *k'ien-yuan-tien.* Il y avait déjà deux palais à Tch'angngan, pourquoi ne pas en ajouter un troisième? A quelque endroit qu'elle allait, elle voulait laisser à la postérité des monuments et des édifices grandioses. Cette manie grandit encore avec les années. Pour elle, une construction nouvelle signifiait tout à la fois prospérité, gloire et pouvoir. Et puis, ne lui suffisait-il pas de dire : « Je veux un palais ici » pour que celui-ci surgisse du sol ! Le parc impérial, qui était planté d'arbres vénérables, s'étendait à l'ouest de l'ancien palais et était connu sous le nom de « parc des rois Tcheou ». L'endroit lui apparut merveilleux à tous égards même si sa résidence, le *Ho-pi-kong,* avait besoin d'être restaurée. Dès que les travaux furent achevés, ils s'y installèrent et vécurent en paix. Elle adorait Lo-yang.

Kao-tsong ne pouvait s'empêcher d'admirer l'énergie de sa femme qui se consacrait aux préparatifs du pèlerinage à la montagne sacrée, prévu en octobre. Ce devait être le grand événement de l'année. L'activité au palais était si intense que les examens annuels pour la sélection et le renouvellement des fonctionnaires qui prenaient des mois furent suspendus. Ajoutez à cela la construction du nouveau palais à Lo-yang, les manœuvres militaires qui eurent lieu en avril aux pieds des collines Mang et vous comprendrez que dame Wou était partout à la fois, traînant le malheureux empereur avec elle. Plus son pouvoir grandissait et plus celui de Kao-tsong s'amenuisait. Au mois de mai, Hsiu l'annaliste et le grand-duc Li Tsi furent nommés à la tête d'un comité chargé de prendre toutes les dispositions nécessaires pour le sacrifice à la montagne T'ai. Kao-tsong connaissait le goût de son épouse pour les parades, les spectacles grandioses et les cérémonies pompeuses. Le sacrifice à la montagne ou *fong-chan* comme on l'appelait, serait pour elle une occasion unique de faire étalage de sa grandeur. Lui craignait surtout le pénible voyage qui les éloignerait de la cour pendant six longs mois durant lesquels il ne connaîtrait pas un moment d'intimité et de repos car *le fong-chan* était une parade de la cour tout entière ! Il aurait préféré demeurer au palais pour jouir des quiètes soirées avec la jeune et jolie dame de la principauté de Wei, fille de son ancienne bien-aimée et nièce de l'impératrice.

Le sacrifice à la montagne sacrée de l'est était sans conteste la célébration la plus ambitieuse d'un règne impérial, surpassant en splendeur, en pompe et en signification religieuse tous les autres cultes. Solennel dans son rituel, extravagant dans son coût, il exprimait la piété la plus grande car, associé aux grands souverains de l'histoire, il était entouré d'une aura mystique et spirituelle. C'était en quelque sorte la manifestation des relations personnelles et directes que l'empereur établissait avec le souverain du Ciel. Il signifiait que les vertus du souverain étaient si éminentes qu'il était à même de conférer un titre au dieu du Ciel supérieur et qu'il pouvait communiquer avec le grand Inconnu, par-delà le bleu de l'empyrée. Commémoration prestigieuse, c'était aussi une prière qui avisait le Ciel du succès d'un règne et le remerciait de son aide et de sa protection. Dame Wou se souvenait d'y avoir participé du temps où elle servait T'ai-tsong et ce qu'elle avait alors prisé n'était pas l'aspect religieux, mais la pompe déployée et l'éclat social de l'événement.

Dans sa réalité concrète, le *fong-chan* était une longue et lente procession des souverains à travers l'empire. Le voyage rompait la routine gouvernementale pendant près d'un an et celle des provinces traversées pendant six mois. Il signifiait pratiquement le déplacement de la cour tout entière avec ses dizaines de milliers d'hommes, de chevaux, de chariots et de troupeaux. Suivaient aussi les gardes princières et la garde impériale. Pour le passage des énormes voitures, il fallait réparer les routes et les ponts. Aux arrêts, des résidences devaient être fournies à tous les membres des familles princières, aux ducs, aux généraux et à leurs suites. Cela bouleversait complètement la gestion des affaires locales et gare au fonctionnaire du lieu qui offenserait un des princes par un grave manquement !

Contrairement aux sacrifices annuels au Ciel et à la Terre, le *fong-chan* n'était pas entrepris par tous les souverains. Seules les grandes périodes de paix et de prospérité, ou bien encore les grands événements nationaux, comme une victoire ou la fondation d'un empire, le justifiaient. Qu'il ne dût pas être entrepris à la légère se concevait aisément. Le premier empereur de notre dynastie, le père de T'ai-tsong, ne s'était pas senti assez riche pour le célébrer, même s'il venait de fonder l'empire des T'ang, grâce, d'ailleurs, aux campagnes menées par son fils, et que de nombreux ministres le lui avaient suggéré. T'ai-tsong, quant à lui, avait refusé à deux reprises de le célébrer, en 631 et en 632, malgré les pressions de ses dignitaires qui pensaient que l'unification du pays, l'établissement de la paix et les conquêtes victorieuses justifiaient grandement pareille commémoration.

Les conceptions de T'ai-tsong en la matière différaient si totalement de celles de dame Wou qu'il n'est sans doute pas inutile de nous y attacher un moment. A ses ministres venus lui enjoindre de sacrifier à la montagne T'ai, il avait répondu : « Vous êtes nombreux à vouloir le sacrifice *fong-chan* pour célébrer notre grande ère. Je considère que si mon peuple vit dans la paix et dans l'abondance, je suis un souverain victorieux sans qu'il soit besoin de procéder à une telle célébration. Si, au contraire, mon peuple souffre de la guerre et des troubles et vit dans la pauvreté, aucun *fong-chan* ne pourra effacer les conséquences d'un mauvais gouvernement. Le premier auguste empereur de Ts'in célébra, plein de morgue et d'arrogance, l'unification de l'empire par ce sacrifice ; il fut considéré pourtant comme un tyran. L'empereur lettré des Han, Wen-ti, qui n'avait pas cédé à l'attrait de toutes ces cérémonies était, au contraire, prisé pour son juste et bon gouvernement. *Le Livre des Odes* ne dit-il pas : « Balayez le sol de votre cour et priez. La vraie piété n'a nul besoin d'autel. » Pourquoi escaladerais-je une haute montagne pour prier et sanctifier quelques pouces de terre ? »

Tout cela était fort bien argumenté et l'idée en revenait à son ministre Wei Yen. Ils en avaient en effet discuté auparavant car l'empereur et ses ministres avaient alors pour habitude de s'entretenir librement et cordialement, comme le montre l'échange piquant qu'il eut un jour avec Wei Yen qui avait contrecarré un de ses désirs, ce dont il s'était montré fort contrarié :

– Majesté, faites-moi la grâce de me considérer comme un bon ministre et non pas comme un ministre loyal, avait dit Wei Yen.

– Expliquez-vous ! Quelle est la différence entre les deux ? interrogea l'empereur déconcerté.

– Supposons que je m'oppose à vos projets par loyauté de cœur et que je sois exécuté, les annales de l'histoire parleront de moi comme d'un ministre loyal. Majesté, permettriez-vous cela ?

Cette fois-là, Wei Yen lui avait recommandé de s'abstenir de célébrer le grand sacrifice et l'empereur lui avait demandé :

– Et pourquoi me conseillez-vous de ne pas accomplir le *fong-chan* ? M'en jugez-vous indigne ?

– Non, certes, mais le peuple ne doit pas être jugé digne d'en subir les conséquences. Voyez la situation de notre pays aujourd'hui. Nous avons eu la chance d'avoir une année de bonnes moissons, mais nous avons aussi subi des crues désastreuses qui ont inondé des milliers de champs de la rivière Lo aux côtes du Chan-toung. Des villages entiers sont perdus et leurs habitants sans abri meurent de faim. Il est vrai que nous avons gagné des batailles et rétabli la paix. Mais le peuple n'a que trop souffert de la tyrannie au cours des douze années qu'a duré la précédente dynastie. Il en est de même d'un homme qui souffre d'une grave maladie ; il peut connaître des moments de répit et sembler se rétablir, mais vous ne pouvez pas le faire marcher trente lieues par jour avec un sac de riz énorme sur le dos ! A l'instar du bon praticien, vous avez soulagé votre peuple de ses maux ; mais cela ne suffit pas. Le voyage à la montagne sacrée mettra en branle des milliers d'hommes et de chevaux. Pensez aussi à toutes les contributions, en nourriture, en argent et en corvées, que le peuple devra fournir tout au long de la route. Même s'il ne payait pas l'impôt pendant une année entière, cela n'empêcherait pas de lui porter un grave préjudice !

– Vous parlez avec justesse, répondit T'ai-tsong, le *fong-chan* n'est-il pas, dans son essence, l'expression de ma gratitude vis-à-vis du Ciel ? N'en est-il pas de même de nos relations ? Vous me gratifiez de vos œuvres car je suis votre souverain. Ne dois-je pas rendre grâce à mon tour au dieu du Ciel de tout ce que j'ai été en mesure d'accomplir ? Mais je ne crois pas qu'il soit nécessaire de me rendre aussi loin. Pourquoi ne pas offrir un sacrifice à la montagne Song qui se trouve tout près d'ici ?

Cependant, T'ai-tsong devait accéder au désir de ses ministres quelque cinq années plus tard et célébrer le *fong-chan* au cours de la onzième année de son règne. Mais quand on lui proposa d'accomplir la même cérémonie en 641 pour célébrer la conclusion heureuse des campagnes contre les Confédérations turques, il annula le voyage car une comète était apparue dans le ciel en juin. On sait que l'approbation ou la réprobation des dieux se manifestent par des signes dans le ciel. Quand règnent l'injustice et la cruauté et quand hommes et bêtes ne peuvent vivre en harmonie avec les lois de leur nature, alors la délicate balance du Yin et du Yang se dérègle et s'ensuivent inondations et désastres. Tel était le sens de l'ordre de T'ai-tsong visant à annuler le sacrifice, comme l'édit qu'il fit rédiger en cette occasion le montra :

« Une comète est apparue à l'ouest. C'est un avertissement du Ciel. Je n'ai pas accompli mes devoirs envers mon peuple et de nombreux manquements l'ont empêché de jouir des bienfaits de la paix aux quatre coins de la terre. Je vis le jour et la nuit dans la crainte du dieu du Ciel. Par ailleurs, le *fong-chan* ne doit être célébré que rarement. Le peuple est pauvre et la chose lui coûterait en temps et en travail, même si j'essayais d'éviter le luxe extravagant d'une telle célébration. Si, malgré cela, je venais à l'accomplir, le Ciel ne s'en réjouirait pas et je ne gagnerais pas le cœur du peuple. Je donne ordre que le voyage au mont T'ai soit annulé ! »

Grand-mère, en revanche, avait bien plus confiance en elle que le grand T'ai-tsong et était bien moins attentive aux conditions de vie de son peuple. Au cours du mois de mars, il y eut une éclipse de soleil, mais cela ne l'arrêta pas. Si j'ai pris la liberté de montrer les sentiments de T'ai-tsong à l'égard de ce sacrifice, c'est parce que son esprit était empreint d'une véritable religiosité et qu'il avait saisi la religion dans ce qu'elle avait de meilleur. J'aurai l'occasion plus tard de montrer la religion dans ce qu'elle a de pire avec les aventures bouddhiques de dame Wou. T'ai-tsong et elle offrent d'intéressants points de comparaison. Cet homme et cette femme mirent tout en œuvre pour fonder une nouvelle maison impériale et une nouvelle dynastie. T'ai-tsong avait une personnalité forte et fascinante, dame Wou lui était égale par la force de caractère et le magnétisme. Il était grand et magnanime, mais on ne peut que difficilement taxer dame Wou de « grande », encore que son machiavélisme avait de la grandeur aussi.

Chapitre 17

Les ordres de convocation avaient été émis. Tous les princes, les dignitaires et les ministres de haut rang, excepté ceux en charge des postes stratégiques aux frontières, devaient se rassembler à Lo-yang pour participer au pèlerinage impérial. Quand le moment du départ arriva, les rues de la cité étaient noires de monde et ses quartiers périphériques étaient envahis par les soldats et les chevaux ; on eût dit un immense camp militaire. Outre les membres de la famille impériale et les dignitaires de la cour, se trouvaient là réunis les princes, chefs de tribus et représentants officiels des contrées lointaines, venus de Turquie, de Perse, du royaume de Khotan, de l'Inde, du Cachemire, de l'Ujana (au nord de l'Inde), des monts Kouen-louen (au nord du Tibet), du Japon, de la Corée, de Sinlo et de Baitsi (au sud de la Corée). Ce fut une cavalcade extraordinaire de suites princières avec leurs couleurs, leurs dais, leurs porte-enseignes, leurs gardes et leurs hommes à pied. Selon les annales, la procession s'étendait sur quelque trente lieues de longueur. Les routes furent parcourues par une foule de chars à bœufs, de chevaux et de chameaux. La nuit, on pouvait voir s'aligner autour des villages et dans les plaines des rangées de tentes mongoles en feutre. L'animation était telle que la poussière de trois provinces en fut remuée. Le périple fut long et incommode. En novembre, la procession s'arrêta à Yuan-wou et, en décembre, elle traversa la province du Chan-toung pour stopper à Ts'i-tcheou où elle demeura dix jours avant de continuer en direction du mont T'ai.

La cérémonie sur la montagne sacrée devait avoir lieu au cours des premiers jours de l'année nouvelle. Tous les officiers investis de la fonction rituelle s'étaient rassemblés une dizaine de jours auparavant pour prendre poste sur le mont. Au matin du premier janvier, le sacrifice au Ciel serait accompli au pied de la montagne et, le jour suivant, un groupe choisi de dignitaires devait accompagner l'empereur dans son ascension pour conférer un titre à la divinité. Le troisième jour, un sacrifice à la Terre serait rendu dans la plaine. L'empereur et tous ceux qui participaient à la cérémonie avaient pour obligation de se purifier les jours précédents par des ablutions rituelles et l'abstinence sexuelle. Comme l'exigeait la tradition, chaque détail du rite avait été préparé avec soin et soumis à l'examen des lettrés au vaste savoir. Il y eut cependant un aspect nouveau qui déchaîna les critiques et fit encourir le ridicule au couple impérial : le rôle joué par l'impératrice. Cette dernière avait eu l'immense déception de constater que sa présence n'était nullement requise dans le rituel des offrandes. Avisée de cela un peu avant leur départ, elle avait rédigé à l'attention de son époux un mémoire très bienséant dans lequel elle montrait que cette grossière erreur devait être rectifiée. Le mémoire était un joyau de modestie, écrit dans le style pompeux des sentences parallèles, et il n'est peut-être pas inutile que je fournisse à mes lecteurs la preuve que ses sentiments pouvaient être délicats en le citant *in extenso :*

« *Le sacrifice au sommet du mont T'ai est en accord complet avec l'ancienne tradition, mais celui qui se tient dans la plaine présente une grave anomalie. Au cours du culte rendu à la Terre, ce sont les mânes des impératrices disparues qui doivent se partager les offrandes. Or, selon les prescriptions, ce sont des ministres hommes qui procéderont au sacrifice. Votre humble épouse pense qu'il ne peut s'agir là que d'un manque de discernement.*

Les honneurs rendus au Ciel et à la Terre sont fondés sur la claire reconnaissance des sexes. Les Livres classiques *nous apprennent que la distinction entre les affaires privées et les affaires publiques doit être observée avec rigueur. Car, de même que l'autel de l'esprit de la Terre est carré et celui du Ciel rond, les offrandes de jade devraient être présentées par les femmes. De plus, qui serait assez sot pour supposer que les esprits des impératrices condescendraient à se manifester en la présence d'hommes ! Le simple bon sens comme l'auguste conception des fonctions sacrées sont offensés.*

Votre humble épouse a l'honneur d'avoir la charge du service de la chambre des Reines au temple des Ancêtres impériaux. Il est de son devoir de pourvoir aux offrandes de nourriture de ses ancêtres et, d'ailleurs, son plus cher désir n'a-t-il toujours pas été de les honorer ?

Ce désir profondément enraciné dans mon cœur m'amène à vouloir exprimer ma piété filiale lors du sacrifice officiel.

Hélas ! Il ne me fut pas possible de servir mes ancêtres de leur vivant, comment pourrais je souffrir mon impuissance à les révérer morts ?

Telles sont les pensées qui me tiennent éveillée la nuit et qui me privent du sommeil. Assise dans mon lit, je porte mes regards vers leurs âmes.

Ne pourrais-je espérer qu'au jour de la cérémonie, je conduise les dames de la cour pour assister en personne aux libations afin qu'avec piété et adoration, je donne expression à mon intense désir de remplir cette fonction solennelle ?

Que ma présence puisse ainsi servir d'exemple aux impératrices à venir et que la faible lueur de ma flamme puisse contribuer quelque peu à augmenter la magnificence de votre éclat.

Votre humble épouse, Wou Tcheou. »

Le protocole et les rites ont toujours été le sujet de savantes études et de graves discussions de la part des gardiens de la tradition classique. Quoique ridicule à leurs yeux, l'innovation souhaitée par dame Wou fut acceptée par son mari. D'ailleurs, s'il n'avait pas accédé à son désir, la commémoration avait toutes les chances de ne pas avoir lieu. Mais l'impensable ne se produisit point et la faible lueur rejoignit les autres.

Chapitre 18

Toute la nuit, les lampes avaient brûlé dans le bâtiment spécial où l'empereur se tenait et se purifiait en vue du sacrifice au Ciel. Un autel, entouré de trois terrasses concentriques et marqué sur son pourtour par les étendards jaunes aux couleurs impériales, avait été aménagé spécialement pour cette occasion. L'autel était de forme ronde et peint en bleu, forme et couleur emblématiques du Ciel. Sur la terrasse extérieure, en contrebas, un espace était réservé à l'orchestre rituel, composé, comme pour le culte des ancêtres, de pierres sonores et de cloches suspendues à l'arrière et des tambours et des autres instruments disposés au premier plan. Au sommet de l'autel se trouvaient les tablettes ancestrales en jade gravées de caractères d'or et la tablette cultuelle où le message sacrificiel était gravé, lui aussi, dans du jade ; chacune d'entre elles mesurait un pied, deux pouces de longueur et un pouce, deux lignes de largeur. La tablette qui portait l'inscription « dieu du Ciel » devait recevoir la marque d'un sceau après la cérémonie et être enterrée au pied de l'autel tandis que les deux autres qui portaient respectivement les noms du père et du grand-père de l'empereur seraient remises dans des boîtes d'or et ramenées au temple des ancêtres impériaux pour y être disposées et gardées sous bonne surveillance. Ces tablettes reposaient, pour l'heure, sur un socle de pierre de quatre pieds de haut et de cinq pieds de côté qui était recouvert d'une broderie aux tons bleus. Après les libations et les prières, l'apposition du sceau eut lieu et la tablette fut placée à l'intérieur d'une boîte de jade scellée par le sceau impérial en poudre d'or avant d'être fermée par un cordonnet d'or en cinq endroits. La boîte de jade fut ensuite disposée à l'intérieur d'un trou creusé au préalable dans la pierre et l'autel tout entier fut recouvert avec de la terre aux couleurs symboliques pour former un tertre marquant le lieu consacré.

Les trois cérémonies qui eurent lieu successivement les trois premiers jours de l'année étaient peu différentes les unes des autres dans leur rituel. Le sacrifice au Ciel fut rendu au point du jour et, après un temps de repos, l'empereur, accompagné des officiers du culte, fit l'ascension de la montagne. Il passa la nuit au sommet du mont. En fait, l'ascension ne prenait guère plus de deux ou trois heures et la route était pavée d'énormes pierres plates. C'était la route traditionnelle que Confucius avait empruntée le premier, suivi, tout au long des siècles, par des rois, des poètes ou de simples voyageurs.

Le jour suivant, une fois la cérémonie accomplie, il redescendit pour rejoindre ses quartiers situés en contrebas, dans la plaine. Et, au troisième jour, le sacrifice à la Terre, dit *cheou-chan,* eut lieu. Les esprits qui devaient recevoir les offrandes étaient ceux de la mère et de la grand-mère de l'empereur. La différence avec le sacrifice au Ciel tenait dans la forme et la couleur de l'autel qui, cette fois, était carré et jaune, et aussi dans l'utilisation du tambour grave plutôt que du « tambour tonnerre » frappé pour le Ciel. Il y eut trois séries d'offrandes. Il avait été établi que l'empereur accomplirait la première, l'impératrice Wou la seconde et une concubine de T'aitsong la troisième, pour rendre la chose cohérente avec l'insistance de dame Wou au sujet de la présence des femmes dans cette cérémonie. Celle-ci s'accomplit selon les normes traditionnelles et fut ponctuée des chants rituels entonnés par le chœur qui était accompagné de la musique des pierres sonores, du carillon des cloches et de l'ensemble orchestral. Les cloches, au nombre de douze, étaient disposées en cercle, selon les positions du zodiaque et, comme les pierres sonores, elles étaient indispensables au culte. De plus, comme chacun sait, l'orchestre avait été enrichi d'instruments à cordes et à vent venus du lointain Turkestan ; outre le *p'i-p'a ou* « luth » à cinq cordes, il y avait des cithares dites *p'i-li,* des flûtes courtes du Tibet dont les notes aiguës effrayaient, disait-on, nos chevaux au cours des batailles, des hautbois, des flûtes et des tambours de différents types.

La cérémonie s'ouvrit sur le carillon des cloches et des pierres sonores. On alluma le feu sous l'autel et la fumée monta en lentes volutes pour aller à la rencontre des esprits. Le chœur entonna une invocation et l'orchestre s'arrêta de jouer pour marquer l'arrivée de l'empereur. Ce dernier, revêtu de ses habits de parade et coiffé de la couronne à douze glands, gravit avec lenteur les marches de l'autel tandis que d'autres chants résonnaient. Arrivé devant l'autel, il consacra les offrandes, but le vin, fit des libations et pria. Quand il eut fini et qu'il commençait à redescendre, une danse gracieuse dite *king-chan* fut exécutée, à pas lents, par cent soixante-quatre danseurs drapés dans des manteaux de soie aux larges manches qu'ils portaient sur des pantalons enfilés dans des bottes de cuir noir ; leurs cheveux étaient noués dans des coiffes noires, elles aussi. Enfin, la voiture or et bleue de l'impératrice arriva. Pendant l'intermède, le chœur chanta un air qui marquait le passage de la danse gracieuse à la danse martiale. Les danseurs de « guerre », revêtus d'une armure argent et tenant en main des lances, pénétrèrent en formation sur la terrasse. L'alternance de ces deux danses symbolisait la norme impériale sous son double aspect : la paix et la culture d'une part, la guerre et les combats d'autre part. Coiffée de la couronne impériale à douze rangs de perles qui lui cachaient le visage, l'impératrice portait une robe brodée de phénix. Entourée de ses suivantes, elle monta à son tour vers l'autel. De chaque côté, sur les marches, se tenaient des servantes qui tendaient une large bande de soie brodée sur des perches pour la dérober aux yeux des spectateurs. La richesse de la broderie constitua un sujet de commentaires et de critiques de la part de nombreux lettrés qui virent dans cette démonstration ostentatoire un outrage à la solennité de l'occasion. C'était un service religieux, pas une réunion mondaine ! Ce fut la première fois dans notre histoire qu'une femme participait à cette auguste cérémonie. Bien sûr, il s'agissait de Wou Tsöt'ien et cette dernière était prête à briser bien des précédents pour donner un exemple à suivre aux impératrices futures ! Que, plus tard, elle décidât de fermer les temples des ancêtres impériaux des T'ang et de les priver d'offrandes est une autre affaire, bien entendu.

A ce moment-là, elle se tenait genou fléchi devant les tablettes de la mère et de la grand-mère de son époux et leur présentait les offrandes rituelles, accompagnée par le roulement des tambours et le carillon des cloches. Son visage brillait d'une satisfaction intime. Elle redescendit pas à pas avec, derrière elle, ses suivantes qui portaient les tablettes ancestrales. Elle avait vécu et œuvré pour ce moment suprême, tenant le rôle que T'aitsong avait lui-même assumé comme elle en avait été le témoin quand elle venait, à quinze ans à peine, d'entrer à son service. Le sens religieux de la cérémonie dont elle n'avait d'ailleurs aucune idée et dont elle se moquait pertinemment la laissa de glace ; seuls la pompe, la grandeur et l'éclat comptèrent pour elle. Après la troisième série d'offrandes, le rituel prit fin.

Les jours suivants furent consacrés aux réceptions et aux divertissements. Le 4 janvier, l'empereur et l'impératrice, assis sur leur trône, reçurent les congratulations des officiers et des ambassadeurs étrangers. Le 5, une série d'édits fut rédigée et le nom du règne fut encore une fois changé en *k'ien-fong* ou « sanctification du Ciel ». On déclara une amnistie générale ; des pairies furent crées, des titres conférés et les fonctionnaires de bas rang reçurent une augmentation de leurs émoluments. Les taxes de la population du district de la montagne sacrée et des districts traversés par la procession furent annulées. Du vin et de la viande de bœuf furent distribués au peuple au septième jour de la célébration tandis que la journée du lendemain fut entièrement consacrée aux plaisirs. L'empereur donna sur la terrasse un dîner qui fut agrémenté de musique et de danses populaires hautes en couleur dont certaines furent exécutées par les populations étrangères à l'empire. Il y eut aussi la représentation d'une pièce comique très courte intitulée *La Sœur qui hurle* qui mettait en scène une femme qui hurlait à chaque fois que son époux, un être effroyablement laid, tentait de s'approcher d'elle. Les spectateurs s'écriaient en chœur à ces moments-là : « O hurle, sœur ! » ce qui ne manqua point de soulever l'hilarité générale. La danse « pour briser les fronts ennemis » créée par l'empereur T'ai-tsong et soigneusement révisée pour la circonstance, fut donnée par cent vingt-huit danseurs de guerre, revêtus d'une armure couleur argent, qui tenaient en main des lances et des haches de combat. Ils étaient précédés par un officier dont l'armure avait la couleur de l'or. Divisés en huit formations, le cliquetis de leurs armes aidant, les danseurs mimèrent les épisodes extraordinaires des défaites infligées par T'ai-tsong à ses ennemis. Tout cela fut si réaliste, dans les scènes de bataille surtout, que les spectateurs en furent impressionnés et que Kao-tsong fut ému aux larmes.

Puis la suite impériale s'en retourna à Lo-yang, qu'elle rejoignit en avril après s'être arrêtée en chemin pour rendre hommage à Confucius et à Lao-tseu[8] dans

8. « Maître vénérable », Lao-tseu est l'auteur présumé du *Livre de la Voie et de la Vertu* et le principal représentant du taoïsme antique.

leurs temples respectifs, avoir fait de larges donations aux autres temples et avoir rendu visite aux hauts-lieux de l'histoire. Au total, ils s'étaient absentés six mois. Tout ne s'était-il pas passé au-delà des espérances de dame Wou ? Il faut croire que non car, au cours du voyage, l'empereur s'était montré trop familier et trop affectueux à l'égard de la dame de la principauté de Wei qui était devenue une charmante jeune personne. Dame Wou en avait conçu une irritation constante ; sa conscience, au cours des journées de purification précédant le sacrifice, avait été heurtée et comme il lui avait été difficile de se concentrer sur le sens des rites familiaux !

Chapitre 19

Ce fut peu de temps après leur retour à la capitale que la dame de la principauté de Wei, favorite de l'empereur, mourut empoisonnée. Le mystère de sa mort demeura entier comme l'avait été celui de sa mère, la dame de la principauté de Han. Je ne suis pas chargé de défendre la cause de Wei-leang et de Houai-yun, les cousins de la jeune dame qui furent accusés du crime. Ils appartenaient à la famille Wou. Mais l'histoire doit savoir que ces deux jeunes hommes furent innocents du crime pour lequel ils furent jugés et châtiés. La dame de la principauté de Wei était sans doute ma tante, la sœur de mon père, et c'est pourquoi je me suis donné la peine de chercher dans les annales les causes probables de sa mort. La mère et la fille étaient mortes dans des circonstances si semblables que cela ne pouvait être fortuit. Elles avaient en commun l'affection que l'empereur leur portait. On se souvient que, peu de temps après son couronnement, grand-mère avait fait bannir ses demi-frères pour les punir de leur insolence et que ceux-ci étaient morts peu de temps après. Leurs fils, Wei-leang et Houai-yun, furent, à l'époque, éloignés de la capitale et nommés à des postes de magistrat en province. Toujours ce même effort ostentatoire pour ne pas être partiale à l'égard de sa parentèle ! Les deux garçons avaient rejoint la cour après le sacrifice à la montagne sacrée en compagnie de leur cousine, la jeune dame de Wei. Celle-ci se sentant soutenue par l'empereur, s'était, peut-être, montrée effrontée vis-à-vis de sa tante. Dame

Wou, cependant, n'en avait rien laissé paraître et avait continué à lui prodiguer de l'affection. Sur le chemin du retour, la jeune dame et ses cousins avaient pris du plaisir à évoquer les jours anciens de leur enfance et sans doute avait-elle trop parlé des circonstances mystérieuses de la mort de sa mère comme du destin cruel de ses oncles. Grand-mère découvrit ainsi qu'elle en savait beaucoup sur toutes ces affaires et qu'elle avait trouvé des complices en la personne de ses cousins ; je ne vois pas d'ailleurs quels auraient pu être les motifs qui auraient poussés les deux frères à se débarrasser de leur cousine.

Les choses s'étaient passées ainsi. Un soir, les deux jeunes hommes furent invités à dîner au palais et, sur le conseil de grand-mère, ils avaient apporté des friandises. En attendant l'empereur, ces gourmandises leur furent servies. La jeune dame en prit quelques-unes et fut soudain saisie d'un mal terrible. Son visage devint pâle comme la mort. On eut l'impression que son corps tout entier était en train de se consumer et on la reconduisit jusqu'à sa chambre. Après cela, personne d'autre ne souffrit de malaise. L'empereur apprit la nouvelle ; il fut horrifié et ne cacha pas la tendre compassion qu'il lui portait lorsqu'il vit la jeune femme en proie aux douleurs les plus vives. La vie visiblement s'échappait de son corps. Il se souvint alors que sa mère, la dame de la principauté de Han, avait été emportée par le même mal. Ne surveillait-on pas de manière plus sévère les cuisines impériales ? La jeune dame mourut dans la nuit. Qu'une si jeune et si charmante personne qui était aussi son seul réconfort et sa seule joie en ce monde vint ainsi à disparaître lui brisa le cœur. Il fut atterré à l'idée que l'impératrice était capable de cruauté gratuite, de jalousie venimeuse et qu'elle lui portait, somme toute, si peu de considération. Malgré les jeûnes et les purifications rituelles, dame Wou était rentrée de leur pèlerinage aussi peu animée de sentiments religieux qu'une panthère noire. Et l'image d'une panthère noire comme partenaire de lit était un augure lugubre pour le malheureux empereur, solitaire et dolent. Les deux frères se montrèrent horrifiés eux aussi. Mais grand-mère qui était en larmes s'écriait déjà : « Ma pauvre nièce ! Sa mère était ma seule parente et à présent sa progéniture m'est enlevée. Pourquoi ? Pourquoi tous ces crimes ? puis elle s'exclama d'un air rageur : Majesté, ils voulaient vous empoisonner, je le sais ! Et ce fut, par malheur, ma pauvre nièce qui prit le poison ! »

L'affaire, de prime abord, était évidente puisque dame Wou en était le témoin principal. Encore qu'une enquête plus approfondie sur le moment où les friandises avaient été apportées et leur avaient été servies aurait pu, sans doute, révéler certains indices. Il me paraît certain qu'une seule des friandises contenait le poison mortel, mais comment les accusés auraient-ils pu prouver que c'était justement celle-là qui avait été proposée à la jeune femme ? Essayer de rétablir la vérité sur un crime commis il y a des décades de cela est bien futile, je le reconnais. Les deux frères furent exécutés sommairement. On peut alléguer, certes, à la lumière des événements futurs que dame Wou essaya de protéger et de promouvoir les membres de son clan et qu'elle aurait pu ne pas vouloir faire exécuter ses deux neveux. Mais on verra aussi qu'elle n'hésitera pas à faire périr ses propres fils ! Elle ne souffrait pas l'insubordination dont faisaient montre les jeunes, qu'ils appartiennent au clan impérial ou au sien. Et ce qu'elle n'aimait pas, elle le détruisait. Elle avait fait assassiner sa nièce avec un talent qu'elle ne devait jamais démentir. Sa nièce et ses neveux qu'elle exécrait et qui auraient pu trop parler furent éliminés ensemble, d'un coup de pinceau de maître. Si je me suis attaché à cet événement en particulier, c'est pour que mon lecteur comprenne mieux ce qui se produira plus tard et aussi parce que, parmi les nombreux meurtres qui décimèrent la famille impériale, une certaine logique émergea peu à peu. On pouvait d'ores et déjà dire que tous ceux qui avaient traversé son chemin ou montré des signes d'insubordination avaient péri de mort violente. Les femmes étaient exécutées en toute impunité dans l'enceinte même du palais, empoisonnées dans le cas de la jeune dame et de sa mère, torturées à mort dans le cas de l'impératrice Wang et de la concubine Hsiao. On verra une de ses belles-filles mourir de faim ou d'autres disparaître sans laisser de trace. Les princes et les ministres étaient en général accusés du crime de trahison et reconnus coupables à l'aide des méthodes peu en accord avec les lois de l'empire, juges vendus, aveux extorqués, confessions arrachées à des témoins torturés, etc. Ils étaient ensuite punis selon la loi, soit par des bannissements successifs comme ce fut le cas de Souei-leang et du prince Tchong, soit par la peine capitale comme pour le poète Chang-kouan Yi. Les procès et les purges qui suivirent les événements que je viens de vous rapporter entrèrent dans cette catégorie. Dame Wou tuait en « toute légalité » ou, plus exactement, en appliquant son propre concept de la légalité. Elle était aussi capable d'attendre un temps infini pour parvenir à ses fins. Ils étaient nombreux ceux dont les jours étaient comptés dans sa tête et qui finissaient par tomber, l'un après l'autre. En ce sens, sa méthode était admirable. Elle devait préparer ses meurtres soigneusement et envisager toutes leurs conséquences les plus lointaines, si bien que la chute d'une personne entraînait toujours la chute de plusieurs autres. En d'autres termes, grand-mère fut une des plus glaciales personnes que je connus jamais. Témoins les années où elle supporta le fidèle Wou-ki avec patience ou l'affection dont elle gratifia la jeune dame de Wei avant de les faire mourir. C'était là l'aspect le plus redoutable de sa personnalité car il lui assurait tous les succès. Comme un bon sabreur, elle ne se fatiguait pas en vaines estocades, mais parait les coups avec prudence et ne tuait qu'à bon escient, une fois tout danger écarté. Elle attendit parfois des années avant d'abattre le couperet sur sa victime. Elle pouvait la faire rechercher aux quatre coins de l'empire par ses agents secrets qui furent ses instruments dans le crime parfait. Car, sur son trône, au palais, centre de la capitale, elle se tenait assise pleine de gloire et de dignité sans qu'aucun crime ne puisse lui être imputé. D'ailleurs, dès qu'un de ses agents avait terminé son travail, elle le faisait exécuter et se servait d'un autre. Ne me faites pas dire que ceux qui furent jugés coupables furent tous exécutés, mais il faut reconnaître que tous ceux qui furent exécutés, furent jugés coupables. C'était en somme la légalisation du meurtre par des méthodes qu'elle inventa et qu'elle fut la première à mettre en œuvre. J'y reviendrai plus loin. Mon père fut aussi assassiné selon un schéma habile, j'en reparlerai le temps venu, avec tout le respect que son destin m'inspire.

Chapitre 20

Par la suite, l'impératrice Wou devait s'occuper de l'édition d'un ouvrage intitulé *Biographie des femmes éminentes*. Même si cette tâche pouvait sembler mineure à une personne uniquement préoccupée du destin d'un empire, elle lui apparut comme un des ornements obligés de l'existence d'un grand souverain. Il me paraît juste de reconnaître qu'elle fut une des plus habiles politiciennes de son temps et qu'elle surpassa à la fois les ministres lettrés et les autres reines de l'histoire. La dernière partie de son existence pourra donner l'impression qu'elle se comporta comme un être tyrannique et une nymphomane. On l'a souvent comparée à l'impératrice Liu des Han dont les amants n'avaient d'autres talents que ceux du lit. Certains aspects de son commerce avec le moine fou justifient, il est vrai, une telle comparaison. Mais l'impératrice Liu était une paysanne illettrée, bien inférieure intellectuellement à son mari, une femme à la vitalité extraordinaire que sa position autorisait aux démonstrations les plus folles, mais qui jamais ne prôna le meurtre comme moyen de gouvernement. Dame Wou, à son instar, possédait un même instinct prédateur avec, en plus, la douceur de la panthère qui faisait défaut à Liu et, même si elle n'était pas vraiment savante, l'éducation qu'elle avait reçue était des plus convenables. Elle possédait le vernis de culture des politiciens moyens et ne dédaignait pas enjoliver ses discours de quelque anecdote historique. Un esprit éduqué au service d'un instinct prédateur n'est-il pas toujours plus dangereux que les ruses d'une femme ignorante ? Dame Wou n'aspirait qu'aux grandes réalisations et le seul repos qu'elle s'accorda jamais fut de nouer des intrigues avec des hommes robustes ou de jolis jeunes gens. Elle voulait faire tout ce qu'il y avait de plus grand, de plus extraordinaire, ce qui n'avait jamais été fait, en somme ; ce fut vrai surtout de sa vieillesse où, comme je le montrerai, cette folie des grandeurs atteignit des proportions véritablement maniaques. Le pouvoir l'intoxiquait, le pouvoir de gouverner, de tuer, de patronner. On peut toujours argumenter sur l'heur ou le malheur de ses méthodes, tout jugement dépendant du point de vue de chacun. Il est certain en tous cas que la corruption s'aggrava au fil des années, que le système judiciaire devint une sombre farce et que tout le service civil menaça de s'écrouler. Les fils de lettrés et de princes n'allaient même plus au collège, la diffamation étant un moyen plus sûr et plus rapide pour la promotion. Elle s'adonnait au jeu du pouvoir et le maîtrisait à la perfection et tout semblait concourir, d'ailleurs, à sa réussite. Son mari s'affaiblissait toujours ; il n'avait jamais été bien solide et les maux dont il souffrait eurent raison de sa santé physique et mentale. Il devint timide en société ; toute confiance en lui l'avait abandonnée. Et s'il faisait de son mieux pour participer aux audiences et à la vie de la cour, il n'était heureux, en fait, que lorsqu'on le laissait tranquille. Il connut un âge mûr solitaire. A bien considérer les choses, il faut lui rendre justice et dire que s'il était vraiment très affecté par la maladie, aucun autre homme n'aurait mieux résisté, de toute façon, à une femme comme Wou Tsö-t'ien. Il était devenu gentil et bon, à la manière de ces malades frappés d'idiotie.

Au cours de l'année 673, il était si souffrant que son fils Hong, prince héritier en titre, reçut l'ordre de prendre en charge le conseil d'Etat et les ministères. Lui et dame Wou partirent pour Lo-yang. On tenait « Leurs

Majestés » informées des hauts faits de l'empire ou, plus exactement, Sa Majesté l'impératrice, l'empereur étant cloué au lit la plupart du temps.

En matière de politique extérieure, l'empire continuait ses marches triomphales contre ses voisins ennemis car T'ai-tsong le Grand avait laissé derrière lui une armée bien disciplinée avec de braves guerriers et des généraux expérimentés. Les frontières de l'empire furent étendues à la Corée, à la Mongolie intérieure et aux terres par-delà le Turkestan. Mais, comme on peut s'y attendre de la part de ces tribus vindicatives, ce que l'on taxait de « paix » ou de « conquête » un jour, était le lendemain remis en question et toujours des révoltes éclatèrent aux frontières. Si la Confédération des Turcs de l'est avait été brisée, celle des Turcs de l'ouest la remplaça et étendit son pouvoir du lac Kokonor à l'ouest de la Mongolie. En 667, le vieux général et grand-duc Li Tsi avait remporté une victoire décisive sur la Corée, et quelque trente mille Coréens furent déportés dans les provinces de l'empire. En décembre de l'année 673, les rois turcs des régions de Tashkent et de Samarcande se rendirent à Tch'ang-ngan pour payer tribut et demander la paix et, en décembre de l'année suivante, Firuz, le dernier roi sassanide de la Perse, vint trouver refuge dans la capitale. Tch'ang-ngan était alors le carrefour des peuples du monde. On y voyait circuler des moines bouddhistes indiens, des étudiants venus du Japon, des Perses croyants en Zoroastre, des manichéens, des chrétiens nestoriens et des juifs syriens. T'ai-tsong s'était toujours montré libéral à l'égard des marchands et missionnaires étrangers, aussi ceux-ci s'étaient-ils installés dans la capitale où ils pouvaient pratiquer leurs cultes dans leurs temples respectifs. Ce fut en cette période que le grand moine bouddhiste, Hiuan-tchouang, qui avait parcouru l'Afghanistan et l'Inde dix-sept années durant à la recherche des textes sacrés de la vraie Loi, se consacra à son immense labeur de traduction au monastère de l'« Eclat précieux », *Yu-houa-kong*, que l'empereur avait fait édifier pour lui à la périphérie de la capitale.

Ce fut au mois d'août de l'an 674 que dame Wou décida d'inaugurer un nouveau règne appelé *Chang-yuan ou* « Principe suprême ». Peu satisfaite du titre d'impératrice qu'elle jugeait commun et prosaïque, elle décida de se faire appeler « Impératrice céleste ». Le titre de son époux fut, suivant la même logique, relevé et c'est ainsi qu'il devint le seul « Empereur céleste » que notre pays connut jamais. Avant de procéder à ces transformations, elle avait octroyé de nouveaux titres aux empereurs du passé, leur conférant un caractère semi-divin, afin de pouvoir, en toute impunité, s'élever à son tour dans ce qui n'était pour elle qu'un début de déification.

Pour nous résumer, au cours des dix années qui suivirent son couronnement, dame Wou assista par intermittence aux audiences présidées par son époux ; puis de 664, date de la mort du poète Chang-yuan Yi, à 673, elle fut toujours présente à ses côtés, ce fut la période des « deux Majestés » et, dès 674, elle les présida en personne, lui-même ne s'y présentant plus que rarement et ce fut l'ère de « l'impératrice céleste ». La période qui s'annonçait devait être brillante. De nouveaux uniformes furent commandés pour tous les fonctionnaires et une réunion fut tenue spécialement à cet effet. Dans un élan de générosité ostentatoire, le fidèle Wou-ki recouvra son rang, à titre posthume, et ses restes furent transportés par bateau avant d'être enterrés près du mausolée de T'ai-tsong. L'habileté à gouverner et le talent politique de dame Wou s'exprimèrent dans une lettre qu'elle adressa à l'empereur et qu'elle signa « votre humble épouse ». La lettre, diffusée dans tout l'empire, contenait le détail de douze réformes qui se voulaient grandioses et en accord avec les principes communs du bon gouvernement. La plupart de ces réformes visaient surtout à accroître sa popularité. Et, comme bien des engagements pris par les politiques, les douze points étaient agréables à la lecture. Ils visaient tout à la fois à promouvoir l'agriculture et la sériciculture en allégeant les corvées, à exonérer d'impôt les provinces du nord-ouest, à désarmer le pays et à prôner la paix à travers une régénération morale, à éliminer les extravagances, à diminuer le plus possible la conscription, à promouvoir la liberté d'expression, à morigéner et à déposer les fonctionnaires malhonnêtes et serviles. Rien qui ne fut autre chose que feinte et camouflage politiques. Les points sur la régénération morale, la mise au ban des extravagances, la liberté d'expression et l'élimination des fonctionnaires corrompus étaient tout particulièrement peu crédibles. Venaient ensuite des propositions plus originales. Tous les fonctionnaires et les princes, quel que fut leur rang, devaient étudier l'ouvrage philosophique de Lao-tseu qui portait, rappelons-le, le même nom de clan que la famille impériale des T'ang, Li. Afin de respecter l'égalité entre les sexes, la période de deuil pour une mère devait être rallongée de trois ans, même si le père vivait toujours. Les fonctionnaires à la retraite conservaient leurs titres, leurs rangs et tous les honneurs qui leur étaient dus. Les émoluments des fonctionnaires métropolitains, à partir du huitième rang, devaient être augmentés et, finalement, on devait procéder à une révision des postes du service public afin de promouvoir les obscurs et les humbles selon leurs mérites. L'effet immédiat de ces trois dernières mesures fut de la rendre populaire au sein de l'administration. La difficulté qu'il y avait à vouloir appliquer ces réformes n'empêcha point de les expliciter longuement. Seuls les esprits simples s'inquiètent de la différence qui existe entre les promesses et leur réalisation. Dame Wou ne s'arrêtait pas à ces détails et ces douze points étaient un chef-d'œuvre d'habileté politique.

Pour ne pas être en reste au plan de la culture, elle décida de faire éditer des ouvrages sous son autorité, ou bien encore de les écrire – peu ou prou – elle-même, suivant la nouvelle ligne de la régénération morale. Hormis les *Biographies des femmes éminentes,* elle s'occupa de la préparation de plusieurs ouvrages : *Essentiel de la conduite domestique des femmes* en dix volumes, *Nouveaux Conseils à l'usage des fonctionnaires de l'Etat* en cinq volumes, *Ministres modèles* en deux volumes, et une compilation d'airs de musique et de chants en dix volumes. Son but était de raviver et de réveiller la conscience morale du monde et de la nation afin que tous inclinent vers un idéal spirituel plus élevé. Mais les relations entre les hommes ou les affaires domestiques se révélèrent bien plus complexes que les ordres visant à la promotion de l'agriculture ou à la paix à travers le redressement moral, bien plus complexes même que la rédaction d'essais moraux invitant à l'honnêteté et à la vertu. Quatre mois après le début de l'ère *Chang-yuan,* un des frères de l'empereur fut contraint au suicide après avoir été accusé à tort d'avoir fomenté une conspiration contre le trône. Dame Wou ne l'avait jamais aimé et avait envoyé un de ses hommes de confiance au procès pour mettre en péril sa défense. Il est vrai que Yun, prince de Kiang, vivait d'une manière ostentatoire, mais comploter contre le trône n'était pas son but. Kao-tsong découvrit la supercherie et fit exécuter le juge responsable de la sentence, mais il était trop tard. Yun n'était plus et lui-même fut bientôt impliqué dans une tragédie familiale. Dire qu'il n'y avait pas eu de cas d'empoisonnement dans la famille depuis près de dix ans !

Chapitre 21

Le malheur semblait s'attacher aux pas de grand-père. En l'année 675, la crise qui éclata au sein de la maison impériale l'affecta grandement. Dès ce moment-là, le jeu politique pour sa succession fut ouvert entre les princes. Ses huit fils, dont mon propre père, devinrent les jouets de grand-mère qui savait les jours de son mari comptés et qui avait besoin d'un successeur docile pour se maintenir au pouvoir. Malheureusement pour elle, ni le prince héritier en titre, Hong, ni mon père, n'étaient des fils soumis. Ils n'étaient plus des enfants, d'ailleurs, et avaient une personnalité bien affirmée. Avant l'arrivée de dame Wou au pouvoir, grand-père avait eu quatre fils : Tchong, Hiao, Chang-kin et Sou-kie. On sait que l'aîné, Tchong, avait été persécuté jusqu'à sa dernière heure ; Hiao, quant à lui, était mort à vingt ans de mort naturelle. Dame Wou avait éloigné ses deux autres beaux-fils et leur avait interdit d'apparaître à la cour, même à l'occasion du sacrifice à la montagne sacrée.

Sou-kie, le plus jeune et le meilleur de tous, était le fils de la concubine impériale Hsiao ; il avait été écarté du pouvoir sous prétexte de maladie alors qu'il n'était point malade. C'est à cette époque qu'il fut privé de son titre de prince et de ses revenus pour se voir exilé dans un district lointain du Kiang-hsi, à sept cents lieues de la capitale, distance correspondant à peu près au deuxième degré de bannissement, et mis sous détention permanente. Il n'avait pas revu son père depuis près de dix ans et après s'être vu refuser de participer au grand sacrifice, il avait écrit un essai plein de sentiments pathétiques sur la loyauté et la piété filiale, texte par lequel il espérait toucher le cœur de son père. Un ministre intègre dont nous aurons l'occasion de reparler beaucoup plus tard, nommé Tchang Kien-tche, avait tenté de transmettre l'essai en secret à l'empereur. Mais grand-mère, entre-temps, en avait pris connaissance. Elle donna ordre de punir Sou-kie en l'accusant faussement de corruption. La lamentable tragédie qui devait finalement les emporter, lui et son frère Chang-kin, mit des années à se tramer car, s'agissant de vengeance, dame Wou prenait et son temps et ses précautions. On aurait pu penser que les propres fils de grand-mère Hong, Hsien mon père, Tchö et Tan, auraient plus de chance, mais, hélas, il n'en fut pas ainsi.

Hong, le prince héritier en titre, était un véritable lettré ; idéaliste, il manquait quelque peu de sens pratique et était aussi sentimental que grand-père. De vieux ministres rapportent qu'enfant, il étudiait un passage d'un commentaire des *Entretiens de Confucius*. Il fut si choqué par l'histoire d'un jeune prince qui tue son père qu'il exigea un autre livre. Son professeur eut beau lui expliquer que Confucius avait parlé à la fois du bien et du mal pour qu'on se rapproche de l'un et que l'on s'éloigne de l'autre, rien n'y fit. Il refusa de poursuivre cette lecture. Il avait reçu l'éducation soignée des princes et les meilleurs lettrés de l'empire l'avaient assisté dans son apprentissage du pouvoir. Il avait vingt-trois ans à l'époque et s'était vu confier de plus en plus de responsabilités. On se souvient que, lors de la maladie de son père, entre 671 et 672, il avait, avec des ministres choisis, assumé la charge du gouvernement. Hong s'était entouré d'un grand nombre d'hommes de valeur. Sa position, comme d'ailleurs celle de sa jeune épouse, fille d'un lettré éminent nommé Pei Kiu-tao, semblait prometteuse. Avec le concours de ses amis savants, il avait compilé un recueil de beaux passages de la littérature et des *Livres classiques* qui lui avait valu l'approbation de l'empereur et une récompense d'un montant de trente mille pièces de soieries précieuses. L'empereur qui l'aimait beaucoup avait dit, un jour, à ses courtisans : « Hong est un homme de bien. Je suis fier de lui car jamais il ne s'est montré violent ou même discourtois vis-à -vis d'un ministre. »

On remarqua dans son apprentissage de l'art du gouvernement que les qualités premières de son grand-père, T'ai-tsong, l'humanité et le souci du peuple, ne lui étaient pas étrangères. Les conditions de vie des soldats l'avaient profondément ému et la meilleure chose qu'il fit en tant que prince fut d'abolir l'esclavage des femmes et des enfants des déserteurs. Cette mesure était bien en accord avec la discipline mise en place par son grand-père. Il avait appris, en effet, comme il devait l'écrire dans une lettre au trône, que de nombreux soldats étaient considérés comme déserteurs, alors qu'ils ne l'étaient pas réellement. Ils avaient de nombreuses raisons de ne pas répondre à l'appel après les batailles : certains qui avaient essayé de franchir des rivières à la nage s'y étaient noyés ; d'autres, malades ou blessés, ne reprenaient leur poste que plus tard ; d'autres enfin étaient capturés par l'ennemi. En fait, tout ne pouvait-il pas advenir après une bataille ? Le règlement des armées était souvent appliqué à mauvais escient. Il cita une phrase du *Tso-tchouan*[9] à l'appui de ses déclarations : « Plutôt outrepasser les règles que tuer un innocent ». Il fit en sorte d'amender le règlement pour que l'état de déserteur soit soumis à un examen probatoire. Il évita ainsi à bien des familles la honte et la douleur de

9. Chronique de Tso K'ieou-ming que l'on considère comme un commentaire des *Annales de Lou* ou « printemps et automnes », lesquelles retracent l'histoire du royaume de Lou entre 727 et 480 av. n.e.

l'esclavage, même si celui-ci était limité dans le temps et pouvait être racheté.

Au cours de la grande famine de l'hiver 672-673 qui avait suivi la sécheresse de l'été précédent, les provinces du nord-ouest furent gravement touchées et leurs populations mouraient de faim. Dès qu'il sut que les soldats ne recevaient pour nourriture qu'une ration de feuilles d'ormes bouillies et de baies macérées, il donna ordre qu'on leur servît du riz provenant de sa propre maison. Il avait aussi présenté une requête pour que les terres gouvernementales de T'ong-tcheou qui étaient en jachère soient données aux pauvres pour la culture.

Un tel tempérament ne devait pas manquer de le mettre en conflit ouvert avec sa mère, dame Wou. Il détestait l'injustice et la cruauté sous toutes leurs formes. Quand il avait rendu visite à ses parents en leur résidence de Lo-yang, il avait découvert que ses deux demi-sœurs, les princesses Yi-yang et Hiuan-tch'eng, filles de l'infortunée concubine Hsiao, vivaient dans les appartements retirés, pratiquement oubliées. Elles avaient près de trente ans et nul n'avait songé à les marier. Cela parut si scandaleux à Hong qu'il s'en ouvrit à sa mère : « Les sages enseignent que les jeunes filles doivent être mariées l'âge venu. Pourquoi mes deux sœurs n'ont-elles pas de maris ? Elles ne peuvent faire aucun mal. Ne pouvez-vous y remédier ? »

Grand-mère ne pouvait qu'apprécier la justesse de cette observation. Elle considérait cependant qu'elle s'était montrée trop libérale vis-à-vis de ses belles-filles. Si les parents du clan de la concubine Hsiao, taxés de « vautours », avaient été exilés pour la plupart après la disparition de cette dernière, elle avait permis aux deux jeunes filles de vivre au palais. Elle détestait que l'on mit le doigt sur ses erreurs. Elle dit avoir oublié et répara cet oubli en mariant les princesses à deux gardes du palais. Comme un chat que l'on caresse à contrepoil, grand-mère n'avait pas supporté que son fils se permît de juger sa conduite.

Un mois plus tard, en avril de l'année 672, un crime plus grave fut perpétré au palais. La femme du prince Hong qui était une personne de qualité, calme et pondérée, n'était pas toujours très heureuse à l'idée d'être la bru de dame Wou qui la détestait. Mais ce fut une autre des belles-filles de l'impératrice, l'épouse du prince Tchö, qui devait être la première victime de sa haine. La mère de celle-ci était Tch'ang-lö, une princesse qui avait ses entrées au palais et qui venait souvent rendre visite à l'empereur, ce que ce dernier semblait apprécier. Ne voulant prendre aucun risque, dame Wou envoya Tch'ang-lö et son mari dans une province reculée, leur interdisant de reparaître à la cour. Leur fille n'était nullement concernée par cette affaire mais cela n'empêcha pas de l'enfermer dans une résidence où l'on devait assurer son entretien et lui apporter de la nourriture. On ne sut jamais s'il en fut ainsi car, après plusieurs jours, lorsqu'on ouvrit la porte de sa geôle, on la découvrit morte de faim.

Le prince Hong qui savait sa mère coupable de ce crime devint fou de rage. Qu'avait fait la jeune femme pour encourir un tel châtiment ? Quel besoin y avait-il de persécuter une innocente pour des fautes imputées à sa mère ? Et, si le propre mari de la princesse n'avait pas même osé protester-il s'était tenu à l'écart et ne lui avait pas rendu visite lors de sa détention – le prince Hong, lui, chercha une opportunité de parler à sa mère. Cette dernière qui le connaissait bien pressentit ses reproches et quand elle le vit entrer dans la pièce où elle se trouvait, son visage prit une expression menaçante. Le jeune prince parla avec assurance et fermeté :

– Je crois me souvenir que Votre Majesté a écrit un ouvrage intitulé *Biographies des femmes éminentes*. Quel piètre exemple pour votre maison qu'une femme vertueuse soit autorisée à mourir de faim !

Ses paroles eurent l'effet d'une bombe sur grand-mère qui, au comble de la fureur, s'écria :

– Que voulez-vous dire par là ? Une fois sa mère partie, la femme du prince s'est montrée effrontée. Elle ne nous parla plus des jours durant. Ne considérez-vous pas cela comme de l'insolence ? Pouvait-on la qualifier de vertueuse et ne devait-on pas la punir ? Si cette pauvre idiote s'est laissée mourir de faim, à qui la faute ? Je vous prie de ne point oublier la bienséance et de ne point vous croire autorisé à me donner des ordres !

– Tel n'est pas mon propos, rétorqua le prince. Je pensais que vous souhaitiez que vos sujets s'entretiennent avec vous librement. La liberté d'expression n'est-elle pas un des douze points de votre charte politique visant à punir l'injustice et à redresser les torts ? Majesté, j'essaie de me rendre utile. Si je n'avais pas eu l'audace de vous parler des princesses Yi-yang et Hiuan-tch'eng, jamais elles n'auraient été mariées. Mais j'apprends que vous avez marié les filles de l'empereur à des laquais.

– Vous pouvez vous retirer, dit l'impératrice d'une voix extraordinairement froide. Son visage se fit impassible, ses yeux étaient presque clos.

Ce fut exactement dix-huit jours plus tard que le prince Hong périt empoisonné au cours d'un séjour dans la résidence de ses parents. On allégua, une fois encore, qu'il avait mangé « quelque chose de mauvais ». Tous ceux que grand-mère n'aimait pas disparaissaient ainsi en mangeant « quelque chose de mauvais ». Peut-on raisonnablement penser qu'une lionne dévore son petit ou qu'une mère empoisonne son fils ? On aurait tort de mesurer les actes de grand-mère à l'aune de la mentalité commune. Mon père devait subir, sur ses ordres, un traitement plus terrible encore. Je crois qu'à cette période, les princes n'avaient de valeur que politique à ses yeux. Au fond, elle avait quatre fils et pouvait bien en sacrifier un ou deux. Et puis n'avions-nous pas affaire à une personnalité hors du commun ? Sur les huit fils qu'avait eu l'empereur, l'un mourut jeune, grand-mère en fit exécuter cinq autres et les deux survivants furent emprisonnés sur ses ordres une douzaine d'années durant. N'oublions pas la fillette qu'elle avait étranglée au berceau.

La mort de Hong déclencha une grave crise au palais. La même nuit, le couple impérial regagnait la capitale. Kao-tsong, qui aimait son fils plus que tout, sentit le courage l'abandonner. Il y avait eu six ou sept meurtres dans sa famille, il avait vu disparaître sa première épouse, sa concubine préférée, sa belle-sœur, sa nièce, sa belle-fille, son fils aîné Tchong et, à présent, le prince héritier Hong. Il ne voyait plus jamais ses autres fils exilés et condamnés à la détention. Le mois précédent, alors qu'il commençait à goûter la compagnie de la princesse Tch'ang-lö, sa femme l'avait bannie de la cour. C'en était trop ! Cependant il ne tenta pas même un geste pour déposer l'impératrice. S'il l'avait voulu, car il était toujours empereur, il aurait pu faire condamner sa criminelle épouse à la peine capitale. Mais le voulait-il seulement ?

Le lendemain, en signe de protestation, l'empereur présenta sa démission aux dignitaires. Malade et fatigué, il abandonnait l'empire à la ruine. Il déclara à ses ministres qu'il abdiquait en faveur de l'impératrice, laquelle, de toute manière, gouvernait déjà. Dame Wou prônait la paix à travers une régénération morale, lui aussi n'aspirait plus qu'à la paix, qu'il y eût ou non redressement moral. Ses ministres consternés, Hao Tch'ou-kiun en tête, essayèrent de le dissuader de commettre pareille action. Ils lui conseillèrent de réfléchir encore. Le chagrin d'avoir perdu son fils ne lui avait-il pas fait perdre la raison ? Effectivement, le lendemain, l'empereur changea d'avis et, dans son désespoir, agit inconsidérément. Il fit conférer au prince défunt le titre d'empereur et ordonna qu'il fut enterré avec les honneurs impériaux, même s'il ramena à trente-six jours seulement la période de deuil national. La tablette funéraire de Hong reçut les offrandes dues à un empereur et ce culte lui fut rendu des années durant. Il ordonna la construction d'un mausolée grandiose. Les travaux étaient si extravagants et si pénibles qu'un groupe d'ouvriers se révolta, lança des pierres sur l'intendant et s'enfuit.

L'épouse du prince Hong tomba malade. Elle se refusait à vivre et devait s'éteindre une année plus tard de chagrin et de mortification. Les deux jeunes princesses avaient trouvé la mort des mains de l'auteur des *Biographies des femmes éminentes* et de *l'Essentiel de la conduite des femmes*. Deux autres encore connurent le même sort quelques années plus tard. Périrent aussi, fouettés à mort sur ses ordres, un petit-fils et une petite-fille de leur descendance.

Hormis les purges et les procès politiques, aucune reine de l'histoire, et je pense aucune mère dans ce monde, n'avait fait exécuter autant de membres de sa propre famille. Il arrive parfois que le meurtre cesse quand le meurtrier est choqué par l'horreur de son crime, mais dans le cas de grand-mère, je crois que le fait d'ôter la vie était associé avec la sensation plaisante de l'exercice de son pouvoir. Quand massacres de masse, affirmation du pouvoir et de « la grandeur » se rejoignent, nous n'avons plus affaire à des criminels de sens commun. Dans ces cas-là d'ailleurs, on observe chez ces despotes une *paranoïa* qui, peu à peu, envahit leur personnalité. Les autocrates développent avec rapidité l'habitude de s'auto-aduler.

Chapitre 22

Le tour de mon père, le prince Hsien, arriva bientôt. A vingt-trois ans, il venait d'être nommé prince héritier, position qui n'avait rien d'enviable. Grand-mère ne l'avait jamais beaucoup aimé. Il débordait trop de vitalité pour n'avoir été qu'un enfant obéissant et son indépendance d'esprit était notoire. Il est probable que, déjà, il ne se faisait aucune illusion sur l'impératrice et que l'attitude de cette dernière vis-à-vis de ses frères n'avait pu que confirmer ses soupçons. Il savait aussi que la dame de la principauté de Han, qui était peut-être sa véritable mère, avait été tuée sur l'ordre de l'impératrice. Quant à cette dernière, elle accepta l'inévitable, la nomination de ce fils exécré au titre de prince héritier, ne se manifesta pas et attendit son heure. Elle avait tout lieu de penser que l'empereur mourrait bientôt et que le prince héritier allait commettre un impair qui lui permettrait de le faire déposer afin de pouvoir le remplacer par un autre de ses fils. Sa décision était prise, elle voulait régner en tant qu'impératrice douairière après le décès de l'empereur. Comme elle aurait aimé voir son plus jeune fils régner ! Elle l'aurait cajolé, gâté, choyé et dominé comme elle l'avait fait autrefois avec son époux. Cela me rappelle une certaine race d'insectes dont les femelles croient qu'il est de leur destin de dévorer les mâles.

Mon père, je m'en souviens, était gai et joyeux. Il aimait ses chevaux et ses faucons, ses livres aussi. Enfant brillant, il pouvait, à six ou sept ans, réciter de longs poèmes et lire le *Livre de l'Histoire*, un des classiques les plus ardus de notre tradition. Son nom demeurera à la postérité car il rédigea un *Commentaire du livre des Han postérieurs* qui est le commentaire le plus prisé aujourd'hui encore de cet ouvrage. La somme de travail patient qu'il avait dû fournir et les connaissances dont il avait fait montre dans cette œuvre d'envergure devaient être appréciées des plus grands lettrés. Il était de caractère plus affable que son frère aîné Hong et possédait un sens pratique plus développé aussi. Après la mort de celui-ci, il préféra se tenir éloigné de grand-mère, se méfia surtout de ses invitations à dîner et vécut à Tch'ang-ngan. Grand-mère n'en fut pas dupe. Nous vivions tous dans la maison de l'héritier du trône qui s'élevait dans l'enceinte du nouveau palais impérial. Mon père jouissait des honneurs dus à sa position et de l'opportunité qui lui était offerte d'exercer sa passion pour les chevaux, la chasse et les exercices physiques dans les vastes terrains des « Jardins de l'est ». A l'instar de notre présent monarque et du grand T'ai-tsong, il portait aux chevaux, aux coursiers des monts T'ien-chan en particulier, une vive passion.

Plaisant de sa personne et toujours bien mis, mon père était accommodant avec ses ministres et il avait réuni autour de lui un groupe de lettrés éminents. C'est avec leur aide qu'il avait dirigé les travaux du commentaire dont il a été question plus haut. Lorsque son père subit une nouvelle attaque en 679, il fut nommé corégent. Plus que jamais il évita de rendre visite à ses parents, sachant bien que les relations qu'il entretenait avec l'impératrice ne manqueraient pas de trouver une issue tragique, à l'instar du sort connu par son frère aîné. Il vivait dans l'éclat de sa jeunesse avec l'espoir d'une démission prochaine de l'empereur et partageait ses jours entre les exercices physiques, les femmes et les devoirs officiels. Son esprit était si brillant que les devoirs de sa charge ne troublaient guère ses plaisirs.

Preuve en fut la missive qu'il avait reçu un jour de son père l'empereur :

« Le prince héritier Hsien a participé aux affaires du gouvernement et accompli sa tâche avec autant d'habileté que de conscience. Patient et persévérant dans les devoirs de sa charge, il montra aussi, à de nombreuses reprises, sa générosité et sa merci, vertus du vrai monarque. Il a consacré ses heures de loisir à de savantes recherches et ses travaux lui ont permis de mettre en lumière la belle et noble sagesse de notre passé. Toujours il approuva ce qui était bon et juste. Nous avons le grand plaisir de constater qu'il sera un excellent souverain et qu'il se montrera digne de la loi sacrée de l'Empire. Qu'on le gratifie de cinq cents pièces de soieries précieuses ! »

Il n'était sans doute pas inutile de rapporter les termes exacts de cette lettre pour les comparer avec l'artificieuse machination que grand-mère ourdit contre lui. Après avoir attendu quatre ou cinq ans, celle-ci devait se rendre compte combien mon père agissait avec succès en toute occasion. Une réputation solide le précédait. Il avait vingt-sept ans, n'était ni faible, ni idiot et encore moins prêt à accepter que l'on règne en son nom. Grand-mère s'interrogeait sur les chances de réussite de son plan. Qu'allait-elle devenir si l'empereur venait à mourir ?

Ce fut à ce moment-là que l'ancienne rumeur qui voulait que mon père ne fut pas le fils de l'impératrice Wou circula dans le palais et dans la cité. Mon père avait reçu des lettres de l'impératrice dans lesquelles elle lui rappelait avec aigreur les devoirs que devait rendre à sa mère un fils dévoué. Sa situation lui apparut bien précaire et il est possible qu'il prit des mesures pour se protéger d'un éventuel danger en stockant des armes dans ses écuries. Grand-mère voyait très souvent un prêtre taoïste nommé Ming Tch'ong-yen qui était aussi astrologue. Toute une engeance de pseudo-praticiens du destin eut ses entrées dans les appartements de l'impératrice. Ming qui était devenu très proche d'elle et qui avait deviné ce qu'elle désirait entendre avait allégué que les traits fermes et durs du prince héritier ne présageaient rien de bon quant à la chance et à la longue vie. Effectivement, mon père devait connaître un sort cruel et être enlevé dans sa prime jeunesse sans que la physiognomonie n'y soit pour rien. Par contre, Ming disait que le prince Tchö ressemblait au grand T'ai-tsong et que, selon les lois de sa science, le prince Tan était le mieux loti de tous pour régner. Tout cela ne fit qu'aggraver le malaise qui existait entre la mère et le fils. Mon père, qui avait ces superstitions en horreur, méprisait les femmes qui y accordaient de l'importance. Et si grand-mère ne devait jamais tenir secrètes les prédictions du prêtre, mon père ne devait jamais cacher son mépris pour ce dernier. N'est-il pas étrange de penser qu'un astrologue ait pu causer la chute d'un co-régent ?

Au cours de l'hiver 679-680, l'astrologue fut assassiné sur la route qui reliait les deux capitales. Le meurtrier ne fut jamais retrouvé et il n'y avait aucune preuve de la complicité de mon père dans cette affaire. Je n'exclus pourtant pas cette possibilité car il ne lui était nullement indifférent de se débarrasser de l'influence pernicieuse de ce charlatan. Nul ne sut jamais ce que signifiait exactement la présence de cet homme pour l'impératrice, mais ce qui est certain, c'est qu'à l'annonce de sa mort, elle entra dans une noire fureur. Elle soupçonna tout de suite mon père et déchaîna contre lui la fureur de sa machine législative. Mon père fut assigné à résidence à Lo-yang et, en son absence, on fouilla ses appartements. Trois cents armes furent découvertes dans les dépendances de sa maison. Sans doute, comme je l'ai dit déjà, avait-il voulu prendre des mesures pour assurer sa protection. Mais il est probable aussi que les armes avaient été sorties de l'armurerie impériale qui se trouvait un peu en dehors du palais et amenées là juste avant leur découverte officielle. Quoi qu'il en soit, mon père fut accusé de conspiration. Comment aurait-il pu conduire une révolte avec seulement quelques lances, quelques armures et quelques boucliers ? Des lieues le séparaient de la résidence impériale de Loyang. Qui aurait-il pu tuer ? Contre qui allait-il se révolter ? Le chef d'accusation était du dernier ridicule, attendu qu'il était déjà l'héritier du trône.

Les preuves existaient. Autrefois n'avait-on pas découvert une statuette en bois dans la chambre de l'infortunée impératrice Wang ? Le co-régent était pris sur le fait. Grand-mère n'eut aucune difficulté à persuader un certain Tcheou, employé chez mon père, de témoigner contre lui ; Tcheou déclara que le crime de l'astrologue Ming était l'œuvre de mon père. Les armes confisquées furent envoyées à Lo-yang et brûlées à grand renfort de publicité sur le pont T'ien-kin qui se trouvait face à l'entrée du palais. Les ministres se réunirent en comité pour examiner le cas du régent et statuer sur son sort. Ils renvoyèrent le verdict attendu par l'impératrice Wou, le prince était coupable du crime de trahison et devait être exécuté. L'impératrice déclara que, pour le maintien de la loi et de l'ordre public, elle était prête à sacrifier ses sentiments personnels à l'égard de son fils chéri. L'empereur qui pensait au destin de ses autres fils, Tchong et Hong, fut saisi d'un frisson d'horreur. Il plaida la clémence ; il était aussi de son ressort de réduire la peine ou de l'annuler. Quand on repense à cela plus tard, plusieurs décades après l'événement, il semble absurde qu'un co-régent ait payé de sa vie le meurtre supposé d'un astrologue. Mais tout cela faisait partie de la machination ourdie par grand-mère pour supprimer un fils capable et indépendant. Le résultat fut un compromis qui satisfit grand-mère. Mon père fut déposé et emprisonné. Le prince Tchö fut nommé héritier du trône.

J'avais huit ans quand cette tragédie atteignit notre maison. Nous avions toujours vécu dans le luxe et le confort que les positions respectives de mon père lui avaient procurés. A l'annonce de ces nouvelles, je fus pris d'une terreur que seuls les enfants connaissent. L'année suivante, mon père fut banni à Tch'eng-tou dans la province du Sseu-tchouan tandis que nous, ses trois plus jeunes enfants, demeurions au palais. Mon père languissait en exil. Il ne recevait aucune nouvelle de sa maison et souffrit son malheur en silence. On ne devait pas le tuer sur l'heure, ou tout du moins pas tant que son père vivrait. Nous ne le revîmes jamais plus. Il fallut attendre la mort de grand-mère pour que sa dépouille soit inhumée auprès de ses ancêtres. On m'a dit que les chattes parfois dévorent leurs chatons. Est-ce vrai ? Je ne l'ai jamais vu faire en tous cas. Peut-être les louves et les femelles des charognards le font-elles ? Je ne sais pas. Quelle pitié qu'on ne lise plus l'ouvrage édifiant de grand-mère sur les femmes éminentes !

Chapitre 23

Les événements allaient se précipiter et la maison impériale des T'ang connaître une crise grave. Le drame qui devait se jouer, une fois le rideau levé, ne manqua pas de frapper les imaginations. La santé de l'empereur était si chancelante qu'aucune médication ne pouvait plus le soulager des maux dont il souffrait. En 681, il lui fut complètement impossible de s'occuper des affaires de l'Etat. Malgré toute l'audace dont elle était capable, l'impératrice Wou ne le fit pas assassiner. Elle savait à la fois pouvoir et ne pas pouvoir se débarrasser de lui. Et, si le meurtre d'un prince ou d'une princesse pouvait être commis en toute impunité, celui d'un empereur, considéré comme un outrage abominable, n'aurait pas manqué de provoquer une révolte des ministres fidèles et des dignitaires. Elle sut ne pas se montrer stupide comme l'impératrice Wei qui, en tuant son époux Tchong-tsong, l'actuel prince Tchö, précipita sa chute [10]. Son désir de gouverner et d'exercer seule la souveraineté était si puissant qu'elle prit le parti d'attendre. Le temps était avec elle, l'empereur alité ne la gênait en rien.

Ce fut comme si le Ciel avait prévu la tragédie à venir. Tous les désastres possibles, qu'ils soient du fait de la nature ou des hommes, se produisirent. En l'an

10. Cet événement eut lieu en 710, soit cinq ans après la mort de l'impératrice Wou. Il permit au futur Hiuan-tsong de mettre son père sur le trône avant de régner à son tour, deux années plus tard.

681, une comète apparut dans le ciel. Le général Pei Hsing-kien remporta des victoires contre la Confédération des Turcs de l'ouest, mais quel prix peut-on accorder à une victoire quand les troupes d'occupation ne peuvent se retirer sans dommage ? Un autre général, Li King-hiuan fut encore moins heureux et subit deux défaites désastreuses de la part des tribus tibétaines du Kokonor en 678 et 680. Les soldats mouraient au bord des routes. Les populations étaient décimées. Puis survint la terrible famine de 681 et 682. Au mois de mai 682, à la suite de pluies torrentielles, une grande inondation submergea la capitale. Les torrents de la rivière Lo emportèrent les trois ponts devant le palais impérial. Des maisons s'effondrèrent et des milliers de familles furent noyées. En juin, la récolte de blé dans le nord fut gâtée par la pluie avant d'être détruite par une sécheresse implacable. Des sauterelles ravagèrent le nord-ouest et nettoyèrent ce qui restait des cultures. Des épidémies survinrent. Les archives de l'époque parlent d'actes de cannibalisme pratiqués dans la capitale où la nourriture manquait cruellement. Les cadavres envahissaient la cité et les hommes étaient affamés. Il advint que la loi et l'ordre ne furent plus respectés et que des bandes de pillards et de malandrins affamés parcoururent les villes et les campagnes. Pour parachever le désastre, il y eut un tremblement de terre en octobre et des inondations ravagèrent à l'est la province du Chantoung. Les dieux étaient au comble de l'ire.

Ce fut le moment choisi par l'impératrice Wou pour inaugurer les travaux de construction d'un temple énorme sur la montagne Song et ce, dans le but plus ou moins avoué de remplacer le temple du mont T'ai, comme le nom du bâtiment principal, *Fong-t'ien* ou « Sacrifice au Ciel », l'indiquait. Ne se souciant ni des désastres naturels, ni des épidémies, l'impératrice allait de l'avant. Sa confiance en elle était inébranlée et inébranlable. Quand chaque sapèque du gouvernement devait servir à alléger les souffrances du peuple, elle croyait, ou voulait croire, que la construction d'un temple par des hommes tourmentés allait plaire au Ciel et ajouter au lustre de son règne. On peut ne pas croire aux présages, mais un désastre avait suivi chacune de ses propositions de sacrifice à la montagne Song, défaite à la guerre ou nouvelle invasion des tribus turques et Khitans [11] comme ce fut le cas en 676 et en 679. L'idée de parcourir l'empire et de sacrifier aux quatre autres montagnes sacrées, à l'instar du premier souverain des Tsin, avait toujours séduit l'impératrice. Elle voulait inaugurer ce programme par une grande parade à la montagne Song, toute proche de la capitale. Elle voulait qu'il fut dit que si Confucius avait, le premier, sacrifié au Ciel sur le mont T'ai, elle, Wou Tsö-t'ien, avait inauguré le culte à la montagne Song, nouveau siège du dieu du Ciel.

Le temple du « Sacrifice au Ciel » dont les travaux avaient commencé au pire moment de la famine et des épidémies au mois de juillet de l'an 682, fut terminé l'année suivante. Elle ne l'avait pas seulement voulu pour laisser à la postérité un monument grandiose, mais parce qu'elle aspirait, peu à peu, à la déification de sa propre personne. En effet, il fallait voir dans cette réalisation les premiers symptômes d'une mégalomanie morbide et d'une auto-vénération grandissante. L'idée qu'elle se faisait d'elle-même avait changé. Après avoir satisfait toutes ses ambitions terrestres – n'était-elle pas seule à gouverner le monde civilisé connu ? – elle pensa qu'elle devait cultiver les puissances divines et gratifier le Ciel de son auguste présence. Au mois de janvier 683, on accomplit le premier pèlerinage au temple du « Sacri-

11. Peuplade d'origine tongouse, les Khitans (ou Kitans) vont dominer les steppes et le nord de la Chine après la fondation de leur empire, la dynastie Liao, en 916. Leur nom serait à l'origine du « Cathay », dénomination utilisée par Marco Polo pour désigner la Chine du nord.

fice au Ciel », même si les derniers travaux d'aménagements n'étaient pas encore achevés. Lorsque tout fut enfin prêt, elle voulut y rendre culte au Ciel. C'était la quatrième fois qu'elle avait suggéré pareille commémoration, et celle-ci fut fatale à l'empereur.

En novembre, en compagnie de son époux, elle inspecta le chantier, à présent terminé. L'empereur souffrait de maux de tête si violents qu'il devenait aveugle. Ses deux médecins suggérèrent l'acupuncture pour le soulager.

« Qu'on les fasse exécuter ! » s'exclama l'impératrice horrifiée à l'idée de laisser profaner par des aiguilles le corps sacré de l'empereur. L'empereur, à l'agonie déjà, la supplia de permettre à ses médecins d'agir. Elle céda, mais quand ses souffrances reprirent, elle refusa un nouveau traitement. Ils rentrèrent de toute urgence à Lo-yang le 24 novembre. Les fonctionnaires et les dignitaires s'étaient alignés au sud du pont T'ien-kin pour acclamer leur retour. Le 4 décembre, un édit annonçant une amnistie générale fut proclamé dans l'espoir de voir la vie de Sa Majesté prolongée. L'empereur devait faire une ultime déclaration à la porte « Conforme au Ciel », *Tso-t'ien-men.* On essaya, sans succès, de le hisser sur son cheval et on fit rassembler le peuple devant le palais pour entendre sa déclaration.

– Mon peuple est-il heureux ?

– Oui, Majesté, et il vous remercie de votre clémence.

– J'ai peur d'être bien malade. Je serais heureux que les dieux m'accordent un mois ou deux de répit afin de pouvoir rentrer à Tch'ang-ngan.

La nuit même, la maladie de l'empereur atteignit un stade critique. On fit appeler Pei Yen, un ministre de haut rang, pour recevoir ses dernières volontés. Le prince Tchö devait monter sur le trône sous réserve de référer de toutes les affaires importantes à sa mère pour qu'elle prenne les justes décisions. Et l'empereur qui avait souffert bien des années connut enfin la paix. Afin d'éviter tout trouble et de rassurer le peuple, le prince Tchö aurait dû être proclamé empereur sur-le-champ. Trois, quatre, cinq jours passèrent, mais l'impératrice ne s'y résolvait toujours pas. Le septième jour enfin, sur l'insistance de Pei Yen, elle fit proclamer Tchö qui avait alors vingt-sept ans. Elle devenait impératrice douairière. Kao-tsong était mort à cinquante-cinq ans, elle en avait soixante, et une nouvelle vie commençait pour elle.

LIVRE III

Chapitre 24

Les événements qui avaient précédé la mort de Kao-tsong semblaient indiquer que l'impératrice Wou avait vu ses souhaits exaucés. Son pouvoir était complet car, en tant qu'impératrice douairière, elle dominait son jeune fils, le prince Tchö. Tous ses ennemis avaient été écartés et la voie était libre. Elle aurait dû éprouver une absolue satisfaction mais c'était mal la connaître. On a vu combien elle avait hésité avant de faire proclamer Tchö empereur. C'est qu'elle s'était demandé si, après tout, elle ne pouvait pas tenter quelque chose de plus énergique, un coup d'Etat, par exemple, pour monter sur le trône. Elle était, en fait, un peu excédée d'apparaître toujours au second plan, de n'être que l'épouse ou la mère du souverain. Elle n'avait jamais tenu entre ses mains le sceptre impérial. Et, au cours des six jours qui suivirent la mort de Kao-tsong, elle avait réfléchi à la situation. Devait-elle faire empoisonner Tchö, auquel cas elle aurait dû aussi faire périr son éventuel successeur, son fils Tan. Etait-ce la meilleure chose à faire ? Comme elle n'en était nullement certaine, elle se décida en faveur de la légitimité. Le nouvel empereur se plierait à ses volontés et tous ceux qui oseraient la menacer seraient accusés de trahison contre le trône. N'était-elle pas la régente légitime gouvernant à la place de l'empereur légitime de la maison des T'ang ? Mais cette décision n'augura rien de bon. Menée par le rêve et la vision d'un pouvoir et d'une gloire absolus – devenir empereur elle-même et fonder une nouvelle dynastie – elle agit comme aucune femme avant elle n'avait jamais pensé le faire. La tempête se déchaîna plus tôt que prévu. Comme si elle était terriblement impatiente et qu'elle ne pouvait plus souffrir la situation plus longtemps, elle détrôna son fils deux mois plus tard avant de l'emprisonner et de l'exiler. C'était la quatrième fois qu'elle agissait ainsi à l'encontre d'un de ses fils. Le 5 février de l'année 684, sous un prétexte fallacieux, elle fit arrêter l'empereur et le fit littéralement jeter au bas du trône.

Le prétexte lui avait été fourni par une querelle de Tchö avec Pei Yen. Le nouvel empereur voulait faire nommer son beau-père, président du Grand Secrétariat impérial. Pei Yen refusa, objectant que ce dernier ne possédait pas les qualifications nécessaires pour accéder à un poste aussi élevé.

« Je suis l'empereur, ne l'oubliez pas, avait alors rétorqué Tchö. Je pourrais même lui léguer l'empire si tel était mon bon plaisir. » Cet échange de mots, étoffés par d'habiles arguments, était tout ce dont l'impératrice Wou avait besoin comme excuse pour le détrôner. Le jeune homme, inconscient du danger, semblait pareil au cerf innocent qui se tenait trop près d'un buisson où une lionne se tenait tapie, en silence. Elle fondit sur lui avec une rapidité étonnante.

Après s'être entretenue avec Pei Yen et lui avoir signifié ses volontés – ce dernier n'était pas un homme de la trempe de Wou-ki ou peut-être la connaissait-il trop bien pour savoir la futilité de toute opposition – elle s'entendit avec le commandant des gardes impériaux. Le matin du 5, des gardes furent postés à différents endroits du palais tandis que les dignitaires s'étaient rassemblés, comme à l'accoutumée, dans la salle du trône.

A leur grande surprise, l'impératrice Wou apparut, précédant le jeune empereur. Au moment où il allait monter les marches du trône, il fut arrêté par le président de la Grande Chancellerie impériale, Pei Yen, qui sortit un rouleau de sa manche. Pei Yen lut le décret de l'impératrice qui le déposait et le condamnait à la réclusion au palais. L'empereur dégradé retrouvait son ancien titre de prince Liu-ling. Le commandant des gardes s'avança pour se saisir de lui.

– Ne portez pas la main sur moi ! s'écria le jeune homme au comble de l'ahurissement. Quel crime ai-je commis ?

– Le crime que tu as commis, hurla sa mère, est d'avoir promis l'empire à ton beau-père !

Comment aurait-il pu protester ? Il avait prononcé cette phrase sous le coup de la colère, mais ce n'était certes pas une raison suffisante pour le déposer. Mais à quoi pouvaient bien servir ses dénégations et ses protestations ?

Qu'un empereur nommé il y avait cinquante-quatre jours à peine soit jeté hors de la salle du trône en présence de tous les dignitaires était renversant. Les officiers de l'Etat furent choqués. Avait-on jamais vu pareil scandale ? Après avoir été emprisonné au palais pendant un mois, Tchö fut conduit, le mois suivant, à Fang-tcheou, avant d'être exilé plus loin à Kiun-tcheou, deux villes de la province du He-pei. Son beau-père et sa famille furent bannis dans les provinces du sud. Courtisans, fonctionnaires impériaux et dignitaires ne purent s'empêcher de se poser une question brûlante. Qu'allait faire l'impératrice douairière à présent ? Que ses propres fils, Hong, Hsien et Tchö soient, l'un après l'autre, à l'instar de Tchong, bannis et emprisonnés relevait d'une conduite relativement inhabituelle pour une impératrice et une mère. Les hommes du gouvernement pensèrent que le plus jeune fils, Tan, qui avait vingt-deux ans, allait succéder à son frère.

Dès cet instant, l'impératrice Wou agit au grand jour. Le 11 février, le prince Tan devait conduire les princes et les ducs pour conférer le titre d'impératrice douairière à sa mère. Et fait extraordinaire, il n'y eut pas même de simulacre de cérémonie de couronnement pour le nouvel élu. Trois jours plus tard, le 14, l'impératrice envoya un de ses neveux, Wou Tch'eng-ts'eu, porter un rouleau avalisant Tan dans ses fonctions. Cela se passa dans les appartements intérieurs du prince et jamais plus on ne vit « l'empereur » en public. En guise de procédure extraordinaire, sans raison apparente et sans même présenter une pseudo-justification, l'empereur de paille fut placé sous détention dans les appartements privés et toute communication avec les dignitaires ou avec l'extérieur lui fut interdite. Cependant, mon oncle Tan représentait pour l'impératrice un pion capital dans son jeu, presque aussi important qu'avait pu l'être autrefois l'infortuné prince Tchong, mais dans un sens différent. Tchong lui avait été utile comme prétendant au trône, ce qui lui avait permis d'exécuter plusieurs ministres en les accusant de sédition. L'oncle Tan devait lui fournir la base légale et théorique de son usurpation du trône et de son gouvernement absolu. Il n'était pas encore question pour elle de détruire totalement la maison impériale des T'ang et de fonder sa propre dynastie autour des membres de son clan, car cela requérait d'autres moyens, d'autres méthodes dont elle seule avait le secret et une tout autre atmosphère politique qu'elle saurait créer le temps venu.

L'impératrice régna, en toute impunité, au nom de son fils et il est coutume de se référer à cette période de l'histoire qui commença en 684 sous l'appellation de règne de Wou Tsö-t'ien. En raison des bouleversements notables qui allaient survenir, les historiens ont préféré ignorer le règne de « l'empereur » Tan. Ce dernier, sans même avoir été officiellement détrôné, fut nommé en 690 au titre d'héritier impérial. Héritier de qui ? L'édit n'était nullement explicite. A cause de ces changements fréquents, il est sans doute préférable de continuer à parler de lui et de son frère sous leurs appellations respectives de prince Tan et de prince Tchö. On se souvient que l'impératrice Wou aimait les noms et qu'elle se plaisait au changement et à l'invention. Quand le prince Tan naquit, elle le prénomma Hsiu-louen, puis, en 669, elle avait supprimé le Hsiu pour le dénommer simplement Louen. Il devint Tan en 678, redevint Louen deux ans plus tard et Tan à nouveau en 698. Il en fut de même pour le prince Tchö et sans doute cela contribua-t-il à leur conférer une idée moins précise de leurs personnalités.

Ainsi furent ces jours trépidants des mois de février, mars et avril de cette année là. Trop d'événements soudains survenaient et on avait à peine le temps de respirer entre les deux coups de masse de fer que l'impératrice assénait à ses fils. Une assertion de la « déclaration de guerre » de Lo Pin-wang dont nous reparlerons plus tard corroborait ces faits : « Avant même que la terre de la tombe de leur père n'ait eu le temps de sécher, les orphelins étaient abandonnés. » De fait, l'aménagement du mausolée de Kao-tsong n'avait pas encore commencé.

Mon père vivait toujours en détention à Tch'eng-tou. Je ne l'avais pas revu depuis trois ans. Grand-mère respectait son habileté et le craignait plus que ses autres fils. Il aurait pu fomenter une révolte ou servir de point de ralliement aux opposants de son régime. Voilà pourquoi elle agit avec précaution après avoir beaucoup réfléchi. Le meurtre de mon père était indispensable à sa sécurité, mais il devait être conduit avec habileté. Trois jours après l'arrestation de Tchö, elle envoya un des commandants de la garde impériale à Tch'eng-tou avec mission de fouiller la résidence de mon père et de le protéger d'un éventuel accident. L'émissaire de la cour fit enfermer mon père dans une pièce et le contraignit à la pendaison. Un apologue qu'il avait écrit avant sa mort nous a été conservé ; il avait pour titre *Le Chant du plant de la courge :*

« Au pied de la terrasse jaune, un plant de courge.
Ses fruits sont mûrs.
Coupe le premier fruit, le plant vit encore ;
Coupe le deuxième, il est affaibli ;
Coupe le troisième, certes, il survit,
Mais si tu entends couper le quatrième,
C'est un rameau mort que tu porteras. »

Les arrachages intempestifs faisaient référence bien sûr aux morts successives de Tchong et de Hong et à l'emprisonnement de Tchö et de Tan.

Dès que la nouvelle de sa mort parvint à la capitale, grand-mère, pour camoufler le meurtre, fit ordonner une cérémonie funèbre publique au cours de laquelle on sacrifia aux âmes de mon père à la porte du « Bonheur révélé », *Hsien-fou-men.* Elle y participa et tint le rôle de la mère éplorée. Toute la faute incomba à son émissaire qui fut démis de ses fonctions et envoyé en poste dans les provinces. On aurait pu penser qu'avoir commis une telle erreur requérait une peine plus grave, mais six mois à peine s'étaient écoulés que l'émissaire revint à la capitale et y retrouva son ancien poste. C'est alors que l'on comprit qu'il n'avait fait qu'exécuter les ordres de l'impératrice douairière et qu'il n'y avait pas eu « erreur ».

Pour mes frères et moi qui étais alors âgé de douze ans, commença la période du confinement au palais. En tant qu'orphelins d'un prince condamné et disgrâcié qui avait déjà été privé de ses rangs, nous subîmes, avec le prince Tan et les membres de sa famille, l'emprisonnement. Il nous était interdit de mettre le pied hors de la porte du palais impérial et de nous aventurer au-delà de nos quartiers situés autour du palais de l'est, maison de l'héritier du trône, sauf permission impériale lorsque nous assistions aux grands dîners. Nous avions vite appris à ne parler qu'à voix basse et nous nous sentions pareils à des enfants de proscrits sans autre soutien que la grâce que nous faisait grand-mère de nous maintenir en vie. A chaque instant, l'un d'entre nous pouvait être exilé, tué ou invité à se pendre. Mon oncle Tan, le plus visé de tous, connaissait le sort qui avait été réservé à ses frères et toujours je le vis amorphe, docile et obéissant aux volontés de sa mère. Pendant quinze longues années, je ne vis pas les rues de Lo-yang. Ce que nous savions des événements politiques nous parvenait par ouï-dire ; nous en savions déjà trop, de toute façon, pour ne pas avoir les cheveux qui se dressent sur la tête à l'annonce de toutes ces révolutions successives. Et nous nous réconfortions mutuellement en pensant qu'après tout, nous ne risquions rien d'autre que d'occasionnelles insultes et la bastonnade de la part des neveux de l'impératrice.

L'oncle Tan, tenu au secret, n'avait pas d'autre moyen de survivre qu'en prétendant ne rien voir, ne rien entendre, ne rien faire. Sa vie était plus en sécurité dans l'enceinte du palais qu'en exil, témoin le destin de mon père. En jouant ce rôle, il savait qu'il servait les buts de sa mère en lui assurant la légitimité. D'ailleurs, elle ne s'était même pas donnée la peine d'expliquer pourquoi « l'empereur » était emprisonné et non pas en train de gouverner. Les rares dignitaires qui avaient osé évoquer la question furent bannis. L'impératrice Wou ne tenait pas compte de telles insinuations. Le président de la Grande Chancellerie, Pei Yen, désapprouvait ces actes au fond de son cœur, mais il était réduit à l'impuissance. Il en était de même des autres ministres. Grand-mère avait eu vent de la rumeur publique au sujet de ses agissements. En 686, elle revint sur sa position et offrit à l'empereur de lui rendre le pouvoir avec toute l'assurance de sa bonne foi. Ce dernier déclina son offre avec politesse et la pria officiellement de continuer à régner. Elle s'était montrée experte jusque dans le jeu qui consiste à ne pas perdre la face.

Chapitre 25

La situation de l'impératrice était excellente. Son mari était mort, ses rivaux, le prince Hong et mon père avaient été écartés du pouvoir, le prince Tchö était emprisonné dans la province du He-pei et « l'empereur » Tan confiné et tenu au secret au palais. Elle régnait enfin seule et s'asseyait sur le trône, séparée discrètement de ses dignitaires par un rideau de soie de pourpre sombre ; nul ne remettait en cause sa présence à la tête de l'Etat. Et elle souhaita couler des jours aussi agréables que nombreux.

Une comète d'une extraordinaire brillance, que les annales décrirent comme possédant une queue de plus de vingt pieds de long, apparut dans le ciel au ponant en juillet et resta visible trente-trois jours. Quand la nuit, on se levait pour aller l'admirer à sa fenêtre, elle inspirait la crainte et le respect de la beauté. Grand-mère n'aurait pu demander au Ciel un signe plus manifeste de sa majesté. Les dieux avaient parlé. Aussi un nouveau nom d'ère fut-il adopté pour célébrer cet événement : « Constellation brillante ». On oublia que, déjà, au cours de cette même année, deux noms de règne avaient été attribués. D'autres signes du changement de caractère du nouveau régime se firent jour. Grand-mère parlait d'une voix plus impérieuse encore ; plus capricieuse et plus effrayante que jamais, elle ne tenait compte d'aucun avis et éliminait toute contestation par avance. Elle était de nature irritable et c'était terrifiant de l'entendre au comble de la colère. Mais sa bonne humeur était plus effrayante encore. On ne pouvait être sûr de rien. Un jour, elle se disait votre amie et, le lendemain, sur un mot d'elle, votre tête pouvait tomber. Il était de son bon plaisir de faire et de défaire, de promouvoir et de bannir, d'élever au pouvoir et de détruire. Elle avait les mains libres.

Tous ces excès se manifestèrent sous des formes variées, dans sa vie privée comme dans sa vie publique. Elle sentait la nécessité de célébrer son triomphe et peu lui importait la manière. La folie des grandeurs, de sa propre grandeur et de celle de l'empire, la grisait, celle des extravagances, aussi. Et, de même que la comète avait illuminé le ciel, la gloire et la splendeur de son règne illuminait la terre. D'où quelques changements de noms, Lo-yang, sa capitale, – la fausse modestie ne lui faisant pas défaut – devint Chen-teou, « la ville où les dieux demeurent ». De nouvelles armoiries, jaunes et pourpres, furent adoptées et la nomenclature du système administratif tout entier fut changée à nouveau. Le Grand Secrétariat impérial dont les bureaux se trouvaient à gauche de la salle du trône fut désigné sous l'appellation de « Terrasse du phénix mâle » et la Grande Chancellerie, à droite, « Tour du phénix femelle ». La bibliothèque impériale reçut le nom de « Terrasse de la licorne » et les bureaux du département des Affaires d'Etat, « Terrasse du pôle nord » Tous ces noms évoquaient les terres enchanteresses de la Mère Reine de l'Occident [12] dont la résidence était supposée se trouver sur les flancs des monts K'ouen-louen. Pour que le rôle de l'impératrice soit en harmonie avec le plan divin de l'univers, les noms des six ministères furent changés. Le ministère des fonctionnaires devint « le ministère du Ciel », celui des finances, le « ministère de la Terre » et ceux des rites, de l'armée, de la justice et des travaux

12. Une des plus anciennes divinités féminines et des plus vénérées du panthéon, c'est la reine des immortels.

publics devinrent respectivement les ministères du printemps, de l'été, de l'automne et de l'hiver. L'ère de la « Constellation brillante » était à son zénith et, au centre de la cité « où les dieux demeurent », se tenait la déesse, encore appelée improprement « Impératrice douairière ». D'ailleurs, comme par inadvertance, on avait oublié le terme « céleste » dans son titre, cette année là. Ne devait-on pas réparer cette erreur ?

Pour se maintenir en harmonie avec ces manifestations du sacré, l'impératrice Wou semblait décidée à prendre du repos et à se glorifier à sa façon. Il apparut que grand-mère fut très heureuse au cours de cette période ; elle fut même extraordinairement gaie. Le sentiment d'être la véritable souveraine de l'empire l'incita à une certaine forme de relaxation personnelle. On se souvient qu'elle avait autrefois « purifié » l'atmosphère morale du palais de Kao-tsong en supprimant le gynécée et que les dames du palais avaient été remplacées par des assistantes de la vertu et des préceptrices de la rectitude. Elle avait agi ainsi pour forcer son époux Kao-tsong à la vertu, et ce qu'il était advenu des gouvernantes de l'empereur, les annales ne nous le disent point. A présent, souveraine à son tour, elle ressentait toute l'injustice qui lui était faite de ne pas pouvoir jouir de la présence de concubines, de concubins, plutôt, dans son cas. Je ne suis pas puritain et toujours les grands monarques ont connu les plaisirs dus à leur rang. Pourquoi une reine ne pouvait-elle pas les connaître à son tour ? Il est possible que grand-mère ait voulu élever le statut des femmes en agissant à l'instar des hommes. Mais ne vous semble-t-il pas indécent et répréhensible qu'une impératrice de soixante ans aille chercher un lutteur dans la rue et l'accueille sans vergogne au palais comme amant et comme compagnon de lit ? Car telle fut sa façon de célébrer sa nouvelle position. Le moine fou surgit ainsi sur la scène et domina bientôt toute la vie du palais. Je dois dire qu'à la fin, grand-mère connut une grande notoriété dans les bavardages des maisons de thé et les ballades des ménestrels. Son commerce avec le moine fou et ses autres amants lui assurait une réputation comme elle n'en avait jamais espéré dans ses rêves politiques les plus extravagants.

Le moine fou, Hsiue Houai-yi, « celui qui avait embrassé la vertu », n'était en fait à l'origine ni moine, ni pseudo-moine. Il était par profession lutteur et vendeur de médications et exerçait son commerce dans les rues et sur les places de Lo-yang. La lutte et la boxe lui servaient uniquement pour attirer les spectateurs et les éventuels acheteurs de ses pilules et de ses onguents. Grand et fort, il était surtout connu pour son exhibitionnisme notoire et sa vantardise en matière de prouesses sexuelles. Enfants, nous voyions souvent cet énorme tas de muscles marcher avec la morgue caractéristique des jeunes bellâtres de la ville et traverser les salles et les cours du palais. Il respirait la masculinité par tous les pores de sa peau. Son vrai nom était Fong et on l'avait surnommé Hsiao-pao ou « Petit Trésor » ou, plus grossièrement encore, « Bébé Fong ». C'est par une servante du palais qu'il avait été amené à connaître intimement une princesse qui avait trouvé chez lui une nature généreuse quant à la satisfaction de ses appétits sexuels et qui l'avait chaudement recommandé à l'impératrice Wou. L'impératrice fut charmée et le faisait venir souvent, secrètement, au début, en tous cas. Bébé Fong n'avait jamais pensé vraiment à son nom qui, chez un homme adulte et robuste, n'était pas seulement vulgaire, mais obscène. L'impératrice lui donna le nom de clan Hsiue car sa fille, la princesse T'ai-p'ing, était mariée à un dénommé Hsiue Chao et elle voulait que son gendre donna du « cher oncle » à son amant. Son nouveau prénom « celui qui embrasse la vertu » était aussi un grand progrès dans l'élévation. Et, comme la princesse T'ai-p'ing n'était pas non plus un parangon de vertu, la mère et la fille partagèrent cet amant et ce secret comme elles avaient toujours fomenté de concert intrigues et cabales au palais.

L'impératrice semblait devenir le jouet de Hsiue, elle ne pouvait plus vivre sans lui et le laissait agir selon son bon plaisir. Même dépourvue d'instinct maternel, elle redécouvrait qu'elle était une femme. Elle oubliait qu'elle était l'impératrice pour n'être plus que l'amante désarmée d'un lutteur de rue. Les ardeurs de « Petit Trésor » oblitéraient quelque peu sa rudesse naturelle, son manque d'émotion et son sens aigu de la politique. Ou peut-être fut-ce le contraire qui se produisit ? Dans son esprit, ces réjouissances n'étaient rien d'autre qu'une certaine conception de la splendeur. Son imagination débordante voyait peut-être dans cette débauche de fêtes et de dîners, de galanterie et de liesse dont elle jouissait, pareille aux dieux et aux déesses, le véritable Ciel. Comme nous le verrons plus tard, Hsiue devait faire accroire au peuple que dame Wou était le Bouddha de l'avenir en personne. Ce fut sous son influence qu'elle fit construire, derrière la salle du trône, un immense temple-palais et la tour dite du Ciel qui s'éleva à trois cents pieds au-dessus du sol. Tant que le moine fut son amant, elle se grisa de fantasmagorie, de sensualité, de gloire terrestre et divine. Le charme se rompit quand il commença à la tromper. Mais ce commerce amoureux lui avait permis d'ajouter foi et inspiration religieuse à son programme politique. Elle, le Bouddha réincarné et descendu sur terre, jugeait le bien et le mal – ceux qui croyaient en elle et ceux qui n'y croyaient pas –. Elle devait reconnaître plus tard que l'adoption du Bouddhisme contribuait au succès de sa nouvelle dynastie. Ce fut afin de légitimer les trop fréquentes visites de Bébé Fong qu'elle lui demanda de se raser la tête et de prendre l'habit de moine. Les moines avaient leur entrée au palais, dans la chambre des dames en particulier. Elle le nomma abbé et lui donna la charge du temple du Cheval Blanc, le plus ancien de l'empire que Hsiuantchouang, l'infatigable traducteur des textes bouddhiques, avait rendu célèbre. Les fonctions sacerdotales de l'abbé consistaient à célébrer les offices pour les esprits des empereurs défunts et elles justifiaient grandement ses visites fréquentes au palais.

L'impératrice faisait ses délices d'avoir élevé un loqueteux au rang des plus hauts dignitaires de la cour, comme un roi souvent sortait une fille du caniveau pour en faire une duchesse. Confiant en sa main-mise sur l'impératrice, Hsiue ne devait changer en rien ses habitudes de vilain. Morveux et vantard, il répandait la terreur dans les rues de la capitale. Juché sur son cheval et précédé de serviteurs aux couleurs impériales, il trottait ou même galopait à travers la ville. Malheur à celui qui ne lui cédait pas le passage suffisamment rapidement et qui se voyait appliquer quelques bons coups de chaîne. Un jour, il corrigea en pleine rue un censeur impérial parce que ce dernier l'avait accusé de troubler l'ordre public. Au palais, il était reçu et traité comme un prince, ce qu'il était, nonobstant le titre. On lui donnait les meilleurs chevaux des écuries impériales et les dignitaires s'inclinaient abjectement devant lui. Les neveux favoris de l'impératrice, Wou Tch'eng-ts'eu et Wou San-sseu, le courtisaient et lui servaient de laquais et d'écuyer. Une fois, l'abbé entra au palais en passant par la porte principale et dut traverser les bureaux du Grand Secrétariat impérial pour se rendre dans les appartements privés de l'impératrice. Le président, Sou Leang-ts'eu, était un vieil homme digne. Il l'accosta dans les termes de la courtoisie habituelle, mais l'abbé l'ignora. Le dignitaire, au comble de l'indignation s'écria : « Tête chauve, comment osez-vous ? Que venez-vous faire ici ? » L'abbé retroussa ses manches, prêt à lui faire une démonstration de ses talents de boxeur. Il fit grand tapage dans le bureau et une bousculade s'ensuivit. Sou donna ordre à ses hommes de l'éjecter et, après l'avoir maîtrisé, lui appliqua une douzaine de soufflets. L'abbé se réfugia en courant chez l'impératrice et quand il lui eut raconté son histoire, celle-ci répondit dans un grand éclat de rire : « Qui t'a dit de passer par la grande porte ? T u aurais dû entrer par le nord. »

L'impératrice ne prit aucune mesure à l'encontre de Sou qui avait corrigé son amant. Avec intelligence, fine intelligence, elle ne voulait pas en finir avec lui pour cette raison. Mais comme elle ne désirait pas que tous les dignitaires voient son amant et qu'elle ne voulait surtout pas que ce dernier sorte et colporte des ragots en ville, elle le fit nommer en charge des bâtiments et des jardins du palais. L'abbé lui avait dit entendre les règles de l'architecture et l'avait assuré de sa capacité à entreprendre des constructions. Ceci fut le prétexte idoine pour justifier de sa présence constante dans les appartements et les cours privés du palais. Cependant, une longue tradition voulait que les quartiers des dames fussent fermés aux hommes, les eunuques exceptés. La présence de cet homme non castré dans les appartements féminins fut la cause de bien des rumeurs. Un certain Wang Kieou-li, censeur à la cour, prit son rôle au sérieux et soumit une pétition au trône qui demandait de faire castrer l'abbé s'il continuait à se rendre dans les appartements des femmes « afin de préserver la vertu des chambrières et la chasteté des dames ». L'impératrice crut s'étouffer de rire au reçu de la pétition. Quelle drôlerie ! Et, encore une fois, avec intelligence, fine intelligence, elle ignora et la lettre et son auteur. Les extravagances de l'abbé furent telles qu'il nous faudra consacrer encore un chapitre à ses aventures religieuses et politiques.

Chapitre 26

Toutes les personnes sensées et raisonnables avaient été choquées par les événements survenus au cours des mois passés, le détrônement brutal du jeune empereur et l'emprisonnement d'un autre héritier. De toute évidence, l'autocrate au pouvoir se conduisait de folle manière et la gloire de la « Constellation brillante » fut ternie par une débauche éhontée. Si on peut arrêter la critique ouverte, on ne peut jamais empêcher les gens de penser. Pour tous, l'impératrice était une putain, autrefois maîtresse de T'ai-tsong, épouse indigne de Kao-tsong et meurtrière des enfants de celui-ci. Dans un murmure, on se demandait ce qu'allait encore inventer la grande débauchée. Les gens compatissaient aux malheurs des jeunes princes emprisonnés car ils étaient les petits-fils du grand T'ai-tsong pour lequel ils éprouvaient une fidélité qui ne fut jamais démentie. Mieux valait qu'elle ne s'attaquât point au temple ancestral de la maison T'ang, ce qu'elle fit pourtant.

Pour un observateur éclairé, le signal du danger fut donné par la promotion de ses neveux aux plus hautes responsabilités – contrairement à ses admonestations vertueuses du passé – et par l'installation du temple des ancêtres Wou à Lo-yang. L'impératrice qui avait eu trois oncles avait encore quatorze neveux parmi lesquels se trouvaient Tch'eng-ts'eu, San-sseu, Yeou-ning et Yi-tsong. Tch'eng-ts'eu était le plus ambitieux et le plus actif de tous. N'ayant pas reçu d'éducation, il était aussi snob que bravache, mais aussi calculateur et remuant qu'un politicien sans envergure. En mai, il fut nommé président du Grand Secrétariat impérial. Cependant, il exerça sa fonction de si piètre manière que sa tante, même, ne le supporta point et le démit au bout d'un mois. Malgré tout, son rôle demeurait prédominant comme celui de tous les neveux Wou, d'ailleurs. On disait à l'époque, au cours de conversations strictement privées, que si l'abbé flattait servilement l'impératrice, les neveux flattaient servilement l'abbé et les dignitaires flattaient servilement les neveux. Les princes de la maison impériale des T'ang, en revanche, furent disgraciés, dispersés et privés de pouvoir. La maison T'ang avait été prolifique pourtant, les empereurs T'ai-tsong et Kao-tsong ayant eu une douzaine de frères, hommes âgés alors de cinquante à soixante-dix ans qui, tous, avaient eu des enfants à leur tour. Il y avait au moins une trentaine de membres de la maison impériale de rang princier. On ne pouvait établir aucune comparaison entre les neveux Wou alors au pouvoir et les T'ang, qu'il s'agisse d'éducation, de bonnes manières ou de force de caractère. Les Wou étaient hautains, mais frustes. Malgré cela, le commandement des deux capitales et celui de la cité interdite étaient entre leurs mains et on put qualifier ces changements successifs de subversion menée de l'intérieur. Mais l'impératrice avait la légalité de son côté. Ne gouvernait-elle pas l'empire au nom du fils de Kao-tsong ? Elle avait de surcroît accordé des postes honorifiques à certains vieux dignitaires de la maison T'ang comme Yuan-kouei, Yuan-kia et Ling-kouei. Ceux-ci servaient, en fait, au décorum de son régime et n'avaient pas de pouvoir véritable. Tch'eng-ts'eu voulut d'ailleurs qu'on les exile et entra en conflit direct avec le dignitaire Pei Yen. Mais, pour l'heure, ils conservèrent leurs titres et ce, jusqu'au moment où Pei Yen fut déposé à son tour.

L'attention du public fut attirée par la proposition de Tch'eng-ts'eu qui souhaitait ériger un temple aux ancêtres Wou dans la capitale, preuve qu'il voulait, sur les injonctions de sa tante, fonder une nouvelle maison impériale. Les Wou avaient, par tradition, leur temple à Tch'ang-ngan. En faire aménager un nouveau à la capitale de l'est, dans le style des constructions impériales, représentait un grave danger pour l'empire. Récemment d'ailleurs, l'impératrice avait élevé ses ancêtres jusqu'à la cinquième génération à des titres princiers. Ces signes ne trompèrent personne. Hélas, les deux « empereurs » étaient emprisonnés et les princes de la maison T'ang, malgré de légitimes inquiétudes, étaient impuissants devant tant d'audace.

Il revint donc à un groupe de lettrés de lever la bannière de la révolte. A leur tête, se trouvait Li King-ye, petit-fils du grand-duc Li Tsi qui, il y avait bien des années de cela, avait présidé au couronnement de l'impératrice. Cinq ou six lettrés et fonctionnaires démis de leurs fonctions se retrouvèrent à Yang-tcheou. Inquiets de la tournure que prenaient les affaires de l'empire et sûrs du soutien du peuple, ils déclarèrent la guerre à l'usurpatrice. Ils subjuguèrent les troupes locales de Yang-tcheou et dérobèrent des armes par ruse. Ils alléguèrent que mon père Hsien n'était pas mort et, usant d'un sosie, ils le firent conduire la révolte. Leur cause était populaire et ils avaient bon espoir dans leur réussite car, en quinze jours, ils dirent avoir levé une armée de dix mille hommes. Tout commença avec la fameuse « déclaration de guerre » rédigée par Lo Ping-wang qui allait devenir un classique du genre. Quand ce manifeste atteignit la capitale, il produisit un effet plus extraordinaire encore que l'annonce de la rébellion elle-même. Le texte circula à une rapidité folle et certaines de ses phrases cinglantes demeurèrent dans les mémoires car, outre un style excellent et un rythme parfait, il révélait les sentiments vrais du peuple. Lettrés et dignitaires n'osaient en murmurer le contenu que confinés dans leur résidence privée. Ce chef-d'œuvre d'invective, aussi beau dans la forme que courageux dans le fond, fut lu par tous et causa plus de tort à l'impératrice que l'utilisation de la force armée.

« L'usurpatrice, la femme Wou, occupe le trône sous de fallacieux prétextes. Ses basses origines et son caractère peu aimable ne sont un secret pour personne. On sait qu'elle entra au palais pour la première fois sous T'ai-tsong ; elle n'était alors qu'une servante de bas rang. A présent, sa vie finissant, elle salit la vie du palais impérial par de vils scandales. Alors que T'ai-tsong était mourant, elle courtisa les faveurs de son fils et le prit au piège de ses charmes impudiques et de son caractère de mégère. Sa jalousie lui fit écraser l'impératrice Wang sous les roues du char de plaisir impérial et elle mena feu notre souverain sur la piste du cerf incestueux. Avec la froideur du serpent et la sauvagerie de la bête fauve, elle persécuta et écarta du gouvernement les ministres loyaux pour s'entourer de félons. Elle tua sa sœur et massacra ses demi-frères. Elle assassina l'empereur et empoisonna sa propre mère. Une telle conduite, abomination aux yeux des puissances divines, ne doit pas laisser indifférent les hommes magnanimes.

« Aujourd'hui, guidée par de sinistres buts, elle porte ses yeux sur le trône divin. Elle a fait emprisonner les fils chéris de notre souverain et élevé sa parentèle de brigands aux postes clés de l'Empire. Hélas ! Où trouver un Houo Tseu-meng pour protester ? Y a-t-il encore quelqu'un comme Tchou Hiu-heou pour sauver l'Empire ? [13] Car il n'est que trop évident que la maison impériale est menacée de chute et d'extinction. »

Le manifeste continuait par une peinture éclatante des forces de la rébellion.

« Horrifié par ces événements et avec pour but la restauration de la maison T'ang, certain d'exprimer le

---

13. Figures historiques de la dynastie des Han, célèbres pour leur intégrité et leur courage.

souhait et le désir du peuple, King-ye, dont la famille fut autrefois comblée des faveurs impériales, lève la bannière pour éliminer ce tyran pervers. Les tambours de guerre résonnent, les bannières de guerre claquent au vent. Les sabots des chevaux retentissent du sud jusqu'aux montagnes et aux rivières du nord. D'énormes réserves de grain et de fourrage nous arrivent de Hai-ning et les étendards de nos navires flottent fièrement au-dessus de la rivière P'ou. Le vent du Nord fait écho aux pas de nos soldats et l'acier rivalise d'éclat avec la froide splendeur des étoiles du Sud. Les cris de nos soldats ébranlent les montagnes et le rugissement des batailles emplit le silence du ciel. La cause de notre armée est juste. Elle sera invincible. »

Le manifeste concluait en rappelant aux anciens ministres qui avaient servi feu l'empereur avec fidélité « qu'à bien considérer les faits, les orphelins du souverain avaient été abandonnés et rendus impuissants alors que la terre de la tombe de leur père avait à peine séché ». Il appelait tous les gens à se rallier à cette juste cause et promettait des punitions à ceux qui hésiteraient ou qui se tiendraient en arrière. « Car, nous en sommes certains, notre armée va vers la victoire. »

– Grandiose ! s'exclama l'impératrice après avoir lu le manifeste. Qui en est l'auteur ?

– Lo Ping-wang.

– Ministres incapables ! Avoir négligé un tel talent ! Ce sont des hommes comme lui dont notre gouvernement a besoin.

Chapitre 27

Par malheur, les chefs de la rébellion étaient tous des lettrés et aucun d'entre eux ne possédait la moindre expérience militaire. Avec une stratégie correcte, les forces de la rébellion auraient pu, comme le suggérait le manifeste, embraser le pays tout entier comme un feu de prairie et engloutir l'impératrice Wou dans les ruines de la cité « où demeurent les dieux ». Mais leurs avis différaient sur la politique à suivre. Certains, les plus avisés, suggérèrent de marcher directement sur la capitale. Bien avant que n'interviennent les troupes du gouvernement, les rebelles auraient eu le temps de s'adjoindre les armées locales dont la plupart étaient fidèles à la maison T'ang, comme les garçons belliqueux du Chan-toung. Mais King-ye décida de jouer la sécurité. Il fit de Nankin sa place forte et choisit de mettre en place une stratégie moins agressive que défensive pour pouvoir se replier vers le sud en cas de défaite. Le moment psychologique était passé ; personne ne se montra intéressé par un régime séparé siégeant à Nankin qui mènerait une guerre d'usure perdue d'avance. Le gouvernement comptait alors trois cent mille hommes de troupes commandés par le général Li Hsiao-yi.

Les deux armées se rencontrèrent à Kiang-pei, au nord du fleuve Bleu, près de Yang-tcheou, dans une région traversée par de nombreux bras du fleuve et baignée par des lacs. Pendant un moment, l'issue de la bataille demeura incertaine. Les forces rebelles s'étaient déployées en cercle au nord du fleuve autour des collines et des lacs situés au nord-ouest de Nankin, centre des opérations. Le général Li hésitait. L'impératrice, sentant qu'elle serait en danger si le général se rangeait du côté des rebelles, envoya un vieux général, un vétéran des guerres contre les Turcs au septentrion, pour prendre la direction des opérations ; ce général était connu sous le nom de Tch'ang-tche « Dents noires ». Dès qu'il apprit la nouvelle, l'état-major du général Li lui conseilla d'agir rapidement, avant l'arrivée du nouveau commandant en chef, et d'attaquer l'ennemi sur ses positions les plus faibles. Une grande bataille navale s'engagea sur le fleuve dont les berges étaient couvertes, en cette époque de l'année, par des roseaux secs et cassants. Les troupes gouvernementales mirent le feu à ces roseaux. Poussé par les vents violents de l'automne, le feu s'étendit rapidement et jeta l'ennemi dans la plus grande confusion. Voyant ses forces s'épuiser et son armée en déroute, King-ye essaya, sans succès, de regagner le sud du fleuve, suivi de près par ses ennemis. Ayant perdu tout espoir de les vaincre, il tenta de se réfugier sur la côte et de s'embarquer pour la Corée. Mais, comme il attendait les bateaux retenus au large par un ouragan, il fut assassiné par un des ses officiers et les autres chefs de la rébellion furent arrêtés. C'est ainsi que disparut l'auteur du célèbre manifeste et qu'on n'entendit plus jamais parler de lui. On décapita les meneurs et leurs têtes furent apportées en trophée à la capitale.

En novembre, deux mois à peine après le début des opérations, la rébellion était étouffée. Les vingt-cinq têtes des chefs rebelles furent accrochées, bien en évidence, aux portes de Lo-yang. L'impératrice détestait toutes les formes d'insubordination. Elle fit non seulement exterminer la famille de King-ye, mais poussa sa vengeance jusqu'à son grand-père, le grand-duc Li Tsi. Peu lui importa alors que le vieil homme lui ait permis de prendre le pouvoir en autorisant son couronnement, peu lui importa qu'il ait été le commandant en chef des troupes victorieuses en Corée et qu'il fut un des vingt-quatre preux de T'ai-tsong, elle décida que ses âmes ne devaient pas demeurer en paix, fit ouvrir son tombeau et mutiler son cadavre. D'ailleurs, les commandants de la récente campagne contre les rebelles devaient être tués quelques années plus tard.

Tandis que la guerre était encore engagée, l'impératrice avait donné à ses dignitaires un avant-goût de son caractère. Elle fit tuer Pei Yen sur l'accusation de son neveu, Tch'eng-ts'eu, car, rappelons-le, Pei Yen s'était toujours opposé à ce dernier. Un des neveux de Pei Yen faisait partie de la rébellion et, suivant un raisonnement implacable, Tch'eng-tseu allégua que Pei Yen était son complice. En fait, Pei Yen périt car il avait osé soutenir que la rébellion s'arrêterait d'elle-même si l'impératrice rendait le trône à ses héritiers légitimes. Voilà pourquoi mourut cet homme réputé honnête et intègre. Quand les hommes de main de l'impératrice fouillèrent sa résidence, ils s'aperçurent que le président de la Grande Chancellerie impériale vivait simplement, dans une maison aux murs nus et au mobilier rare. Un moment du pseudo-procès qui le condamna à la peine capitale mérite d'être rapporté car on ne s'occupa point de savoir s'il avait ou non rejoint les rebelles, mais s'il aurait pu ou non le faire.

– Je suis certain, allégua Li King-tch'en, que Pei Yen aurait rejoint les rebelles.

– Non, répondit Hou Yuan-fan, car il est homme honnête et loyal.

– Je partage le point de vue de Hou, dit Lieou K'ihsien.

– Mon opinion, trancha l'impératrice, est que Pei Yen aurait rejoint les rebelles, car je connais, moi, les mobiles qui auraient inspiré sa trahison.

– Si Pei Yen est un rebelle, nous le sommes aussi, reprit Hou.

– Je suis sûre à présent qu'il les aurait rejoints, pas vous, conclut-elle.

Par cette remarque sybilline, l'impératrice voulait signifier que s'il avait été question de remplacer les membres de la maison T'ang par les Wou, Pei Yen aurait rejoint les rebelles, par fidélité au trône. Son neveu aussi le savait pertinemment. Pei Yen devait mourir. L'impératrice était d'une humeur sombre. Elle fit tuer deux autres généraux, accusés d'avoir frayé avec les chefs de la révolte, sans autre forme de procès. Elle envoya simplement un officier du palais les trouver, leur lire un édit et les faire décapiter sur-le-champ. L'un d'entre eux était le général Tch'eng Wou-t'ing, connu sous le surnom de « Terreur des Turcs » et, d'ailleurs, l'annonce de sa mort fut saluée par des hourras dans la Confédération turque. L'autre était le général Wang Fang-yi, parent de l'impératrice Wang.

Après son éclatante victoire, l'impératrice s'assit triomphalement sur le trône ; tous les hauts dignitaires étaient rassemblés autour d'elle.

– N'ai-je pas fait tout ce qui était en mon pouvoir pour assurer le bien de l'Empire ? demanda-t-elle avec de la colère dans la voix. Le réalisez-vous bien ?

– Oui, Majesté.

– Depuis vingt ans à présent, j'ai œuvré et aidé votre Empereur à gouverner. Je n'ai jamais épargné ma peine. Je vous ai octroyé charges et puissance. J'ai donné à l'Empire l'ordre et la paix. Depuis la mort de feu l'empereur, je n'ai jamais connu un moment de répit et me suis entièrement consacrée aux autres. Et la révolte fut conduite par des ministres de haut rang et des généraux. Qui avait plus de pouvoir que Pei Yen ? Qui venait d'une meilleure famille que King-ye ? Qui fut meilleur général que Tch'eng Wout'ing ? Je pouvais, et je le fis, les faire mettre à mort car ils furent déloyaux. Maintenant, si l'un d'entre vous se considère plus capable ou plus éminent que Pei Yen, King-ye ou

Tch'eng Wou-t'ing, qu'il commence à fomenter des troubles. Sinon, mieux vaudrait me rendre les honneurs qui me sont dus et ne point agir en idiot.

– Nous n'oserions pas, Majesté, répondirent en chœur les officiers, sans même oser lever la tête.

Puisqu'elle gouvernait l'empire au nom de son fils, l'impératrice avait le droit de punir tout acte de désobéissance vis-à-vis de la maison impériale. Elle n'avait pas encore jeté le masque. Quelles étaient ses visées et qu'allait apporter l'avenir ? Elle seule le savait, elle gouvernait cela aussi. Elle se déterminait à devenir la plus grande et la plus puissante femme qui vivrait jamais et elle savait pouvoir y parvenir.

Chapitre 28

L'écrasement de la rébellion coïncida avec la montée de la terreur. J'ai déjà parlé souvent de l'histoire de dame Wou brisant un cheval avec un fouet, une masse et une dague. Elle venait de dépasser le stade du fouet pour user de la masse avant de donner le coup de grâce à la maison impériale des T'ang avec la dague. Cela peut paraître incroyable, mais il en fut ainsi. Cette insurrection armée, rapidement écrasée, était exactement ce dont elle avait besoin. Elle ne contribua pas seulement à lui échauffer la bile et à exciter ses nerfs pour la porter à l'action, mais elle l'alerta du danger que pouvait lui procurer de semblables révoltes ; elle fut avisée de l'impopularité de son règne et de la nécessité de se ressaisir afin d'écraser toute opposition. De fait, cette tentative avortée lui fournit un juste prétexte pour imposer la terreur. Avec la brutalité qu'on lui connaissait, nul doute qu'elle allait plonger sciemment le pays dans un bain de sang. La logique de toute dictature ne commande-t-elle pas pareille attitude ? En éliminant quelques figures de l'Etat comme Pei Yen, Wou-t'ing ou King-ye, elle avait juste voulu impressionner la cour et lui donner un avant-goût de son pouvoir absolu. Mais cela n'était pas pour la satisfaire entièrement, car son but était plus ambitieux et plus hardi, l'extinction de la maison impériale T'ang et l'établissement de la sienne propre. En d'autres termes, elle devenait une véritable rebelle qui préparait une véritable révolution. Elle savait son entreprise audacieuse et avait parfaitement estimé ses chances de succès. Il lui fallait créer une atmosphère, un climat politique différent et montrer au peuple que son pouvoir était si suprême que toute résistance était vaine. Alors, la maison T'ang tomberait, comme un fruit mûr, entre ses mains. Pour que son despotisme fut absolu, il devenait nécessaire de systématiser la répression. Le crime, déjà légalisé, devait être organisé sur une plus large échelle, d'où l'invention et la mise en place d'un système d'espionnage et de délation universels qui fit de chacun un espion pour son voisin. A cette atmosphère de terreur, établie avec l'assurance de la peur généralisée et la soumission du peuple, succéderait un élan populaire et spontané en faveur du changement de dynastie ; la seconde partie de son plan était plus facile à réaliser que la première.

Pour procéder à l'instauration de ce nouveau régime, elle devait disposer de deux choses, d'hommes sans pitié, qu'ils fussent ou non instruits importait peu, prêts à exécuter ses ordres, d'une part, et d'un système efficace d'espions et d'agents, capable de fondre sur toute personne osant objecter, d'autre part. Toute voix de protestation serait taxée de trahison et sommairement étouffée. Pour justifier la terreur et les meurtres, il était nécessaire que le climat politique fut à la tension permanente et aux pseudo-conspirations contre l'Etat. Avec ce régime qui pré-existait d'ailleurs, et qui ne fut que systématisé, l'impératrice ne pouvait pas ne pas réussir. Parallèlement à la délation universelle, les techniques de torture et les méthodes pour arracher les aveux devaient être révisées ; les purges et procès devaient devenir des instruments si parfaits que le gouvernement pût faire avouer ce qu'il voulait à qui il voulait. Aussi déplaisant que cela puisse paraître, l'impératrice Wou doit être créditée de l'invention du premier système d'espionnage dans notre histoire et ce fut au cours de son règne que les techniques judiciaires et la science des procès connurent leurs premiers succès et leur plus haut développement. Et, comme je l'ai dit déjà, s'il n'est pas vrai que tous ceux qui furent exécutés étaient coupables, ceux qui furent exécutés étaient toujours jugés coupables. Les tyrans et les autocrates à venir n'auraient-ils pas tout intérêt à s'inspirer des techniques de l'impératrice Wou ?

Pour parler plus prosaïquement, l'impératrice, ivre de pouvoir, désirait et avait besoin d'un grand exécuteur de ses œuvres. Elle en eut bientôt une bonne douzaine qui formèrent le noyau dur de ses sbires avec pour armes, la torture et l'espionnage. Ces deux méthodes en fait se rejoignaient, il s'agissait de gouverner et de régner par la terreur. Il s'ensuivit un drame sanglant comme on en vit peu de comparable dans l'histoire. Plus tard, le temps venu, l'impératrice prendrait du repos et jouirait des hommages et de l'admiration que lui rendraient les hommes idiots et stupides ; au mépris des assassinats de masse qui l'avaient conduite au pouvoir, ils l'appelleraient « Mère Souveraine Compatissante et Sainte », « Soleil d'une Ere Nouvelle » ou « Bienfaitrice de l'humanité » tout entière.

Nous étions au mois de mars de l'année 686 et le système d'espionnage commença assez innocemment par l'installation dans un des bureaux du gouvernement d'une sorte de boîte à lettres. C'était une chose carrée en cuivre qui était partagée en quatre compartiments emboîtés les uns dans les autres et qui comportaient chacun une fente dans sa partie supérieure, où les lettres des informateurs pouvaient être déposées. Toute personne quelle que fût sa condition, du paysan à l'apprenti d'échoppe en passant par l'ex-condamné, qui désirait donner des informations secrètes sur les intentions, les dits ou les activités antigouvernementales d'un ami ou voisin pouvait déposer une lettre sans qu'il y fût fait obstacle. L'édit qui annonçait la mise en place des boîtes était passablement inquiétant. Il disait en substance : « Ces boîtes sont mises à la disposition du peuple afin que sa voix puisse atteindre directement le gouvernement sans obstruction et pour que la justice triomphe partout sous le Ciel. » Les côtés des boîtes, face aux quatre directions de l'espace, étaient supposés promouvoir les quatre vertus cardinales ; l'est, de couleur verte, était le symbole de la bonté, l'ouest, de couleur blanche, de la justice, le sud, de couleur rouge, de l'honnêteté et le nord, de couleur noire, de la sagesse. L'impératrice Wou n'avait de cesse de promouvoir la vertu. Ce ne furent pas les boîtes elles-mêmes avec leurs compartiments symbolisant les vertus qui étaient dangereuses, mais l'usage qu'on en fit. Elles servirent à déposer de fausses accusations lesquelles tombèrent entre les mains de juges corrompus qui purent torturer à leur guise des innocents et firent du pays tout entier un véritable enfer. Chacun allait devenir un espion à la solde du gouvernement contre son voisin ; les condamnés vendaient leurs juges, les serviteurs leurs maîtres, les amis leurs amis. L'unique préoccupation fut de se maintenir en vie tandis que les esprits malins et pervers avaient toute chance d'acquérir une once de pouvoir en devenant informateur et en dénonçant amis, parents et connaissances. Seule la survie importait.

Conjointement à ce système, des édits furent proclamés dans les districts de chaque province ; toute personne qui désirait informer secrètement le gouvernement d'une éventuelle conspiration ou faire part des activités contre gouvernementales d'une autre, pouvait être reçue par les autorités locales, même si elle était sous le coup d'une condamnation. Si l'informateur le désirait, il pouvait demander à se rendre à la capitale pour voir l'impératrice. On lui fournirait nourriture et logement tout au long du chemin comme à un fonctionnaire de cinquième rang. Et l'impératrice le recevait. Pour peu que l'homme fût beau parleur, que ses yeux brillassent de mille ruses, que son visage fût ferme ou ses joues carrées, il était promu sur-le-champ, nommé juge ou agent de l'Etat, et on le couvrait de soieries et d'argent. Par contre, si les informations paraissaient fausses ou s'il semblait idiot et donc inutilisable, il repartait comme il était venu, car on considérait qu'il avait fait effort pour plaire au trône et que son cœur était juste. L'impératrice Wou ne voulait à aucun prix décourager les informateurs. « Dénoncer des manœuvres occultes » ou *kao-mi* qui se disait aussi plus élégamment *chang-pian* ou « adresser respectueusement des informations sur les faits insolites à un supérieur » devenait une activité aussi répandue que certaines maladies contagieuses comme la rage et attirait un grand nombre de bandits, de condamnés ou d'oisifs qui voyaient là un moyen rapide et sûr de devenir riches et puissants. A l'époque, l'information devint une profession plus prisée, aux yeux des gens du peuple, que le vol. S'il échoue, un voleur court le risque de se retrouver en prison et ne peut jouir de ses richesses que s'il fuit. Un informateur avait toutes les chances de devenir fonctionnaire, perspective bien attrayante, limitée seulement par ses capacités et son énergie, et qui ne lui faisait encourir aucun risque si celles-ci laissaient à désirer.

Ce fut de cette manière que beaucoup de bourreaux arrivèrent au pouvoir et que, rejoints par d'autres qui leur vendaient leurs services, ils formèrent un véritable gang avec ses agents dispersés à travers tout l'empire ; chacun affichant une loyauté, une dévotion au trône et faisant montre d'une réelle efficacité pour le bien de la couronne dans une cruelle compétition. Leur loyauté était jugée à l'aune des arrestations et des condamnations qu'ils obtenaient. Parmi eux trois se distinguaient particulièrement par leur cruauté, donc par leur pouvoir et leur influence. Il y avait Sou Yuan-li, Lai K'iuntch'en et Tcheou Hsing. Sou était un barbare, originaire d'une tribu du septentrion, inconnu avant de devenir informateur. Lai était en prison pour vol quand il demanda à être gracié pour fournir des informations.

Quant au troisième, Tcheou, il avait exercé d'autres professions. Après des études de droit, il était devenu secrétaire de troisième rang au département des Affaires d'état. D'autres encore comme Hou étaient illettrés. Hou était vendeur de pâtes ambulant ; quand il siégeait aux procès, son terrible accent et son argot grossier ne manquaient pas de déclencher l'hilarité générale. Un petit voyou dénommé Wang, bête noire de sa famille, devint juge aussi après avoir donné des informations sur ses voisins réunis pour une fête de village et les avoir accusés de fomenter une conspiration.

Ce sont les noms des trois juges, Sou, Lai et Tcheou, qu'il faut retenir car ils furent les représentants du *Sou-tcheng-t'ai,* nouvelle appellation du Tribunal des Censeurs que j'abrégerai en S.T.T. Ils devinrent des figures cardinales au cours des années précédant le coup d'Etat. Sou acquit un tel pouvoir que, nommé général hors cadre et chef des agents secrets, il pouvait exécuter quiconque sans sommation. Lai fut nommé à un haut poste à la Cour suprême et Tcheou, vice-président du ministère de la justice, puis vice-président du département des Affaires d'Etat à la fin de sa vie, en récompense de ses crimes contre les princes T'ang. Les noms de Lai et de Sou étaient inséparables et leurs noms de clan, qui pris ensemble pouvaient signifier « venir et razzier », devinrent une expression consacrée, synonyme de la plus grande cruauté. On criait, à l'instar des servantes dans les résidences des fonctionnaires, *« lai-sou »* comme pour dire « le démon est arrivé ! » quand quelqu'un frappait à la porte et que ce quelqu'un était du S.T.T. Dans pratiquement tous les cas, le maître était tué, sa famille exilée et réduite à l'esclavage, et la maison ravagée. Au total, chacun de ses hommes fut responsable de l'assassinat de centaines de personnes et de la ruine de plus d'un millier de familles. Si Sou fournit le premier l'exemple parfait de l'éclatante carrière d'un informateur, ce fut Tcheou qui fut l'exécuteur des princes T'ang tandis que Lai, le plus ambitieux, le plus haï et le plus craint aussi, continua ses œuvres bien après l'anéantissement des T'ang. Lai avait le pouvoir de vie et de mort sur tous les fonctionnaires de l'empire. Quand, finalement, il fut assassiné à son tour, de nombreux fonctionnaires vinrent confesser que, souvent, ils avaient coopéré avec lui.

– Et pourquoi avez-vous fait cela ? leur demanda plus tard l'impératrice.

– C'était évident, Majesté. Quand nous violions vos lois, nous devions payer de nos vies seulement. Mais si nous offensions Lai, toute notre famille et nos enfants étaient massacrés.

L'impératrice connaissait parfaitement les instruments qu'elle utilisait et ne montrait aucune pitié quand un des chefs de sa police secrète perdait de son utilité. Elle avait pratiquement demandé au nouveau chef du S.T.T., Lai, d'ourdir un complot contre Tcheou pour le supprimer. Elle admira aussi, en secret, la force et l'honnêteté de ceux qui tentèrent de se dresser contre sa terreur avant d'être envoyés en exil. Comment ces juges finirent leurs jours et comment quelques ministres intègres, honnêtes et sans peur, furent rappelés au pouvoir lorsque la terreur cessa vous sera raconté plus tard.

Chapitre 29

S'il me faut à présent décrire en détail les moyens de torture et les méthodes employées par les agents de l'impératrice pour arracher les aveux, c'est que les procès et les purges qui aboutirent à l'extinction de la maison T'ang ne peuvent malheureusement être compris sans eux. Ce fut peu de temps après la rébellion de King-ye que la prééminence de Sou s'affirma soudain ; il fut un des premiers à profiter des avantages de la carrière d'informateur. L'atmosphère tendue qui suivit ces événements marqua le début de la chasse aux conspirateurs. On fit accroire l'existence de vastes conjurations dont les ramifications s'étendaient partout. Sou put ainsi faire arrêter plus de personnes encore que les autres car les méthodes qu'il inventa pour obtenir des aveux étaient uniques dans leur genre. Il utilisait une sorte de casque de fer que l'on fixait sur la tête de l'accusé et qui était doté de crans permettant un serrage progressif jusqu'à l'extraction finale des aveux. Si l'accusé était obstiné, comme cela devait se produire souvent, son crâne était brisé ; au demeurant, sa mort n'affectait guère ses bourreaux. Sou utilisait une autre méthode qui consistait à maintenir le prisonnier prostré avec une pierre suspendue au-dessus de sa tête afin de l'assommer, selon son état d'esprit, avec plus ou moins de délicatesse ou de rudesse. Une troisième méthode, plus classique, était l'utilisation d'un chevalet de torture tournant où le prisonnier était attaché, les bras derrière le dos. Comme Sou avait pour seule visée d'obtenir le plus d'arrestations possibles, il devait faire en sorte que son prisonnier accuse le plus grand nombre possible de ses amis ou connaissances. Ainsi pour une seule arrestation, il obtenait une douzaine d'autres coupables. Il en résulta que Sou connut une grande faveur auprès de l'impératrice Wou qui l'entretenait souvent et le félicitait de ses œuvres. Lai et Tcheou lui emboîtèrent le pas.

Tout naturellement, l'ancien système judiciaire mis en place sous T'ai-tsong tomba en désuétude et un nouveau concept de la légalité se mit en place. Autrefois, personne ne pouvait être soumis à la peine capitale sans avoir été jugé à trois reprises au niveau de l'administration judiciaire locale et sans avoir été envoyé à la capitale où son cas était à nouveau réexaminé par la Cour suprême. D'ailleurs, les exécutions n'avaient lieu qu'à l'automne. A présent, un prisonnier pouvait être exécuté sur l'heure et son dossier rédigé par les juges après coup. Si autrefois le Tribunal des Censeurs assumait un rôle de médiateur, aujourd'hui on lui avait octroyé, outre d'immenses pouvoirs, la gestion de deux prisons, appelées prisons du S.T.T. Le censeur était à la fois enquêteur, juge et exécuteur de la sentence. Et comme l'avait établi un mémoire présenté à la cour par Li Tsotche, en novembre de l'année 690, les quinze censeurs, fonctionnaires du huitième rang, pouvaient faire exécuter un homme sur-le-champ, sans que ce dernier eût la possibilité de faire appel.

De son côté, Lai devait, avec l'aide d'un autre bourreau dénommé Wan Kouo-kin, préparer un ouvrage pratique à l'usage des censeurs que l'on intitula *La Science des procès*. L'ouvrage était aussi commode par son format qu'utile aux agents de l'empire tout entier car il les initiait aux différentes techniques de leur charge, coups montés, pressions à exercer, etc. Les suggestions du livre étaient laconiques, mais toujours claires et explicites ; elles devaient élever les méthodes pour arracher les aveux et obtenir des accusations en chaîne au rang de véritable science. A l'aide de cet opuscule et d'autres techniques de tortures raffinées, les censeurs obtinrent d'appréciables résultats. Les boîtes à lettres de dénonciation étaient aussi très commodes. Lorsque le gang voulait faire condamner un prince ou un ministre de haut rang, il y faisait déposer des lettres contenant des informations qui se recoupaient et qui provenaient de districts différents. L'affaire était ensuite soumise à l'appréciation de Tcheou, le légiste, pour qu'il l'examine convenablement, les censeurs concernés ayant eu le soin de préparer au préalable tous les documents nécessaires à l'arrestation. Le raffinement dans ces techniques mérite d'être souligné. Un jour, un de ses collègues avait fait un calembour à propos de son bureau qui était situé à la « porte où on jouit d'une belle vue », *li-king-men,* sise à courte distance du palais impérial, à l'ouest. Son ami l'appela « la porte où il est de règle que tout finisse » en jouant sur l'homophonie des caractères. En effet, seul un miracle aurait pu sauver le prisonnier qui franchissait cette porte. Lai commençait toujours par verser du vinaigre dans le nez de son patient, quel que soit le chef d'accusation porté contre lui, puis le faisait jeter dans un cachot à l'odeur innommable, sans nourriture. On disait que les prisonniers dévoraient les hardes qui leur servaient de couverture. Il le soumettait ensuite à la question par épuisement nerveux. On interrogeait le prisonnier des heures durant en le privant de sommeil ; s'il venait à s'assoupir, il était rudoyé, si bien qu'après quelques jours, il était à même d'avouer ce qu'on voulait de lui. La méthode était d'autant plus efficace que l'accusé ne montrait pas de signes de traitement brutal. A l'époque, elle apparut si nouvelle, si évoluée et si accomplie qu'elle sembla un prodige à ceux qui n'y avaient pas pensé plus tôt. Les croyances et les certitudes de l'ancienne manière de vivre furent si bien extirpées de l'esprit de chacun que la jeune génération, ne sachant plus ce que signifiaient les mots loi et protection de la vie humaine, tenait ces exactions pour normales. Je dis cela uniquement pour que les faits soient explicités correctement. Et, si à l'avenir, d'autres bouchers du peuple prétendent avoir inventé ces méthodes, il faudra leur rappeler que Lai en fut l'inventeur. Dans le même esprit, la spéculation sur l'affection qu'un homme porte à sa famille devint un principe premier pour forcer aux aveux. On voit comment toutes les normes appliquées aux purges et aux procès afin d'établir le règne de la terreur furent découvertes et appliquées au temps de l'impératrice Wou.

Tcheou adressa à la cour, au mois de juillet de l'an 692, un mémoire fort éclairant sur les différents modes de tortures qu'il regroupa sous les dix chefs suivants : arrêt des battements de cœur, suffocations, hurlements à même la terre, aveux sur l'heure, horreur suprême, « Je suis un rebelle », « C'est la vérité », cri de cochon qu'on égorge, implorer la mort instantanée et implorer la ruine de sa famille. Tout cela décrivait les différents instruments de torture mis à la disposition des censeurs. Il y avait un instrument pour tenailler et tordre les bras et les jambes, un autre pour forcer le prisonnier à ramper sur le sol, la tête prise dans le chevalet et la poitrine écrasée, et bien d'autres encore. D'une manière générale, ces instruments étaient disposés devant l'accusé avant son procès et le plus souvent ce dernier préférait avouer ce que le juge voulait et ce qu'il aurait de toute manière présumé, afin d'éviter les souffrances et les douleurs de l'agonie. Tcheou avait ajouté encore la description d'autres sévices, verser de la poix dans les oreilles, visser le crâne, user de la cangue ou du chevalet tournant, écraser la poitrine, ficher des pointes de bambou sous les ongles, suspendre le prisonnier par les cheveux ou lui brûler les yeux.

L'aspect le plus effrayant de ces persécutions systématiques et judiciaires était le fait que, la plupart du temps, informateur, enquêteur et juge n'étaient qu'une seule et même personne ; il arrivait aussi que les bourreaux travaillent de concert pour livrer à l'injustice ceux qu'ils souhaitaient ou que l'impératrice souhaitait abattre. Comme le chef d'accusation le plus courant était la sédition, la famille entière de l'accusé était bannie et exilée. Les despotes savent combien les menaces sur la vie de leurs enfants, de leurs parents, de leurs sœurs ou de leurs femmes, conduisent les hommes à signer leur propre mort et les amènent à certifier ce qu'ils auraient refusé de dire sous la torture. Quelquefois, on faisait promesse d'adoucir les châtiments encourus par la famille d'un prisonnier et on la tenait, parfois non. Suivant la même logique, les gens étaient induits à accuser leurs propres amis ou leurs propres parents dans l'espoir de s'en tirer à moindres frais, d'être condamné à l'exil plutôt qu'à la mort, par exemple. Il est difficile de croire que tout cela arriva du fait de l'ambition d'une femme et que tout ceci se produisit dans un pays où l'enseignement des sages sur la loyauté, l'amour et l'honneur avait pu être à ce point détourné de son sens originel qu'il en perdait sa valeur. Il semblait que l'homme, en proie à une peur irrépressible, retournait une fois encore à l'état sauvage, qu'il ne pouvait mourir que dans la peur et qu'il ne pouvait plus vivre que dans la terreur. C'était ce même homme qui avait progressé à travers les phases d'une civilisation millénaire, et la civilisation était un rêve presque aboli.

Chapitre 30

La lueur d'espoir qui restaura notre foi en l'humanité fut le petit nombre d'hommes droits et honnêtes qui, aux pires moments de ces persécutions, moururent pour leurs convictions ou qui, dans les limites de leur pouvoir, essayèrent de combattre la barbarie des juges assassins et de maintenir un peu de décence. Ce fut le cas, par exemple, du vice-président de la Grande Chancellerie impériale, Lieou Wei-tche. Parce qu'on l'avait entendu faire une remarque en privé – il avait dit que l'impératrice devait rendre le pouvoir à son fils – il fut persécuté. Il refusa d'être cité en justice car il jugeait irrégulier que le cachet du Grand Secrétariat impérial ne figurât point sur la lettre, procédure autrefois légale que chacun avait oublié. Lors de son procès, il refusa de rétracter ses dires et ce, malgré les recommandations de ses amis. Il avait affirmé que l'impératrice Wou avait usurpé le trône et devait le rendre à son fils, et ne considérait pas cela comme un crime de déloyauté. Il ne devait ni en démordre, ni se résoudre à impliquer d'autres personnes dans l'affaire, comme Lai le lui proposa avec insistance. « Les dieux interdisent que je devienne informateur, » avait-il alors répondu. L'impératrice lui octroya le privilège de se pendre. Après avoir écrit une lettre d'adieu au trône dans laquelle il réitérait sa position avec clarté et fermeté, il prit son dernier repas avec sa famille. Il leur dit adieu et, revêtu de la robe et de la coiffure de sa fonction, il se pendit. D'autres comme Wei Hiuan-t'ong, Wei Fang-tcho et Ngeou Yang-tao agirent de même.

Quelques juges essayèrent de restaurer la dignité de la loi et refusèrent de coopérer avec les bouchers. Li Je-tche, par exemple, refusa de condamner un certain accusé et son attitude causa des dissensions parmi les censeurs. Un juge avait dit : « Aussi longtemps que je demeurerai censeur, cet homme ne vivra pas » et Li avait ajouté : « Aussi longtemps que moi, Li Je-tche, demeurerai juge, cet innocent ne mourra pas. » D'autres encore comme Hsiu Yu-kong et Tu King-kien défendirent les innocents dans les limites de leur pouvoir et réussirent à en sauver quelques-uns. Plus tard d'ailleurs, ils se verraient confier d'importantes charges. Hsiu refusait d'utiliser la torture et ses assistants, sur ses injonctions, prirent l'engagement de ne pas même infliger la bastonnade à un prisonnier. Les accusés avaient l'habitude de dire : « Qui sera notre juge ? Si nous avons affaire à Lai ou à Sou, nous sommes perdus. Si nous avons affaire à Hsiu ou à Tu, nous sommes sauvés ! » Une fois qu'il dut examiner le cas d'une des belles-mères de l'empereur, Hsiu déclara ne pas trouver de preuves suffisantes pour la condamner. L'affaire fut portée à la connaissance de l'impératrice. Hsiu et elle en débattirent avec ardeur. Hsiu maintenait sa version des faits, la dame n'avait fait que prier pour les âmes de sa fille après que cette dernière eût été mystérieusement trouvée morte au palais comme on le verra plus loin. Hsiu maintint que la prière n'était pas un crime et qu'il ne faisait rien d'autre que d'appliquer la loi.

– Et expliquez-moi pourquoi j'entends dire que vous acquittez tant de gens ? lui demanda l'impératrice.

– Il est possible, répondit-il d'une voix sentencieuse, que je n'ai pas réussi à apporter des preuves suffisantes du crime de ces personnes et que j'aie laissé quelques coupables s'échapper. Mais acquitter un coupable n'est qu'une erreur minime, commise certes par votre serviteur, tandis que la sécurité et la protection des innocents doit être la principale, l'unique préoccupation d'un grand monarque.

A la suite de cet échange, Hsiu fut banni. Mais l'impératrice devait, des années plus tard, se souvenir de lui et le rappeler au pouvoir. Hsiu ne fut pas le seul à connaître pareille destinée, ce qui montre bien que l'impératrice Wou était toujours au fait de ses actes. Elle ne l'avait d'ailleurs puni que de bannissement. De la même manière, lorsqu'elle fut assurée de sa position et de l'inutilité de la terreur, d'autres gentilshommes exilés furent rappelés et élevés à de hautes charges. Remarquable jaugeuse d'homme, elle utilisait un coupe-jarret ou un honnête homme pour ses capacités et le service de ses desseins.

Un poète dénommé Tch'en Tseu-ngang considéra qu'il était de son devoir d'écrire une lettre à l'impératrice. Nous étions alors au mois de mars de l'année 686 et les arrestations et les procès étaient loin d'être terminés. Le poète avait un poste mineur au Grand Secrétariat impérial, poste qui consistait à vérifier l'exactitude des idéogrammes des communications officielles. Sa lettre nous donne une peinture excellente de la situation en ces jours terribles :

« Depuis la rébellion de King-ye, il est du désir du gouvernement de l'Empire de traquer toutes les conspirations potentielles. Votre Majesté a donc laissé s'instituer des purges au moyen de la terreur et des tortures. La plus infime suspicion conduit à des accusations en séries et à des arrestations de masse. Beaucoup d'indésirables ont saisi l'opportunité d'informer et d'accuser les autres dans l'espoir d'obtenir eux-mêmes des promotions. Je ne pense pas que cela fut l'intention initiale de Votre Majesté. Je sais que le peuple désire la paix et la tranquillité. Je suis étonné de constater que plutôt que de laisser la rébellion s'éteindre d'elle-même, Votre Majesté ait préféré s'aliéner le cœur de son peuple par de telles persécutions. J'ai été mis au courant de centaines et de milliers d'affaires ; pas une fois sur cent, l'accusé n'était coupable. Cependant, Votre Majesté a encouragé des juges et des censeurs rapaces qui ont les mains libres pour détruire qui bon leur semble, à des fins uniquement privées. Le plus infime prétexte, une accusation de conspiration ou une activité soi-disant antigouvernementale, conduit, non pas un homme, mais une centaine d'hommes en prison. Il est fréquent de voir des processions de lettrés condamnés défiler à travers les rues et chaque jour qui passe apporte un surcroît d'exécutions. Le peuple a pour coutume de dire que pour un homme que Votre Majesté aime et protège, des centaines d'autres ont péri. Le cœur du peuple est profondément troublé et vers qui peut-il se tourner à présent ?... »

Si la lettre de Tch'en demeura sans réponse, il ne fut pas non plus puni d'avoir osé critiquer ouvertement le gouvernement de l'impératrice. Dans la fin de sa lettre, il soulevait un point important : selon lui, avec la sincérité et la bonté qui habitaient son cœur et, exemples historiques appropriés à l'appui, de telles persécutions ne conduiraient qu'à une rébellion plus grande encore si le peuple n'avait plus foi et confiance dans le trône. Son raisonnement n'était correct qu'en partie. Car si la terreur était portée à son maximum d'intensité et si les arrestations de masse devenaient l'ordre du jour, si les exécutions tournaient en parades publiques et s'il existait un système de délation mutuelle à l'échelle de l'empire tout entier, toute opposition devenait impossible. L'impératrice avait raison et savait avoir raison. Tch'en continua son combat et écrivit d'autres lettres encore, en mars et en octobre de l'année 689, lorsque les massacres atteignirent leur summum. On peut dire qu'il fut le premier de ceux qui combattirent pour les droits de l'homme et la restauration de la loi. Il devait devenir la conscience du peuple, contrairement à ses deux collègues Tch'en K'iuan-ki et Song Tche-wen qui se contentèrent d'écrire de sottes apologies de la glorieuse impératrice Wou et de ses gigolos.

Chapitre 31

Les princes de la maison T'ang, oncles et frères de Kao-tsong, ne s'étaient toujours pas manifestés. Ils se tenaient à l'écart et attendaient. Leur silence se comprenait aisément : en ces jours de terreur, il était souvent difficile d'échapper au massacre. Quant à l'impératrice, elle menait de front sa conquête du pouvoir et son commerce avec le moine fou. Elle était sûre à présent que nul ne s'aviserait de critiquer sa conduite. Cependant, un jour, ses affaires privées se trouvèrent portées sur la place publique. Les choses s'étaient passées ainsi.

Un jeune homme nommé Hao Hsiang-h'ien, fils d'un noble conseiller privé, avait été accusé de sédition et déclaré coupable par le grand exécuteur des œuvres de l'impératrice, Tcheou. Clamant son innocence, le jeune Hao exigea de comparaître devant un autre juge, un certain Jen Hiuan-tche qui parla en sa faveur. Le juge fut destitué. Le jeune homme condamné à mort marchait vers le lieu de son exécution. Et, plutôt que de se laisser conduire calmement, il explosa soudain. Après s'être dégagé de ses liens, il se saisit d'une perche portée par un des spectateurs et tint les gardes impériaux en respect pour apostropher la foule venue assister à son exécution et se répandre en invectives contre l'impératrice. Avant de mourir, il voulait livrer quelques secrets. Comme les dignitaires, les gardes et la foule se montrèrent intéressés, il raconta le stupre lamentable entre l'abbé et l'impératrice. Il apprit à qui voulait l'entendre, et ils furent nombreux, quelles étaient les origines de l'amant de l'impératrice et de quelle nature avait été son attraction particulière sur cette dernière. Ce fut scabreux du début à la fin et son public était conquis. Le peuple avait eu, certes, vent de cette affaire, mais il n'en connaissait pas les détails. Il sut ainsi que non seulement l'impératrice Wou, mais aussi sa fille adoptive, la princesse T'ai-p'ing, et la princesse K'ien-kin partageaient le même amant ; il apprit comment l'abbé nommé autrefois Bébé Fong avait reçu le nom de Hsiue. Il n'est pas difficile de comprendre pourquoi on n'interrompit point le jeune homme et il est même probable que le commandant des gardes en personne y trouva plus de plaisir que les autres. Quand il eut terminé, on se souvint brusquement qu'il était un prisonnier qui allait à la mort et il fut dûment exécuté. Jamais l'impératrice n'aurait pu penser que quelqu'un oserait pareille chose. Un homme qui n'a plus que cinq minutes à vivre n'est-il pas capable de tout ? Couverte d'opprobre devant son peuple, elle donna ordre que le corps du jeune Hao soit démembré, que les tombes de ses ancêtres soient ouvertes et brisées, et que leurs corps soient brûlés. Sa famille au grand complet fut mise à mort et, pour que rien de tel ne se produise à nouveau, elle donna ordre que, dorénavant, les condamnés à mort aient la bouche bâillonnée par une pièce de bois.

Et tandis que la terreur s'abattait sur l'empire, la souveraine, sûre de son pouvoir et de sa gloire, prenait du bon temps avec l'abbé. Elle voulait inaugurer une ère nouvelle dès que les palais qui étaient en cours de construction seraient terminés. Une suggestion de l'abbé l'avait conduite à inaugurer tout d'abord le « palais de Lumière », un des plus grandioses jamais construit. De plus, dans la confusion nouvelle qui régna entre ferveur religieuse et consécration impériale, le nouveau bâtiment devait avoir un caractère religieux. L'abbé fut, tout naturellement, chargé des travaux. Quand ce bâtiment fut achevé, on le désigna sous l'appellation de « temple de tous les Dieux ». Il devait servir de salle du trône pour les audiences spéciales données par l'impératrice à ses courtisans de façon que le gouvernement des dieux et celui des hommes soient réunis au sein d'un même ensemble.

Derrière ce temple, on en fit édifier un plus grand encore appelé *rian-t'ang* ou « palais du Ciel ». Il n'y eut pas de limite dans les dépenses occasionnées par ces deux constructions. Rappelons, incidemment, qu'éviter les extravagances était un des douze points du programme politique qu'avait présenté autrefois l'impératrice Wou. Des dizaines de milliers d'ouvriers, dirigés par l'abbé, travaillèrent à la construction. D'énormes poutres équarries dans les montagnes furent transportées jusqu'à la capitale pour les charpentes. Quand on sait qu'il fallait réunir la force d'un millier de personnes pour déplacer une seule de ces poutres, on comprend l'ampleur des travaux. L'ancien bâtiment de devant, le *K'ien-yuan,* fut démoli pour laisser la place à cette nouvelle réalisation qui avait trois cents pieds de profondeur et deux cent quatre-vingt-douze pieds de hauteur, et qui comportait trois étages. La construction, de plan carré, avait ses quatre murs peints respectivement en blanc, noir, rouge et vert, couleurs emblématiques des quatre éléments. Ce fut une rare débauche de luxe. L'étage médian avait douze côtés, symboles des douze mois de l'année et du zodiaque, et était soutenu par une charpente circulaire supportée par neuf dragons. A l'étage supérieur, il y avait vingt-quatre côtés correspondants aux vingt-quatre constellations. Le toit était de forme ronde et un phénix de fer de dix pieds de haut, garni de clous d'or, le surmontait. Un énorme pilier central s'élevait du sol jusqu'au sommet et toutes les pièces des charpentes furent réalisées dans le meilleur bois. Un fossé fut creusé tout autour de la base, il y circulait de l'eau, symbole de la diffusion de la culture, par référence au collège *Pi-yong* de la dynastie des Tcheou. Ce qu'il canalisait, en fait, était les finances de l'Etat. Mais à ne considérer l'ensemble que sur le plan de la conception, l'abbé ne fut pas mauvais. Son imagination était aussi flamboyante que celle de l'impératrice.

Derrière le temple de Tous les Dieux, se dressait, surélevé, le palais du Ciel, paradis des bouddhistes. De son troisième étage, on avait une vue splendide sur le temple de Tous les Dieux. Le palais du Ciel abritait une immense statue de Bouddha de quelque deux cent cinquante pieds de hauteur qui avait été réalisée en plâtre et bourrée de chanvre. Dix hommes pouvaient se tenir debout sur son auriculaire. L'impératrice prisait toutes les réalisations pourvu qu'elles soient grandes et glorieuses. Si, en privé, l'abbé était grand et glorieux, le Bouddha monumental du palais du Ciel était grand et glorieux aux yeux du monde. Elle tendait vers l'ultime, le prodigieux, le magnifique et le jamais vu. En d'autres termes, elle devenait bouddhiste. Puisque l'abbé lui procurait du bonheur, le bouddhisme devait être bon. La partie avant du palais, habituellement interdite au public dans les constructions de ce genre, devint un temple. L'impératrice prenait place dans le temple de Tous les Dieux comme le Bouddha monumental siégeait dans le palais du Ciel. L'abbé assurait la communication entre les deux. Ces deux édifices symbolisèrent une aventure spirituelle et sensuelle, flamboyante et blafarde ; le divin et l'humain, la piété et la sensualité, la religiosité et le sexe s'y trouvaient réunis. Le temple de Tous les Dieux ne représentait rien d'autre que la chambre pourpre de l'impératrice, glorifiée et magnifiée. Au paroxysme de son pouvoir, elle goûtait toutes les béatitudes terrestres et célestes et s'en délectait puisque le Ciel et son palais ne faisaient plus qu'un.

L'abbé était fou, fou à lier. Il dominait le monde dans sa somptueuse robe monastique de soierie pourpre et il lui sembla atteindre le comble de la gloire terrestre. Les grands dignitaires étaient à ses pieds et il avait carte blanche pour user des finances de l'Etat. Quand la construction de ces temples fut achevée, on le nomma duc. Il n'y avait rien à redire à cela, un beau visage suffit parfois à une femme pour se faire octroyer un titre de duchesse, pourquoi en aurait-il été autrement du coup de rein d'un homme ? En des occasions fastueuses comme la fête des lanternes du début de l'année, l'abbé conduisait dix chariots remplis de sapèques devant le temple de Tous les Dieux et les jetait à pleines poignées aux hommes et aux femmes rassemblés sur la place. Il tenait des assemblées « sans voile », ainsi appelées dans la phraséologie bouddhique, car toutes les barrières sociales et de sexe tombaient ; hommes et femmes, riches et pauvres, princes et vilains s'y trouvant rassemblés.

Un jour lui prit l'idée fantasque de faire surgir des Bouddhas du sol. On creusa le sol du temple sur cinquante pieds et différentes statues du Bouddha revêtues d'or et de soieries furent cachées au-dessous. A son signal, les Bouddhas s'élevèrent droits jusqu'à la surface du sol, illuminés par les flammes de milliers de bougies. Ce fut une belle démonstration ! La foule était subjuguée. L'abbé et l'impératrice avaient le même goût pour les prodiges. L'abbé fit peindre une fois la tête d'un Bouddha sur une étoffe qui mesurait deux cents pieds de hauteur, le nez avait la taille d'un navire.

On peignit l'image avec du sang de bœuf ; c'était une pratique courante chez certains dévots d'utiliser leur propre sang pour embellir une image et la déposer en offrande au Bouddha. L'abbé fit croire qu'il avait réalisé lui-même la figure avec du sang recueilli de son propre genou. Un coup de vent déchira l'étoffe, mais, nullement découragé, il en fit peindre une autre.

Toutes ces manifestations avaient quelque chose d'un peu écrasant, d'un peu écœurant aussi lorsque l'on songe qu'il fallut saigner dix bœufs pour réaliser la fameuse peinture et que cela ne suffisait pas encore. L'impératrice spéculait, comme son amant, sur la crédulité du peuple. Ils formaient un couple parfait s'abandonnant à toutes les folies et donnant libre cours à leur imagination qu'ils avaient extraordinairement fertile et inventive. Dans cette perspective, l'abbé était occupé par l'élaboration d'une théorie qui ferait de l'impératrice Wou une réincarnation du Bouddha Maitreya, le Bouddha des temps à venir. Le choix de Maitreya n'avait rien à voir avec la théologie bouddhique. De même que Amitâbha était le Bouddha des temps passés, Maitreya était le Bouddha des temps futurs. Pourquoi n'avait-il pas choisi Kouan-yin, la déesse de la miséricorde, ou le Bouddha Sakyamuni [14] lui-même, comme réincarnations possibles de sa maîtresse ? C'est que, dans les conceptions populaires, Maitreya était représenté comme un personnage rieur, assis dans une pose de délassement. Il était gras, sensuel, son ventre était proéminent et nu, véritable symbole de la satisfaction des pulsions animales. Au cours de ses nombreux entretiens avec l'impératrice, l'abbé devait avoir vu soudain la réalité ultime de l'univers, dépouillée de toutes les illusions. Il avait vu le ventre nu et proéminent de l'impératrice et, dans une vision extatique, il l'identifia au Bouddha rieur. Il vénérait le ventre du Bouddha qui reposait sur ses genoux fléchis et le Bouddha riait. De fait, si l'impératrice était la réincarnation d'un Bouddha, cela ne pouvait être que Maitreya.

L'abbé avait engagé dix moines pour écrire un nouveau texte canonique, créateur du mythe. Le livre expliquait comment le Bouddha Maitreya, dans son infinie compassion pour les êtres vivants, avait décidé de renaître sur terre en la personne de Wou Tsö-t'ien. Ces fariboles furent plus tard proclamées solennellement par un décret impérial. Allant toujours plus loin dans sa glo-

14. « L'ascète silencieux du clan des Sakya », une des nombreuses appellations du Bouddha historique qui aurait vécu entre 560 et 480 av. n.e.

rification, l'impératrice franchit une nouvelle étape. Sur le conseil de l'abbé et de son neveu Tch'eng-ts'eu, elle portait à présent un titre pour le moins audacieux, mais en parfaite concordance avec l'ère qu'elle venait d'inaugurer. Au mois de mai de l'année 688, elle dérogea modestement et temporairement au décorum impérial en se conférant elle-même le titre de *Cheng-mou chen-houang* ou « Mère Sainte et Souveraine Divine ». Le choix du terme *houang* qui signifie « souverain » était applicable en théorie aux deux sexes et fut ambigu à dessein. Elle ne voulait plus du titre médiocre d'impératrice. Etre *houang-ti,* empereur, voilà ce qu'elle désirait, en réalité. Elle y viendrait bientôt mais jugea alors préférable de laisser son peuple s'habituer à cette idée. Pour l'heure, l'épithète Mère Sainte qui suggérait la présence d'une divinité siégeant dans le temple de Tous les Dieux lui suffisait

L'impératrice Wou avait ce que l'on peut appeler une imagination débordante et incontrôlable. Elle avait trouvé chez l'abbé fou une combinaison harmonieuse d'ardeur sexuelle et d'exaltation religieuse qui lui avait procuré une source nouvelle de force et de puissance. L'impétueuse virilité de l'abbé associée à sa voracité lubrique les renforcèrent mutuellement. L'impératrice n'était pas seulement satisfaite mais inspirée. C'est ainsi que tous ces faits incroyables se produisirent. Et si on avait demandé à l'impératrice d'élire un animal familier, nul doute que son choix se fut porté sur la baleine.

Chapitre 32

Les nouvelles constructions coïncidèrent avec le début de la rébellion des princes. Les prémices d'une éventuelle révolution s'accumulaient. L'impératrice Wou était en passe d'usurper le trône en fondant une nouvelle dynastie, celle des Wou. Si l'impératrice se considérait à présent comme un dieu vivant, un Bouddha, elle aspirait aussi à renouer avec l'antique tradition de son pays. Des rumeurs persistantes affirmaient qu'elle envisageait de désigner sa nouvelle dynastie sous le nom de l'ancienne dynastie royale des Tcheou, l'âge d'or qui vit naître Confucius. La construction du palais de Lumière qui était autrefois la salle des audiences des premiers rois de l'Antiquité semblait corroborer ces dires. L'impératrice pensa qu'un retour à la tradition était indispensable pour parachever sa destinée. Sa capacité à associer son destin à celui de l'empire fut un chef-d'œuvre d'audace et d'inventivité. Selon la tradition lettrée, il n'existait pas la moindre affinité entre Wou Tsö-t'ien et les rois Tcheou de l'Antiquité. Elle découvrit cependant que le premier roi Tcheou s'appelait, comme elle, Wou. En réalité, Wou qui signifiait « guerrier » était un des titres honorifiques qui avaient été conférés à ce souverain après sa mort et n'avait rien à voir, hormis l'homonymie, avec le nom de clan de l'impératrice. Les Tcheou avaient pour nom de clan, Ki. Mais ces subtilités de l'histoire ne l'empêchèrent point d'installer, après son coup d'Etat, la tablette du roi Wou dans son temple ancestral, de se considérer comme sa descendante à la quarantième génération et de lui rendre le culte réservé aux ancêtres impériaux. Si elle l'avait pu, elle se serait proclamée descendante de Confucius en personne. Mais si ses connaissances historiques étaient médiocres, son sens de la mise en scène était excellent. L'édification du palais de Lumière était un préambule à la proclamation de sa nouvelle dynastie et une menace directe contre les T'ang. Elle signifiait que le règne de l'impératrice Wou serait un second âge d'or, puisque le bâtiment était inspiré, dans sa construction, de ceux de l'Antiquité classique. D'ailleurs, des lettrés venaient de redécouvrir dans les livres classiques un chapitre où il était question des victoires du roi Wou, présage suffisant de ses succès à venir.

Il ne lui manquait qu'un augure du Ciel, signe indispensable à tout fondateur de dynastie. Pareil augure émanant des dieux signifiait que le changement était le fait d'une volonté supérieure que les hommes étaient impuissants à contrecarrer. Le peuple n'avait-il pas besoin d'un signe dont il put parler et auquel il pouvait croire ? La divinité pouvait se manifester sous différentes formes, une étoile particulièrement brillante, une aurore exceptionnelle ou une fumée blanche affectant la forme d'un dragon s'élevant du toit de la maison où dormait un être d'exception. Ce qui, en réalité, se produisit n'augura rien de bon. Un an auparavant, au cours du mois de juillet de l'année 687, un fermier avait rapporté qu'une de ses poules s'était changée en coq. Des événements similaires se produisirent encore en janvier et en octobre de l'année 689 et furent rapportés par des paysans de différents districts de l'empire. La preuve était faite que le Yin et le Yang fonctionnaient à l'envers, ce qui était l'exact reflet de la réalité. L'impératrice jugea préférable d'attendre un signe meilleur et de ne pas faire de publicité autour de ces manifestations.

L'augure du Ciel lui fut fourni de manière providentielle par son neveu Tch'eng-ts'eu, comme le *Livre du Grand Nuage* qui décrivait la légende du Bouddha réincarné lui avait été fourni par l'abbé. Tch'eng-ts'eu avait fait graver sur une stèle de style ancien huit idéogrammes qui se lisaient ainsi : *Cheng-mou li-ren ; yong-tch'ang ti-ye,* ce qui signifiait qu'une « mère divine allait apparaître pour diriger les hommes et que son empire allait prospérer pour l'éternité ». L'inscription fut recouverte d'une mixture faite à partir de marbre pourpre pilé, de colle et de différentes poudres, et la stèle fut jetée dans la rivière Lo afin d'être, incidemment, repêchée par un paysan. Il est impossible de ne pas conclure que grand-mère, Tch'eng-ts'eu, la princesse T'ai-p'ing et l'abbé avaient tout prémédité avec soin. Quand le paysan se présenta au palais avec sa découverte, l'impératrice affecta la plus grande surprise et parut au comble du délice. Le paysan fut promu sur-le-champ, général hors cadre. De toute manière, la pierre une fois découverte, l'impératrice ne pouvait plus douter du fait que l'expression Mère divine la désignait et qu'une ancienne prophétie allait s'accomplir. L'augure fut exploité avec art. Le mois suivant, comme je l'ai dit déjà, elle s'octroya le titre de Mère Sainte, Souveraine Divine, sans la moindre fausse modestie, et en décembre de la même année, elle changea le nom d'ère de son règne en « Eternelle prospérité » afin de respecter les termes de l'inscription prophétique.

Il fut annoncé qu'elle allait sacrifier au Ciel et à la Terre dans les quartiers sud de la capitale pour remercier les dieux. La rivière Lo devait être consacrée et reçut un nom nouveau, la rivière de l'Eternelle Prospérité ; son dieu fut le « Comte de la Visitation » et l'endroit où la pierre avait été découverte, la « source de l'Ecriture Sainte ». On interdit la pêche en ce lieu. La montagne Song devint la « Montagne divine » et son dieu élevé au rang de « Roi du Ciel Médian ». Pour célébrer cette grande occasion, on déclara une amnistie générale. L'impératrice apparaissait comme l'honnête victime de sa propre escroquerie qui ne fut jamais prise au sérieux par les lettrés et qu'elle imposa à tous. Cette pseudo-découverte et son inscription étaient aussi grossières et faussement transparentes que sa revendication d'appartenir à la lignée du roi Wou des Tcheou. Malgré tout, le sens du merveilleux qu'elle déploya contribua à conforter le peuple dans ses croyances aux légendes, aux miracles et aux prophéties. Cet amalgame de religiosité et de propagande politique, mélange de fantaisie et de mégalomanie, prit forme vers juillet de la même année. Selon une proclamation issue du palais, une grande cérémonie allait avoir lieu. L'impératrice douairière allait se rendre en personne à la source de l'Ecriture Sainte pour recevoir officiellement la preuve que les dieux l'avaient appelée à gouverner. L'événement serait célébré avec pompe et tous les princes de la maison impériale, tous les dignitaires, fonctionnaires civils et militaires, accompagnés de leurs épouses, devaient se rassembler dans la capitale dix jours avant.

Tout semblait indiquer une crise politique imminente. La signification de cet augure et toutes les extravagances élaborées autour de lui n'avaient pas échappé aux princes T'ang pour lesquels la fondation d'une nouvelle dynastie fut ressentie à la fois comme proche et inévitable. Les rumeurs couraient. Une révolution, à savoir un changement du mandat du Ciel, allait se produire et la convocation des princes à la cérémonie serait une chausse-trappe. On disait que l'empereur et tous les membres de la maison impériale seraient rassemblés, balayés ou jetés en prison dès leur apparition dans la capitale. La rumeur atteignit les quartiers proches du palais et on y accorda créance. Des lettres secrètes furent échangées entre les princes vivants dans les provinces et leurs amis de Lo-yang. Etait-ce vrai, ce qu'on racontait ? Devaient-ils ou non apparaître à la cérémonie ? Certains ne savaient plus que penser ou que croire. Il était clair que quelque chose de sinistre allait se produire, mais personne ne savait quoi au juste. Le prince de Ki, Tcheng, choisit d'ignorer les rumeurs. Le duc Jong, fils du prince Fong, écrivit à son ami Kao Tseu-gong pour l'interroger. Kao répondit : « Si vous tenez à la vie, ne vous montrez pas. »

A l'époque survivaient encore six ou sept princes âgés, frères de T'ai-tsong ; les plus respectés d'entre eux étaient le grand-duc Yuan-kia, prince de Han, et le grand précepteur Ling-kouei, prince de Lou, qui avaient eu la même mère et qui étaient très proches l'un de l'autre. Venait ensuite le grand-duc Yuan-kouei, prince de Houo, oncle de Kao-tsong que l'on admirait beaucoup pour sa force de caractère et sa science. C'était un archer hors pair capable d'abattre un ours à chaque flèche. Lettré studieux, il exerçait la charge de magistrat et confiait tout le travail de routine à ses secrétaires pour se consacrer à la lecture. Il détestait l'ostentation et vivait simplement. Profond dans sa réflexion et calme dans son allure, il conseilla longtemps son neveu Kao-tsong qui lui envoyait des lettres secrètes pour avoir son avis sur les affaires importantes de l'Etat. Les princes de K'i et de Yue, frères de Kao-tsong et fils, comme lui, de T'ai-tsong, étaient alors âgés de soixante ans. Ils étaient réputés pour leur travaux d'écriture. Tous ces princes portaient les titres élevés de grand-duc ou de grand précepteur, mais on se souvient que depuis la mort de Pei Yen en 684, ils avaient été bannis et éloignés de la capitale. Qu'allaient-ils décider ? Il n'est pas impossible de penser, et ce fut probablement le cas, que grand-mère et ses neveux avaient fait circuler à dessein la rumeur de la trappe mortelle pour les provoquer et les forcer à une action irréfléchie. Parfois un geôlier laisse échapper un prisonnier pour pouvoir l'abattre en toute impunité. Comment les princes pouvaient-ils assurer leur défense ? La sagesse conseillait-elle la prudence ? Fallait-il éviter de provoquer une rébellion ouverte ? Devaient-ils obéir et se rassembler dans la capitale pour y être abattu comme des cochons ? Subiraient-ils des avanies, des humiliations ou la torture de la main du grand exécuteur, Tcheou ? Ne valait-il pas mieux se battre et mourir les armes à la main plutôt que de moisir en prison ? Toutes ces questions se posèrent au sein des familles des quatre frères de T'ai-tsong, de sa sœur et de son époux, et des deux frères de Kao-tsong.

Yuan-kia, prince de Han, envoya un messager auprès des autres princes pour leur annoncer : « L'impératrice douairière a la ferme intention de massacrer les princes après la cérémonie. Si nous n'agissons pas maintenant, la famille Li sera balayée. » Juan, son fils, en poste à T'ong-tcheou (près de l'actuelle Pékin), écrivit une lettre sybilline à son cousin Tch'ong, prince de Lang-ya, stationné près de la capitale, qui disait en substance : « Ma vieille épouse souffre d'une maladie grave et a besoin d'un traitement urgent. Si j'attends jusqu'à l'hiver, il sera trop tard. » Comme les princes étaient dispersés dans des provinces et éloignés les uns des autres, il ne leur était pas facile de communiquer, d'autant moins facile depuis l'établissement du système de la délation universelle. Ils sentirent qu'ils ne devaient pas perdre de temps et qu'ils devaient se décider rapidement à l'action, ne serait-ce que pour assurer leur propre protection. Grand-mère avait réussi à les plonger dans une véritable terreur. Elle espérait qu'ils allaient lancer une révolte et attendait, sa dague dans sa manche, prête à les châtier car elle régnait toujours au nom de son fils, le petit-fils de T'ai-tsong et elle défendrait la maison T'ang, même si elle devait exterminer tous ses membres. De toute façon, s'ils ne se révoltaient pas, elle utiliserait un provocateur, créerait un incident lui permettant d'étendre ses filets et de les y prendre tous. Le S.T.T. dans son ensemble était prêt, lui aussi, à prendre position sous les ordres de Tcheou. L'impératrice ne pouvait pas échouer.

Chapitre 33

La révolte des princes qui commença au mois d'août de l'année 688 est connue sous le nom de révolte du prince de Yue. En réalité, ce fut le fils de ce dernier, Tch'ong, et son neveu Juan qui en furent les instigateurs. Juan écrivit un faux qu'il signa de la main du prince Tchö, « l'empereur », selon lequel il demandait aux princes de sa famille de le délivrer du palais impérial où sa mère le confinait. A la suite de cela, Tch'ong rédigea d'autres lettres aux différents princes en leur demandant de lever leurs troupes pour marcher sur la capitale. La révolte partirait du Chan-toung. Hélas, leur plan n'avait pas été suffisamment bien préparé et le manque de coordination dans l'action leur fit cruellement défaut. De plus, Tch'ong n'était pas un soldat et sa révolte avorta en sept jours. Il fut tué par un de ses officiers. La nouvelle de sa défaite parvint aux autres princes qui furent paralysés par la peur et personne n'osa plus bouger, hormis la princesse Tch'ang-lo et son mari. On se souvient que la princesse était la mère de l'épouse du prince Tchö qui était morte de faim dans l'enceinte du palais après qu'elle-même eût été bannie de la cour. « Si les princes T'ang étaient des hommes, avait-elle dit à son époux, ils auraient dû agir bien avant ». Le père de Tch'ong, prince de Yue, se décida pourtant à se jeter, seul, dans la bataille aux côtés de son fils car il savait que, de toute façon, il serait impliqué dans l'affaire. Il n'avait que deux mille hommes de troupes et le district qu'il administrait n'était pas très éloigné de la capitale. L'armée du gouvernement avec cent mille hommes et commandée par Tchang Kouang-fu l'écrasa et il perdit la vie. L'impératrice les tenait enfermés dans une trappe. Ils avaient levé la bannière de la révolte et il ne resta plus à Tcheou qu'à les impliquer dans l'affaire et à les condamner, eux et leurs familles, qu'ils aient ou non participé au soulèvement. Tcheou possédait même des semblants de preuves puisque les lettres du prince de Yue à ses cousins étaient tombées entre leurs mains. On connaît l'accomplissement des méthodes de Tcheou pour forcer les aveux, méthodes qu'il avait mises au point au cours des années précédentes. Tous devaient mourir. Les procès commencèrent. A bien considérer les choses, cinq ou six princes seulement auraient dû être condamnés. Mais l'ombre des persécutions, car ce furent réellement des persécutions et non des procès réguliers, s'étendit sur la maison impériale tout entière, englobant les épouses, les enfants, les petits-enfants et les amis. Cette révolte servit d'excuse pour leur anéantissement total. Tcheou fit ce que l'impératrice attendait de lui et avait les pleins pouvoirs pour condamner et tuer quiconque. Pour une personne citée en jugement, en vertu de son système de responsabilité réciproque, des douzaines de familles étaient détruites. Les purges succédaient aux purges. Les exécutions prenaient l'allure de parades, dramatiques et publiques, elles avaient pour but de distiller la terreur. L'heure n'était plus aux assassinats secrets au palais couverts par des excuses boiteuses.

Les jugements et les arrestations durèrent de l'an 688 à l'an 691, moment où il apparut que la grande majorité de la maison impériale et tous les princes importants avaient été balayés. Un regard sur l'arbre généalogique de la maison T'ang montre que cinq familles disparurent entièrement, celles des princes de Houo, de Han, de Chou, de Hsiu et de Yue ; ne survivaient que quelques rares petits-enfants des princes de Lou, de Ki ou de Hsiu. Les enfants jeunes et les petits-enfants furent bannis dans le sud en qualité d'esclaves, d'autres réussirent à s'échapper. Nous fûmes tous qualifiés de « lézards ». Grand-mère avait posé le masque. Son but était atteint. Le cheval intraitable, la famille T'ang avait une dague plongée en plein cœur par une femme qui ne sourcilla pas le moins du monde et qui prétendit toujours l'aimer, l'honorer et la servir avec fidélité. Il est impossible d'imaginer la situation de ce temps. Celui qui en avait été témoin ne le croyait pas lui-même. Les têtes des hauts dignitaires tombaient, des lettrés enchaînés étaient traînés dans les rues de la capitale, les grands-ducs bâillonnés dans des cages de condamnés et exhibés en parade à travers la cité avant d'être envoyés en exil. Des familles entières, femmes, enfants et serviteurs marchèrent des milliers de kilomètres jusqu'au sud barbare et reculé. Je vis mes deux frères fouettés à mort, le visage lacéré. Comment ai-je survécu ? Je ne sais.

Tch'eng-ts'eu, neveu de l'impératrice et grand maître des machinations, assumait la direction des meurtres, des accusations et des bannissements voulus par sa tante. La première vague de persécutions avait eu lieu entre septembre et décembre de l'an 688, peu après le début de la révolte. Le grand-duc, Yuan-kouei, vieillard de soixante-dix ans, fut placé dans une cage de condamné et envoyé à Kien-tcheou, à la frontière du Kouei-tcheou et du Sseu-tchouan. Il mourut en chemin, une semaine plus tard, dans la ville de Pao-ki. Son fils, prince de Kiang-teou, fut exécuté dans la même ville. On donna ordre à Yuan-kia et au grand précepteur Ling-kouei de se suicider chez eux et leurs biens furent confisqués. Les trois fils de Yuan-kia furent exécutés. Ce fut là que l'on découvrit que le prince possédait une bibliothèque extraordinaire de plus de dix mille volumes et que beaucoup d'entre eux étaient plus précieux que ceux de la bibliothèque impériale ; tous ces ouvrages avaient été annotés par cet amoureux des livres. Le prince de Ki, frère de Kao-tsong, un homme prudent comme son prénom Tcheng le suggérait, avait la considération des gens dans son administration ; il n'avait pas participé à la révolte et, au contraire, avait essayé de s'en tenir éloigné. Lui aussi fut accusé. Il n'avait pas informé l'Etat de la lettre du prince de Yue dont il admettait avoir eu connaissance. Placé dans une cage de condamné, il mourut. Il avait soixante ans environ et avait été exhibé pendant la moitié d'un mois. Cinq de ses fils furent exécutés. Mon grand-oncle, le grand-duc Yuan-ming, survécut à son voyage en exil, mais comme il avait refusé de disparaître en chemin, on le condamna à mort et il fut exécuté six mois plus tard.

Les bénéfices de grand-mère furent énormes. Elle avait accompli un travail minutieux. Dans la hiérarchie de l'Etat, les postes les plus importants étaient ceux des grands-ducs et des grands précepteurs, considérés comme aînés de l'empereur et conseillers suprêmes. Ils furent tous déposés. Les chefs respectés de la maison des T'ang partis, il ne restait plus qu'à mettre en place de médiocres figures. N'était-il pas simple d'abolir la maison T'ang quand tous ses membres avaient disparu physiquement ?

Chapitre 34

La cérémonie de la réception officielle de « l'Ecriture Sainte » avait été momentanément annulée du fait de la révolte des princes. Elle eut lieu un peu plus tard et ce fut une des plus extraordinaires fêtes du régime. L'impératrice apparut revêtue de sa robe d'apparat, la coiffure aux douze rangs de perles lui couvrant le visage. Après la cérémonie, la tablette de l'Ecriture sainte fut placée dans un coffret avant d'être ramenée à la capitale pour être installée dans le temple de Tous les Dieux.

Le jour de la nouvelle année, nous étions en 689, l'impératrice alors Mère Sainte se tint dans le temple pour y recevoir les vœux et les congratulations de tous ses dignitaires. J'assistais à la réception avec, à côté de moi, les concubines impériales Lieou et Tu de mon oncle Tan. Ils vivaient encore. Grand-mère prit place sur le trône, tenant en main un sceptre de jade. Devant elle, étaient disposés sept vases précieux associés à la figure du Bouddha Maitreya. Hormis quelques fines rides aux commissures des lèvres, visibles seulement de près, grand-mère apparaissait comme une femme pleine de vigueur, aussi heureuse et repue qu'un cobra qui vient juste d'avaler un lapin et qui s'apprête à s'endormir, lové en rond. Sur un côté du trône s'élevait le coffre contenant la tablette de l'Ecriture sainte qui portait, on s'en souvient, les deux phrases : « Une Mère divine va apparaître pour diriger les hommes et son empire va prospérer pour l'éternité. » Elle était la Mère sainte en chair et en os. Il ne faisait aucun doute que toute cette parade était impressionnante et fascinante. La nouvelle année était célébrée d'une manière inhabituelle. Le temple de Tous les Dieux était décoré somptueusement et brillait des mille feux des métaux précieux. L'abbé avait bien travaillé car aucune dépense sur le budget de l'Etat n'avait été épargnée pour ce nouveau bâtiment. Pour une fois, mon oncle Tan apparut en public car il devait offrir la seconde série d'offrandes durant le sacrifice. Les yeux de grand-mère se fermaient souvent ; lorsqu'elle les rouvrait, ils étincelaient et brillaient à travers leurs fentes étroites tandis que les dignitaires venaient mettre genou à terre devant elle et présenter leurs hommages à la Mère sainte. Ils savaient – et grand-mère savait qu'ils savaient – qu'elle tenait dans ses mains le destin de chacun et, plus important encore, que leur position dépendait d'elle.

La persécution des princes T'ang se poursuivit. Ce qu'elle désirait, en fait, n'était pas seulement la condamnation des séditieux, mais l'extermination de toutes les branches de la famille impériale et l'intensification de la terreur avant que leur sort final ne soit scellé. Presque imperceptiblement, une vague de meurtres succédait à une autre. Une deuxième eut lieu au cours des mois de mars et d'avril 698 quand une autre fournée de douze princes alla à la mort. Des centaines de familles furent envoyées à deux mille kilomètres de là, dans le sud, à pied. La tension monta encore et la troisième vague déferla. Tch'eng-ts'eu devint, avec la complicité de son cousin San-sseu, président du Grand Secrétariat impérial, et les grands dignitaires, les princes et les généraux eurent peur pour leur tête. En juillet, trente-six d'entre eux furent exécutés. Puis les assassinats concernèrent aussi les intellectuels et les lettrés au vaste mérite. L'impératrice Wou était aussi suspicieuse qu'elle était autocrate. Ses agents secrets surveillaient et interrogeaient tous ceux dont les paroles ou la conduite montraient la plus infime désapprobation à l'égard des événements en cours. Cela concernait également ceux qui n'étaient pas coopératifs, les indépendants ou bien ceux encore qui n'étaient pas prêts à jurer par la Mère Sainte, et ils étaient nombreux. Au cours de ces purges, neuf généraux, trois présidents et un vice-président de la Chancellerie impériale, quatre présidents et deux vice-présidents du grand Secrétariat impérial, deux vice-présidents du département des Affaires d'Etat et six ministres furent exécutés sous ses ordres.

Parfois les personnes qui fournissaient des témoignages se montrèrent inconséquentes. Quand la révolte de King-ye avait été défaite, des années plus tôt, en l'an 684, un de ses frères s'était enfui vers le nord et avait tenté de s'échapper pour rejoindre la Confédération turque. Deux officiers stationnés à Yeou-tcheou l'avaient aidé à s'enfuir. Plus tard, le frère avait été rattrapé et ses deux compères, arrêtés. Ceux-ci, de rang médiocre, n'avaient jamais eu le talent ou l'opportunité de connaître les princes T'ang ou les grands ministres et encore moins les affaires de l'Etat. On sait que la révolte de 684 n'avait rien à voir avec celle des princes. Pourtant, on proposa à l'un d'entre eux, pour sauver sa vie, d'apposer son sceau sur une liste d'hommes que le gouvernement voulait détruire. L'homme s'exécuta, il apposa son sceau sur la liste et sur une autre qui impliquaient d'autres complices des premiers, listes que les censeurs avaient préparées à son attention. Après cela, il n'y eut plus que de sporadiques arrestations des descendants impériaux.

A la fin de 689 et au cours des premiers six mois de l'année suivante, les assassinats se poursuivirent à un rythme soutenu. Il n'y avait plus beaucoup de survivants quand la quatrième vague de persécution atteignit les T'ang et elle toucha surtout les fonctionnaires et les généraux déloyaux. En juillet de l'année 690, soit deux mois avant l'établissement de la nouvelle dynastie, il y eut une rare recrudescence des crimes journaliers. C'était sans doute pour s'assurer que nul n'empêcherait le Ciel de conférer son mandat à Wou Tsö-t'ien. Enfin, le meurtre légalisé céda la place à d'autres ambitions. L'impératrice voulait que le peuple fut convaincu qu'il n'y avait plus de maison T'ang à restaurer. Elle voulait qu'il croie que la Mère Sainte désignée par le Ciel s'était élevée pour répondre à l'ancienne prophétie. Elle était sûre que, dans deux mois de là, des milliers de personnes la supplieraient d'abolir la dynastie des T'ang, ce qu'elle refuserait avec modestie dans un premier temps pour accepter de fonder la dynastie des Tcheou quand des dizaines de milliers l'en prieraient. Là et seulement là, elle jugerait difficile d'avoir à refuser et consentirait, quoiqu'à contre-cœur, à être nommée empereur. Pourquoi avait-il été nécessaire de massacrer trois mille familles pour en arriver là ? Grand-mère, belle-fille du fondateur des T'ang, n'était pas satisfaite de n'être qu'impératrice ou impératrice douairière ; elle n'était pas satisfaite non plus de régner sans partage au nom de son fils. Elle devait être le premier empereur femme de l'histoire.

Pareille à un joueur professionnel, grand-mère gardait deux dernières pièces dans sa poche. Elle n'avait pas fait exécuter ses fils, les princes Tchö et Tan, parce qu'ils lui servaient plus vivants que morts ; elle leur permit, plus tard, avec grande courtoisie, d'adopter le nom impérial de Wou. On sait qu'elle n'avait jamais aimé ses beaux-fils, Sou-kie, prince de Hsiu, et Chang-kin, prince de Tso. Elle les avait tenu emprisonnés des années durant et, à présent, avait tout le loisir d'en finir avec eux. Sou-kie et ses neufs fils, Changkin et ses sept fils furent exterminés. Seuls les plus jeunes et parmi eux mon cher ami K'ieou, aujourd'hui duc de Ying, furent épargnés. Envoyés dans l'île de Hai-nan, ils survécurent. Ces événements se produisirent en juillet de l'an 690, juste avant la proclamation de la nouvelle dynastie.

Mais l'épisode le plus effroyable devait se produire en 693, soit deux ans après la fin des purges officielles.

Un dénommé Wan Kouo-yun, homme de main de Lai, avait été envoyé à Canton pour enquêter sur certaines rumeurs ; les orphelins et les veuves des hommes assassinés s'étant montrés mécontents de leur sort, il les sermonna dans son bureau et leur donna congé en même temps que l'ordre de se pendre. Des cris d'épouvante emplirent la cour.

« Bien, dit-il, puisqu'il en est ainsi, suivez-moi. » Et il conduisit trois cents femmes et enfants au bord d'un fleuve et les fit massacrer. Il fut alors capable de regagner la capitale et de rapporter à la cour qu'il s'était produit une sérieuse conspiration contre le trône dans l'extrême-sud qu'il avait, heureusement, réussi à stopper à temps. On le promut sur-le-champ au titre envié de *Ta-fou,* réservé aux fonctionnaires des plus hauts rangs. En voyant comment Wan avait été récompensé pour ses services, d'autres suggérèrent que très certainement, dans d'autres lieux d'exil, existaient des éléments subversifs. Et tout cela eut pour conséquence l'envoi de différents officiers du palais dans les provinces du Sseuthouan, du Kouei-tcheou, du Kouang-hsi et aux frontières du Yun-nan. De pareils épisodes sanglants s'y répétèrent. Se stimulant mutuellement pour montrer leur loyauté au trône, ces hommes perpétrèrent des crimes affreux. Lieou Kouang-ye fit massacrer trois cents hommes, femmes et enfants, Wang To-cheou, sept cents tandis que trois autres émissaires ôtèrent chacun la vie à deux cents ou à cinq cents personnes. Etablir la liste de ces crimes est répugnant en soi. Il suffit de dire que tout cela se produisit, non pas du fait de Tcheou et de ses sbires, mais parce que cela faisait partie des grands desseins de l'impératrice Wou. J'ai dressé ailleurs la liste, plus ou moins complète, des noms des hommes et des femmes envoyés à la mort pour qu'une mégalomane puisse réaliser ses ambitions et je n'ai pas noté les assassinats des dignitaires au-dessous du troisième rang. On doit se souvenir que pour une personne accusée et condamnée, une famille de dix ou de vingt personnes était exilée et prenait la route de la lointaine Hai-nan ou des côtes de la mer de Chine.

L'impératrice Wou se classe, indubitablement, parmi les plus grands meurtriers de l'histoire, peut-être même fut-elle la plus grande. Au beau milieu de cette orgie de sang, elle fit paraître un édit, en avril de l'an 692, interdisant l'élevage du porc pour la boucherie. Car sous l'influence de l'abbé, elle était devenue une bouddhiste dévote et cette religion réprouvait les activités sanglantes.

Chapitre 35

Nous étions en l'an 690. L'ouragan des crimes s'était abattu sur l'empire au cours des douze mois précédents. Les princes de la maison T'ang étaient pratiquement tous déposés et les gens étaient conditionnés pour accepter l'inévitable. Le calendrier avait été changé pour suivre celui des anciens rois Tcheou et l'année avait commencé en novembre. Le terme employé pour désigner l'année dans l'Antiquité, *tsai,* avait remplacé le mot familier et moderne de *nien.* Ce mois-là, le grand exécuteur Tcheou qui avait implacablement travaillé aux meurtres des princes, mais qui n'était nullement avisé de sa propre fin, envoya un mémoire au trône dans lequel il demandait que tous les noms des descendants de la famille T'ang soient rayés des listes des pairies, demande que l'impératrice avalisa sans difficulté.

La terreur augmenta de janvier à août comme l'époque du changement de dynastie approchait. Trop de dignitaires et de généraux avaient été exécutés en mai et en août pour ne laisser aucun doute sur la direction des volontés de l'impératrice. L'heure du coup de grâce approchait. La révolution fomentée par elle, par son neveu Tch'eng-ts'eu, par la princesse T'ai-p'ing et par l'abbé, était prévue en septembre. Deux mois auparavant, le *Livre du Grand Nuage* fut diffusé officiellement et des copies en furent distribuées dans tous les temples et tous les monastères de l'empire. Plus tard, deux temples, l'un à Tch'ang-ngan, l'autre à Lo-yang, allaient être construits spécialement pour abriter le texte de la révélation, le dernier en date des *Livres* sacrés du Bouddhisme. Ils seraient désignés sous l'appellation de « temples du Grand Nuage ». Les officiants devaient donner lecture et expliquer les passages importants de l'ouvrage. Neuf des moines flagorneurs qui l'avaient produit furent élevés au rang de duc avec le privilège de porter des vêtements monastiques pourpres avec des pendants en argent en forme de tortues. L'impératrice reconnaissait ainsi publiquement la véracité de la légende. D'ailleurs, qui aurait pu affirmer le contraire ? Peut-être avait-elle été Bouddha dans une existence passée ?

Tout était prêt. Le 3 septembre, une délégation conduite par Fou Yi-yi, citoyen de Tch'ang-ngan, représentant neuf cents personnes, se présenta aux portes du palais et demanda à voir l'impératrice. Leur requête était la suivante : selon le souhait et la volonté du peuple, ils voulaient que l'ancienne dynastie soit abolie et qu'une nouvelle, celle des Tcheou, soit établie. L'héritier, le prince Tan, recevrait le nom de clan, Wou. L'impératrice fut cordiale et leur sourit gracieusement. Elle se montrait touchée, mais n'était pas vraiment certaine que ce fut là la volonté du peuple. Elle déclina l'offre avec politesse et mit la pétition de côté. De toute manière, Fou fut récompensé par un poste de grand secrétaire au département du Grand Secrétariat impérial.

Mais l'impératrice avait refusé en vain. Peu après, soixante mille personnes – et parmi elles se trouvaient des moines, des commerçants, des fonctionnaires, des princes et des chefs de tribus – venaient entourer le palais et manifester bruyamment pour le changement de dynastie. Ils étaient conduits par le neveu Tch'eng-ts'eu et une délégation choisie demanda audience à l'impératrice. Ils produisirent un rouleau qui portait soixante mille signatures. Elle en fut ahurie et ne put y croire. Très certainement, Tch'eng-ts'eu avait travaillé pour recueillir ces voix avec diligence et il ne lui en avait rien dit. La voix du peuple s'exprimait. Et comme si cela ne suffisait pas encore, le prince Tan, lui-même, envoya une lettre l'implorant de lui accorder l'honneur de porter le nom de Wou. Face à une telle expression de l'opinion, elle trouva difficile de résister. Elle promit de reconsidérer la question puisque c'était là le vœu et le fervent désir du peuple.

On a dit que le 5 septembre des nuées de moineaux vermillon[15] se rassemblèrent sur le toit du temple de Tous les Dieux. Mais, fait encore plus significatif, un phénix, l'oiseau de la mythologie qui apparaît seulement à la naissance d'un sage, survola le palais de l'ouest vers le sud-ouest. Quelques personnes dirent l'avoir aperçu, puis une centaine, finalement tous les courtisans admirent avoir vu l'oiseau de leurs propres yeux. Seul un véritable idiot aurait affirmé le contraire.

L'impératrice ne pouvait pas et ne désirait pas non plus décevoir les espoirs de la nation et désobéir à la volonté divine. Avec modestie, le 7 septembre, elle écrivit le mot « approuvé » sur la pétition. Le 9, un décret fut promulgué. La dynastie impériale des T'ang était abolie, remplacée par celle des Tcheou. Le nom de l'ère de règne fut changé en « Désignée par le Ciel ». L'impératrice apparut sur la tour centrale du palais, elle fit lire l'édit et déclarer une amnistie générale. Lai, le censeur, avait pris la précaution de faire tuer les prisonniers importants avant la lecture du décret et il fut grandement félicité par l'impératrice pour sa prévoyance. Le 12 septembre, selon la savante graduation qu'elle avait préméditée, l'impératrice se donna le titre audacieux d'« Empereur de l'Esprit divin », *Cheng-chen houang-ti*. Son ambition se réalisait enfin. Elle devenait empereur et l'appellation « Esprit divin » marquait le premier pas

15. Le moineau vermillon est l'animal emblématique de la direction faste, le sud.

de sa divinisation. Le même jour, le prince Tan, dont le nom avait été impitoyablement flétri, fut honoré du nom de Wou. Le 13, les noms des princes T'ang furent enlevés de la liste des pairs de l'empire. Les membres du clan Wou, neveux, nièces et cousins, furent gratifiés des titres de prince et de princesse. Ce jour-là, le temple des ancêtres Wou à Lo-yang fut officiellement inauguré. Les tablettes funéraires avaient été apportées des anciens temples de Tch'ang-ngan et installées avec respect. On se souvient que l'impératrice avait élevé ses ancêtres à la cinquième génération au titre de prince en 684 ; ils devinrent empereurs et impératrices jusqu'à la septième génération et il leur fut rendu un culte impérial. Le temple des ancêtres impériaux des T'ang reçut le nom de « Temple pour jouir de la vertu » ; quatre des sept sanctuaires furent fermés et seulement les trois dernières générations d'ancêtres furent autorisées à recevoir les offrandes saisonnières.

L'époque de la transition entre les deux dynasties prenait fin. Tous les traîtres, tous les rebelles et tous les séditieux potentiels avaient été éliminés. La grande rebelle leur succédait. Comme elle devait rire !

Mais, au milieu de toute cette pompe et de toutes ces célébrations, se tenait un homme grand, le plus grand de tous. C'était Ti Jen-kie. Célèbre détective et juge, son nom entra dans la légende populaire. Lui, qui allait détruire le travail et les ambitions de l'impératrice Wou, se tenait pour l'heure assis et regardait en silence la parade ; en tant que président du ministère des fonctionnaires, il assistait à toutes les cérémonies. Il surveillait la situation, son esprit clair et aigu savait que l'heure n'était pas venue encore de restaurer la dynastie des T'ang, car son sang-froid et sa détermination n'avaient d'égal que ceux de l'impératrice, et ce qu'il avait alors en tête, nul, hormis quelques amis intimes, n'en savait rien.

LIVRE IV

Chapitre 36

Il est une loi inexorable dans les affaires du monde, le chaos cède la place à l'ordre, l'anormalité à la normalité et l'équilibre des choses terrestres, comme celui des corps célestes, est toujours restauré. Un mécanisme caché et secret fait tourner la roue du destin de manière à ce que les mauvais soient punis et les bons récompensés. Je dois rendre grâce à l'esprit de T'ai-tsong car il sembla inspirer les hommes et guider le cours des événements à venir. Mais plus grande encore que l'esprit de T'ai-tsong fut cette providence restauratrice des lois immuables qui servent l'équilibre du Yin et du Yang, équilibre qui régule les mouvements de l'univers et les affaires des hommes. Comme l'a dit un poète, l'ouragan ne dure pas toujours, les épidémies s'éteignent d'elles-mêmes sans cause apparente et les dictatures s'autodétruisent. Ne croyez pas que je philosophe vainement. Tout cela m'est apparu à la lumière de faits remarquables qui se produisirent après 695, l'année « désignée par le Ciel », et que j'appellerai un singulier renversement des choses. Des hommes comme Tcheou périrent les uns après les autres du fait de leurs propres stratagèmes tandis que des hommes honnêtes échappèrent à la mort comme par miracle. Quelque part, une main invisible agissait. Ne me faites pas dire que des hommes généreux comme mes grands-oncles, Yuan-wei et Yuan-jia, ne souffrirent pas et ne connurent pas une fin cruelle, comme la plupart des princes. Mais ceux dont la vie fut épargnée eurent pour destin de sauver et de restaurer la dynastie T'ang. Des faits remarquables, pris chacun séparément, concoururent à élever un groupe d'hommes éminents qui déterminèrent la vie politique si bien que les projets de l'impératrice Wou périclitèrent et qu'elle fut finalement défaite. Quelles que pussent être les machinations du neveu Tch'eng-ts'eu ou du censeur Lai, il y eut toujours des hommes comme le juge Ti, Wei Hiuan-t'ong ou Hsiu Yeou-kong pour les déjouer, et ce furent eux qui, finalement, dominèrent la situation. La moralité des ministres se ressaisit et le courage leur revint. Un vice-président du Tribunal des Censeurs défia la mort et refusa d'obéir à l'ordre donné par l'impératrice de quitter la capitale. Un juge préféra quitter son poste plutôt que de faire condamner un innocent. Et l'impératrice, en montrant une indulgence indigne à ses amants, fournit aux dignitaires intègres la détermination nécessaire à la restauration des T'ang.

Le pouvoir corrompt et l'impératrice Wou n'échappa point à cette règle. En se complaisant dans les plaisirs sensuels jusqu'à garder les fameux frères Tchang dans son harem, elle prouva une fois encore qu'aussi forte et aussi exceptionnelle qu'elle s'estima, elle suivait le cours commun des existences dominées par l'appétit de la chair. La débauche causa sa ruine. Pourtant, il semblait naturel qu'une fois ses ambitions réalisées, elle se relaxa et se donna du bon temps, comme il semblait naturel que les chefs de ses agents secrets se jalousent et se détruisent mutuellement et que d'aussi piètres politiciens que Lai et Tch'eng-ts'eu tombent et périssent. C'était comme au solstice d'hiver quand le principe sombre est au comble de sa puissance et que le principe lumineux, à son point le plus bas, commence à s'élever, augmentant la durée du jour. Nous allons voir maintenant l'influence grandissante du juge Ti, esprit maître qui devint le pivot de la restauration ; la façon miraculeuse qu'il eut d'échapper à la mort ; la néanmoins miraculeuse survie du prince Tan ; la fin dramatique de l'abbé fou ; la frustration du neveu Tch'eng-ts'eu et le retour au pouvoir du prince Tchö ; la non moins dramatique fin de l'agent secret en chef, Lai, pour arriver finalement à la tornade qui anéantit l'« Institut des grues », harem de l'impératrice, à l'emprisonnement et à la mort de cette dernière.

Malgré sa folie du pouvoir et son égocentrisme, on ne peut nier le fait que l'impératrice Wou était une femme remarquable par son jugement et par sa force de caractère. Il est d'autant plus pitoyable de constater qu'au cours des dernières années de sa vie, elle fit montre d'une rare tolérance. Elle arrêta les purges et fit rappeler à la cour ceux qui avaient été démis de leurs fonctions, dégradés ou exilés. Malgré les complots ourdis par Tch'eng-ts'eu et par Lai, elle tenait toutes les affaires en main. Si elle n'avait pas fait montre d'un tel esprit séditieux, il est probable qu'elle fut devenue une vraie souveraine, bien meilleure que de nombreux empereurs, en l'occurrence. On s'aperçut avec clarté, après l'établissement de sa dynastie, que le régime de la terreur n'avait été établi que pour cette fin, que les exécuteurs n'avaient été que des exécutants, des instruments, dont elle allait bientôt se défaire et qu'elle appelait, au service de son gouvernement, des hommes de bien qu'elle avait toujours admiré en secret. En cela, elle mérite notre admiration, même s'il est difficile de séparer la maîtrise dont elle fit preuve de la pure brutalité.

Hormis ses neveux, pas un de ceux qui l'avaient aidé à prendre le pouvoir ne survécurent une année. Fou, par exemple, qui avait apporté la pétition la priant d'accéder au désir du peuple en instituant sa dynastie et qui avait été promu à des postes toujours plus élevés, fut exécuté, un an jour pour jour après son exploit ; on l'avait condamné pour corruption et mauvaise conduite. Des trois bouchers de la grande persécution ne survivaient que Tcheou et Lai. Sou était mort, accusé d'avoir extorqué des aveux, et avait été traîné devant un tribunal. Les rôles étaient inversés ; ce n'était plus lui qui obtenait des aveux, mais ses juges qui lui firent subir ce qu'il avait tant fait subir aux autres. Comme il refusait de plaider coupable, le juge, un de ses anciens amis, lui dit : « Bien. Je vais t'amener un casque de fer. » Sou défaillit à la pensée d'avoir le crâne brisé et plaida coupable sur l'instant. Il devait mourir en prison peu de temps après. Les circonstances de la mort de Tcheou furent peu différentes, sinon par l'intensité dramatique. L'histoire fut si souvent racontée que l'expression « Saute, s'il te plaît, dans la cuve » est passée dans le langage courant. Ce bandit impitoyable, maître de son art, fut tué par un non moins grand maître, Lai. Ce dernier, terriblement ambitieux, était jaloux du pouvoir de Tcheou et avait envoyé des lettres d'information aux censeurs impliquant Tcheou dans une affaire qui avait déjà causé la mort d'un général. Lai s'était entretenu en privé avec l'impératrice et avait obtenu d'elle un ordre signifiant la traduction en justice de Tcheou. Un soir, les deux amis buvaient du vin ensemble ; Tcheou ne savait rien de ce qui s'était comploté contre lui et venait juste d'être nommé vice-président du département des Affaires d'Etat en récompense de ses services passés.

– J'ai une affaire délicate à résoudre, dit Lai à son compagnon. Quels que soient les moyens que j'emploie, je ne peux parvenir à obtenir les aveux d'un prisonnier. Il est si obstiné. Que me conseilles-tu ?

– Ne me dis pas que tu ne peux rien contre lui, répondit Tcheou avec animation. Si tu veux mon avis, mets le prisonnier dans une grande cuve de terre et installe un feu autour. Il te racontera ce que tu voudras avant d'être rôti.

Les yeux de Lai brillèrent.

– Pourquoi pas ? poursuivit-il, Quelle excellente idée ! Mon prisonnier est ici dans la maison. Pourquoi ne pas essayer ?

Une cuve fut amenée dans la pièce et on alluma le feu.

– Penses-tu que ce soit assez chaud ? demanda Lai, auquel cas j'enverrai chercher le prisonnier.

– Je pense que oui.

L'expression de Lai changea brutalement. Il sortit de sa manche une lettre signée de l'impératrice qui signifiait la perte de son rival.

– Veux-tu, s'il te plaît, sauter dans la cuve ?

Tcheou avait pâli. Il sembla prêt à s'écrouler. Il tomba à genoux, s'aplatit sur le sol et implora grâce. Il signa ses aveux qui furent apportés à l'impératrice. L'impératrice, ou plus exactement l'empereur, pensa que les services qu'il avait rendus lui autorisait un peu de considération et le fit bannir au sud plutôt que de le faire tuer. Sur le chemin de l'exil, Tcheou tomba entre les mains d'un des nombreux malheureux dont il avait fait exécuter les parents et paya de sa vie ses innombrables forfaits.

Après la mort de Tcheou, le gang des censeurs véreux, déjà déchiré par des luttes intestines, fut brisé. Seul restait Lai. Travaillant sous les ordres du neveu Tch'eng-ts'eu, il essaya de fomenter des machinations, mais ses exactions, comme celles de son maître, n'étaient que ronds dans l'eau comparées aux tempêtes qu'avait soulevées l'impératrice. Cependant, protégé par Tch'eng-ts'eu, il restait toujours aussi craint, car l'impératrice, elle, avait atteint son but mais pas son neveu. En effet, le prince Tan était toujours l'héritier en titre et si sa tante n'avait plus besoin de boucher, lui les recherchait. Il présumait, en toute logique, que le trône devait lui revenir, puisqu'il était l'aîné des petits-fils du père de l'impératrice. Infatigable, mais hautain et sans tact, il n’inspirait que le mépris. Avec l’aide de Lai, il réussit à impliquer quelques ministres qui s’étaient opposés à lui dans des affaires criminelles et à les faire tuer. Mais son attention devait être bientôt attirée par l’homme le plus grand de sa génération, le juge Ti, qu’il essaya de briser avec l'aide de Lai.

Chapitre 37

Le destin de la dynastie des T'ang dépendait de la survie et de la carrière de Ti Jen-kie, homme qui avait toujours défendu la cause du peuple contre les généraux et les dignitaires. Au cours des persécutions, il avait réussi à garder la tête sur les épaules car sa fine intelligence le faisait toujours agir à bon escient, parler lorsqu'il le fallait, se taire quand c'était nécessaire. En bon homme de loi, il attendait le moment opportun pour agir. Fidèle aux T'ang, il réprouvait la conduite de l'impératrice, mais, pour l'heure, il se tenait coi et regardait les neveux Wou parader comme de jeunes parvenus. A l'instar de l'impératrice dont il partageait bien des qualités, la patience, l'intelligence et la prévoyance, il savait qu'il lui faudrait du temps pour reprendre le pouvoir ; il avait aussi besoin d'alliés capables et courageux, placés aux postes stratégiques. Il fallait également créer une atmosphère politique différente et redresser la moralité de l'Etat. Sa tâche n'était pas aisée car il se trouvait face à une despote sans merci et redoutablement intelligente.

Mais il n'était pas seul. D'autres dignitaires partageaient ses idées. Parmi eux se trouvait Tchang Kientche. Ce dernier, il y avait bien des années de cela, après la mort de Kao-tsong et la déposition de ses fils, était gouverneur de King-tcheou sur le fleuve Bleu. Une nuit, il avait rencontré son ami Yang Yuan-yen sur un bateau au beau milieu du fleuve, là où ils pouvaient être certains de parler sans danger. Ils avaient évoqué les événements récents de la capitale et l'emprisonnement des princes les rendait fous. Avant que la lune n'éclaire le ciel, les deux amis firent le serment solennel de se débarrasser de l'usurpatrice, le temps venu, pour replacer sur le trône les descendants du grand T'ai-tsong. On sait que la situation s'était rapidement détériorée et que le règne de la terreur s'était abattu sur l'empire. Ils se tinrent silencieux des années durant, mais n'oublièrent jamais leur secret.

Le juge Ti avait alors une soixantaine d'années. Quelque vingt ans plus tôt, sous le règne de Kao-tsong, il était déjà juge à la Cour suprême. Je me demande parfois si Ti passera à la postérité comme juge et détective émérite ou comme l'homme qui restaura les T'ang. Les gens du peuple admiraient ce juge qui traquait les criminels, se déplaçait incognito pour mieux les poursuivre et qui avait toujours réussi à résoudre les énigmes policières, frustrant considérablement ses collègues. On a dit qu'il avait éclairci quelque dix-sept mille affaires. Le nombre est sans doute exagéré mais son talent et sa réputation ne sont pas à mettre en cause. Pas une seule fois, il n'avait fait condamner un innocent ; au contraire, il en sauva plus d'un. Mieux, il recherchait les coupables et les faisait mettre en prison. Il avait aidé tant de gens et sauvé tant de vies que lorsqu'il quittait un endroit après une mutation, les gens du lieu érigeaient une stèle en son honneur. Son nom était passé dans la légende. Il détestait le bouddhisme ou plus exactement la pratique qui en était faite par des moines nantis et pervertis et il ne s'en cacha jamais. Son esprit éminemment rationnel réprouvait les superstitions de tous genres. Lorsqu'il occupait un poste d'inspecteur au ministère des travaux publics, il avait fait fermer mille sept cents temples connus pour leurs pratiques de sorcellerie et leur immoralité.

Sa carrière avait connu bien des vicissitudes, il avait été successivement gouverneur de Ning-tcheou au

Kan-sou, vice-président du ministère des Travaux publics et vice-président du département des Affaires d'Etat, ou, plus simplement, magistrat dans des districts de différente importance. Alors qu'il était vice-président du département des Affaires d'Etat, il avait été envoyé à Jou-nan pour enquêter sur les affaires locales. Six ou sept cents personnes attendaient en prison leur procès, accusées de complicité dans la rébellion des princes. Fin psychologue, il savait bien que la majorité des accusés, des gens simples, avaient été forcés à rejoindre les rebelles. Il refusa de les faire condamner à mort, contre l'avis du commandant militaire du district. De plus, il réprimanda vertement ce dernier pour avoir massacré des soldats qui s'étaient rendus afin d'améliorer ses résultats. « La puanteur des cadavres emplit les fossés. Si je tenais le sceptre impérial entre les mains, je vous tuerai d'abord et, ensuite, je rédigerai un rapport sur vous. Voulez-vous conduire les gens à se rebeller avec plus de violence encore ? » Le commandant avait rapporté ces paroles à l'impératrice et Ti fut relégué à un poste subalterne de magistrat. Et, à présent, l'impératrice faisait de nouveau appel à lui. Un jour qu'ils s'entretenaient, elle lui demanda :

– A Jou-nan, vous avez eu des ennuis, n'est-ce pas ? Savez-vous qui vous a calomnié auprès de moi ?

– Non, et, s'il vous plaît, ne me le dites pas. Je préfère ne pas le savoir. Si j'ai mal agi, je suis heureux d'avoir été puni. Si, au contraire, j'ai bien agi, et Votre Majesté l'entend ainsi, je suis satisfait. L'homme qui a parlé contre moi s'est comporté en véritable ami.

Tel était son sens de l'humour, un humour où se mêlait toujours une fine compréhension du cœur des hommes, et l'impératrice, ce jour-là, ne put s'empêcher de l'admirer.

Ti devint vice-président du ministère des Finances ; en tant que conseiller privé suprême, il participait aux plus grandes audiences. Cette position élevée n'était guère enviable alors car le neveu Tch'eng-ts'eu, au faîte de son pouvoir, venait de faire exécuter cinq ou six ministres qui s'étaient élevés contre son projet d'être nommé héritier du trône. La position de Ti était un peu celle d'un homme arrivé au dernier barreau d'une échelle, un pas et il tomberait sans pouvoir se relever.

En janvier de l'an 692, Ti et quelques autres ministres furent arrêtés sur les ordres de Tch'eng-ts'eu ; le chef d'accusation était, une fois encore, la sédition. Ti usa de toutes les ressources de son intelligence pour déjouer les manœuvres du chef du S.T.T., l'abominable Lai. Ce dernier, qui le connaissait de réputation, s'interrogeait sur la réaction du célèbre juge. Ti, contre son attente, plaida coupable sur-le-champ. Il savait, en homme de loi expert, que celui qui se déclarait coupable n'échappait pas seulement à la question, mais voyait sa peine adoucie : « Votre honneur, je plaide coupable. La grande dynastie des Tcheou a reçu le mandat du Ciel et une ère nouvelle débute. En tant que fidèle serviteur de la maison T'ang, je suis prêt à mourir. »

Lai fut ravi de l'entendre parler ainsi, d'autant plus que les autres ministres calquèrent leurs déclarations sur celle de Ti, mis à part l'entêté Wei Yuan-tchong. Comme Lai était d'humeur charmante, il ne les soumit pas à la torture et les fit reconduire en prison. Ti avait gagné du temps. Il écrivit une lettre à son fils, lui demandant d'attirer l'attention de l'impératrice sur leur affaire et la suppliant de lui accorder un entretien, missive qu'il cacha à l'intérieur de sa robe doublée. Il ne lui fut pas difficile de persuader le geôlier de faire retourner la robe chez lui et, quand son fils la reçut, il soupçonna la présence d'un message car nous étions alors en hiver et le juge aurait dû avoir besoin de son vêtement. Averti, il fit parvenir le message à l'impératrice sans perdre de temps. Peu avant, l'impératrice avait eu une conversation intéressante avec un enfant et ceci devait la rendre plus réceptive à la lettre de Ti. On peut dire que Ti eut la vie sauve grâce à un jeune garçon de neuf ans ; celui-ci, fils du vice-secrétaire Lö qui avait été exécuté trois mois plus tôt, était devenu esclave. Comme il était intelligent, on l'avait envoyé au palais. L'impératrice remarqua son air éveillé et l'interrogea sur sa famille. L'enfant répondit et lui dit aussi avoir quelque chose à ajouter.

– Et qu'as-tu à me dire ? Ton père fut jugé au cours d'un procès régulier et on prouva sa culpabilité. Voilà pourquoi il fut exécuté.

– Non, répliqua le garçon. Tout le monde a peur des tortures de Lai. Il pourrait arracher les aveux de n'importe qui. Mon père était innocent.

– Que dis-tu ?

– Si vous ne me croyez pas, choisissez un homme en qui vous avez confiance et faites-le juger par Lai, vous verrez, il avouera.

L'impératrice avait été impressionnée par les paroles de l'enfant et garda l'œil ouvert sur les agissements de Lai. D'autre part, comme elle avait toujours apprécié le juge Ti, elle interrogea Lai sur son sort :

– Que faites-vous ? J'ai entendu dire que vous faites subir toutes sortes de traitements horribles aux prisonniers. Qu'en est-il de Ti Jen-kie, de Wei Yuan-tchong et des autres ?

– Je vous demande pardon, Majesté, ces hommes ont plaidé coupables d'eux-mêmes et ils sont bien traités en prison. Je les ai même autorisés à garder leurs vêtements officiels.

– Ont-ils tous avoué ?

– Oui, à l'exception de Wei Yuan-tchong.

– Ce sont de bons ministres. Interrogez-les à nouveau et faites-leur un procès en bonne et due forme.

L'impératrice ne crut Lai qu'à moitié et envoya un fonctionnaire visiter la prison du S.T.T. pour vérifier ses allégations. Quand l'officier annonça sa visite, Lai se saisit du vêtement et de la coiffe de Ti dont il affubla un homme qui avait sensiblement la même taille pour éviter que le juge ne parle à l'envoyé du palais. Puis il sortit en personne de la geôle avec l'homme en question et se tint sous le porche face à l'ouest. L'officier avait le soleil dans les yeux et, de toute manière, il était si terrifié par Lai qu'il n'osa pas même regarder en face. Il s'en retourna et rapporta à l'impératrice qu'il avait vu le juge Ti, que celui-ci lui semblait en bonne santé et qu'il était apparemment bien traité. Lai, que cette visite avait rendu inquiet, fit envoyer sur-le-champ les lettres d'adieu des prisonniers à l'impératrice afin de la persuader que ses ministres allaient à la mort avec bonheur. L'impératrice, toujours soupçonneuse, accorda un entretien aux condamnés. En sa présence, ceux-ci mirent genou à terre et lui affirmèrent qu'ils n'étaient pas coupables du crime dont on les accusait.

– Pourquoi avoir avoué dans ce cas ?

– Majesté, si nous ne l'avions pas fait, nous ne serions pas en votre présence aujourd'hui ; il y a longtemps que nous serions morts sous la torture.

– Pourquoi avoir écrit des lettres d'adieu au trône ?

– Mais je n'ai rien écrit, se récria Ti, très surpris.

Les autres dénièrent à leur tour et on examina les lettres envoyées par Lai. Il apparut qu'elles étaient des faux. On aurait pu penser à la suite de cela qu'ils allaient être acquittés, mais c'était mal connaître Tch'eng-ts'eu qui insista pour qu'ils soient démis de leur fonction.

« Il n'y a pas de chef d'accusation contre eux », répondit l'impératrice à son neveu. Nous étions alors en 692 et elle sentait son pouvoir mieux assuré. Tch'eng-ts'eu insista encore et elle lui répondit avec fermeté : « Il suffit. J'ai donné ma parole et ne reviendrai pas là dessus. »

De ce jour, le conflit entre l'impératrice et son neveu s'aggrava. Il en résulta que si la vie des ministres fut épargnée, ils furent envoyés dans les provinces. L'impératrice aurait pu punir Lai avec sévérité, mais ce dernier avait le soutien total de son neveu et elle préféra le laisser en place ; la confiance dont elle le créditait ne devait pas cesser de diminuer au fil des jours. La chance ne servit pas seulement Ti, mais les autres ministres aussi car ils ne furent jamais plus cités en justice.

En juin et juillet de la même année, plusieurs fonctionnaires comme Yen Chan-sseu, Yu Kien et Cheou Yi-hien, en particulier, envoyèrent une série de lettres pour suggérer la restauration du système judiciaire ; ils demandaient que la position de censeur soit soumise à révision, que les mauvais juges soient suspendus et que la peine capitale ne soit appliquée, comme du temps de T'ai-tsong, qu'après réexamen et appel auprès des magistrats compétents ; ils demandaient aussi qu'un censeur du huitième rang ne soit plus autorisé à tuer un homme sur-le-champ et que, politiquement, un régime plus humain et plus civil soit mis en place pour gagner le cœur du peuple. Selon eux, la grande majorité de ceux qui avaient été exécutés lors des purges étaient innocents. Cheou Yi-hien rédigea au mois de juillet une accusation qui devait demeurer célèbre ; il y décrivait en détail les tortures horribles utilisées par les censeurs et ridiculisait le principal chef d'accusation, la sédition, comme si l'empire était empli de héros essayant de se hisser sur le trône du Dragon.

Parmi les hommes qui avaient figuré au dernier procès du juge Ti, se trouvait un grand personnage appelé Wei Yuan-tchong qui allait jouer un rôle important. Homme honnête et au grand cœur, Wei était cependant aussi têtu qu'une mule et avait, comme on l'a vu, refusé de plaider coupable. Malgré l'amour et l'admiration qu'on lui portait en général, sa carrière avait connu bien des vissicitudes.

Dans son combat contre les gigolos de l'impératrice, il fut pareil au pétrel des hautes mers. On le verra quand l'impératrice fut emprisonnée devenir, sous les acclamations publiques, président de la Grande Chancellerie impériale. Quatre fois il fut sur le point de mourir ou d'être exilé et quatre fois il en réchappa de justesse. Il semblait qu'une bonne fée veillait sur sa destinée.

Au cours de la persécution des ministres, Wei avait été condamné à mort et était attaché, à genoux, sur l'aire d'exécution avec quatre ou cinq de ses amis. On entendit soudain dire qu'un émissaire du palais arrivait avec le pardon de l'impératrice. L'exécution fut suspendue. Les autres étaient grandement excités, mais Wei ne bougea pas. L'émissaire arriva, tenant en main une note de l'impératrice. On détacha les prisonniers ; certains se relevèrent, mais Wei ne bougeait toujours pas : « Lisez d'abord l'édit, dit-il, je n'ai rien entendu. »

On lut l'édit, alors Wei se releva lentement, il prit une large respiration sans que son visage montre la moindre expression d'émotion.

Une autre fois, il avait été jugé par l'ancien vendeur des rues, Heou, devenu censeur. On l'avait traîné sur le sol, les épaules et la tête prises dans un chevalet. L'incongruité de la situation le saisit soudain. Lui, Wei Yuan-tchong, le grand lettré, jugé par un marchand ambulant ! Il fit comme s'il voulait parler et Heou crut qu'il allait enfin passer aux aveux.

– Qu'as-tu à dire ? hurla le juge.

– Une chose seulement. Quelle infortune de me voir ainsi traîné sur le sol par un âne !

– T'aurais pas dû dire ça, se récria Heou au comble de la fureur, ça veut dire quoi d'abord ?

– Eh bien que tu t'exprimes avec un accent abominable et que ton vocabulaire est déplorable. Jamais tu n'as lu un livre. Tu es juge à présent et tu dois apprendre à parler comme un juge ; je sais que tu en es capable si tu consacres chaque jour un peu de temps à l'étude. Je peux t'y aider. Tu ne sais pas la chance que tu as de pouvoir t'entretenir avec Wei Yuan-tchong en personne.

Le juge inculte fut grandement impressionné par cette diatribe car il avait le respect du paysan pour le lettré et qu'il savait que son prisonnier était le grand Wei. Il se leva et s'approcha pour détacher ses liens avant de l'inviter à s'asseoir. Wei commença à corriger son accent. Il était libre !

Ce fut des hommes comme ceux-ci que le destin avait choisi pour restaurer la glorieuse maison T'ang. Le calme et la sagesse de Ti Jen-kie, la force et l'opiniâtreté de Wei Yuan-tchong, l'intégrité de Hsiu Yeou-kong, le courage de Song King et la prééminence de Tchang Kien-tche, se réunirent pour former une force morale capable de déjouer le génie diabolique de l'impératrice.

Chapitre 38

On a vu qu'au cours du procès de Ti Jen-kie, le neveu de l'impératrice, Tch'eng-ts'eu avait tenté, avec l'aide de Lai, de détruire ceux qui s'opposaient à sa nomination comme prince héritier. Il n'avait pas obtenu les succès escomptés et sa tante qu'il avait aidée à monter sur le trône lui battait froid. Qu'allait-il advenir de lui ? N'était-il pas l'aîné des petits-fils et ne devait-il pas succéder à sa tante? Ses autres cousins, Yeou-ning, Yi-tsong, San-sseu et tous les autres avaient été nommés à des postes élevés. Si certains n'étaient que magistrats ou conseillers privés, leur pouvoir et leur influence n'en étaient pas moins importants. Depuis deux ou trois ans déjà, la question de la succession leur brûlait les lèvres, mais grand-mère ne paraissait pas pressée de la régler. Tch'eng-ts'eu savait qu'il était impopulaire car il avait envoyé à la mort un grand nombre de dignitaires pour infléchir la position de grand-mère à son égard. Mais le prince Tan était toujours prince héritier quelle que fut la signification exacte de ce titre. Tch'eng-ts'eu, sans assurance, perdait l'espoir de devenir empereur à son tour. Quelle pensée horrible ! Le trône lui revenait. Sinon pourquoi avoir fondé la dynastie des Wou ? Et il réussit à convaincre Lai de travailler pour lui en ce sens. Lai, qui était aussi ambitieux que lui, aspirait à prendre la tête du gouvernement. Après tout, l'impératrice n'était pas immortelle.

En 693, ils essayèrent de jeter le discrédit sur le prince Tan avant de le détruire. Deux petits fonctionnaires furent exécutés pour avoir rencontré Tan en privé. Nous vivions toujours confinés dans les bâtiments du palais de l'est et toute visite secrète pouvait impliquer que le prince complotait contre sa mère. Pour amplifier les faits, les deux fonctionnaires avaient été soumis à un châtiment exemplaire et inhabituel, ils avaient été écartelés. Tch'eng-ts'eu porta ensuite son attention sur les deux concubines du prince Tan, Tu et Lieou. Une des servantes favorites de grand-mère, Touan-eul, achetée par Tch'eng-ts'eu, rapporta un jour à cette dernière que ses deux belles-filles l'avaient maudite et espéraient sa mort prochaine. Un peu plus tard, les deux jeunes femmes devaient accompagner grand-mère au palais *Kia-yeou-tien.* Grand-mère revint seule, les jeunes femmes avaient disparu et ne regagnèrent jamais leurs appartements. On ne trouva nulle trace d'elles. Elles avaient dû être assassinées dans le plus grand secret et leurs corps expédiés on ne sait où. Ceci s'était passé juste après l'exécution publique des deux fonctionnaires et le prince Tan en conçut une grande terreur. Au cours du dîner suivant, grand-mère jeta à plusieurs reprises des coups d'œil dans sa direction. N'était-il pas étrange qu'elle l'ait prié à dîner justement ce soir-là ? Selon toute probabilité, elle voulait vérifier s'il allait ou non oser protester et s'élever contre elle, comme l'avait fait le prince Hong autrefois. Mais Tan devait continuer à jouer le rôle de fils docile et soumis. Il n'aborda pas la question. Bien entendu, on ne rechercha pas les corps de mes tantes et elles n'eurent pas de funérailles. L'une d'entre elles, la concubine Tu, n'était autre que la mère de notre présent souverain, Ming-houang, qui était alors âgé de six ou sept ans. Plus tard, quand il s'assit sur le trône du Dragon, il voulut rendre les honneurs posthumes à sa mère et fit rechercher ses restes pour les inhumer aux côtés de ceux de son père. On ne put les trouver et il dut se contenter de disposer dans le cercueil vide une robe de cérémonie de cour et les insignes impériaux.

Ces événements s'étaient produits à un mois ou deux d'intervalle. Ils ne constituaient qu'une étape préliminaire pour faire accroire la conspiration de l'oncle Tan. Un jour, Lai et Tch'eng-ts'eu se rendirent dans nos appartements pour faire le procès de nos serviteurs, sans que grand-mère n'en sut rien. Leur but était de les obliger à témoigner contre Tan et à l'accuser d'être le complice des deux fonctionnaires exécutés. Qu'avaient-ils à dire ? N'avaient-ils pas surpris des conversations ? Les questions fusaient. Tout cela se passait, comme je l'ai dit, dans nos appartements du palais de l'est et Tch'eng-ts'eu qui régnait en maître sur la Cité interdite tout entière pouvait faire de nous ce que bon lui semblait. Les chevalets de tortures furent disposés à leur place habituelle et les bastonnades commencèrent. On versa du vinaigre dans le nez de quelques servantes, une des entrées en matière favorites de Lai. Les questions continuaient. Que faisaient les princesses Tu et Lieou ? Ne joignaient-elles pas leurs murmures à ceux des autres ? Ils devaient savoir que, s'ils ne disaient pas la vérité, ils seraient jugés aussi coupables que les membres du complot. La disparition des deux jeunes femmes rendait aussi plus facile la production de témoignages ou de contre-témoignages. Que les morts ne parlent pas est un fait bien établi, mais pouvoir les faire parler semblait être une excellente pratique dans une science aussi accomplie que celle des procès. Les serviteurs, les suivantes, les eunuques étaient si terrifiés qu'ils étaient prêts à avouer n'importe quoi. C'est alors qu'un miracle se produisit. A ce moment précis, un homme du nom de Ngan Kin-ts'ang, qui n'appartenait pas à notre domesticité mais que l'on avait amené là pour être interrogé, s'écria : « Vous ne pouvez pas faire cela ! Tout n'est que mensonge ! Le prince héritier est innocent ! »

Et, contre toute attente, Ngan se saisit d'un couteau, il se découvrit le ventre et se l'ouvrit si bien que ses tripes sortirent. Bientôt, il gisait inconscient dans une mare de sang. Tch'eng-ts'eu pâlit. L'affaire prenait une tournure inattendue. Les tortures et les interrogatoires cessèrent sur-le-champ devant cette forme de suicide de protestation et le palais tout entier fut alarmé. Les suivantes hurlaient, quelques-unes s'enfuirent pour échapper à cette scène horrible, d'autres allèrent prévenir grand-mère qui arriva inopinément, ne se doutant pas du spectacle affreux qui l'attendait. Tch'eng-ts'eu et Lai, debout, la regardèrent avec respect, l'air penaud. Grand-mère tança son neveu avec sévérité en observant le mourant avec stupéfaction ; elle n'avait été mise en contact direct avec le sang que très rarement.

Elle interrogea les suivantes sur ce qui venait d'arriver comme Tch'eng-ts'eu et Lai décampaient. Le médecin de la cour se présenta. Grand-mère donna l'ordre qu'on mit tout en œuvre pour sauver le malheureux. L'homme respirait encore. On referma sa blessure et on le banda avec des fibres d'écorce de mûrier après avoir appliqué de la suie pour éviter l'infection, et on le déposa sur un lit. Cet accident avait impressionné Grand-mère au-delà de toute mesure. Le lendemain, elle demanda des nouvelles de Ngan. Il avait dormi. L'hémorragie l'avait affaibli, mais il n'avait pas de fièvre ; et même s'il était encore inconscient, ses chances de survie augmentaient à chaque instant. Grand-mère revint l'après-midi même dès qu'on l'eut prévenue qu'il pouvait dire quelques mots.

« Ngan, je vous remercie. Merci infiniment. J'étais prévenue contre mon propre fils. Vous avez risqué votre vie pour le sauver. »

Ngan fut traité royalement et ne devait pas quitter le palais avant que sa blessure ne fut complètement guérie. Grand-mère et oncle Tan le couvrirent de cadeaux. Cet épisode avait marqué si fort grand-mère qu'elle s'était repentie sur-le-champ, ce qu'elle n'avait jamais fait de sa vie. Elle battit froid Tch'eng-ts'eu pendant plusieurs jours. Telles étaient les « gaucheries » de son neveu et elles lui déplaisaient fort. Elle était persuadée à présent que son fils n'était pas disposé le moins du monde à conspirer contre elle. Elle voulut punir Lai de son effronterie, oser monter une telle machination dans l'enceinte du palais, sans son accord ! Et pour la première fois, il rétrograda et fut nommé à un poste mineur en province. Ce fut le début de sa disgrâce comme le début du changement d'attitude de grand-mère vis-à-vis de son neveu et de sa parentèle. Si ses sentiments maternels n'avaient guère eu l'occasion de se manifester à l'égard de Tchö et de Tan, elle allait changer. Ne suffisait-il pas d'une étincelle pour raviver son affection, étincelle que seul, peut-être, le juge Ti pourrait susciter.

Chapitre 39

Le pouvoir de l'impératrice Wou avait été conforté par la production de légendes et de mythes pseudo-religieux et pseudo-traditionnels qui alléguaient qu'elle était à la fois la réincarnation d'un Bouddha et la descendante des rois Tcheou de l'Antiquité. L'adoption du calendrier des Tcheou et la construction du palais de Lumière avaient fait partie d'une grande campagne pour lui assurer le respect et les hommages du peuple. Tout cela sonnait faux et avait le clinquant d'un carnaval de campagne, mais avait été terriblement efficace pour créer une atmosphère propice à l'établissement de sa dynastie. Ses aventures bouddhiques, quoique brèves, ne lui avaient pas procuré moins de succès et s'achevèrent dans une vaste conflagration qui ne manqua point de grandeur. Sur cet univers de faux-semblants et de simulacres régnait le moine fou, son favori, qui allait devenir le plus cher bouffon que jamais reine ne posséda.

Il ne faisait aucun doute que l'abbé souffrait de la folie des grandeurs, affection qu'il partageait avec sa maîtresse, l'impératrice ; leurs réalisations communes ne pouvaient être que spectaculaires. En 690, elle commit quelques atrocités, d'ordre philologique cette fois, en enrichissant notre langue, avec l'aide de son cousin Tsong Tsin-k'o, de douze nouveaux idéogrammes pour désigner, entre autres, la terre, le ciel, le vent, le souverain, le sujet. Une nouvelle graphie fut adoptée aussi pour son nom personnel Tchao qui signifie « briller ».

La partie supérieure de l'idéogramme était composée respectivement des graphies du soleil et de la lune pour évoquer l'aspect de lumière et, dans la partie inférieure, on utilisa un idéogramme dont le sens est « vacuité », « espace vide » ou « éther ». Cette composition au goût douteux – car quelle femme convenable aurait mis en lumière « son grand vide » d'en-dessous – était supposée être le reflet de sa personnalité. Heureusement qu'elle n'entendit jamais les plaisanteries grasses qui circulèrent entre les tables des maisons de thé où l'on se gaussait de ceux qui, attirés par l'éclat, remplissaient ce grand vide. Comme toujours, la tête chauve de l'abbé, était un sujet de prédilection pour les amateurs d'obscénités.

Mais grand-mère, sous le charme de l'illumation religieuse, avait confiance dans le succès de leurs entreprises. On se souvient que l'abbé avait dirigé les travaux de construction des deux temples dans l'enceinte de la Cité interdite. Il était aussi responsable de la production de ce chef-d'œuvre d'hagiographie frauduleuse, le *Livre du Grand Nuage* dans lequel l'impératrice était présentée comme la réincarnation du Bouddha Maitreya. Toutes ces fariboles étaient si plaisantes que personne ne devait les prendre au sérieux, ni ne devait non plus les remettre en cause. Puisqu'elle était un Bouddha vivant, elle épousa avec ardeur la cause du bouddhisme. Elle avait ordonné au mois de mars 691 que toutes les processions des moines et des moniales bouddhistes devaient avoir la préséance sur les cérémonies taoïstes. En avril de l'année suivante, c'était le célèbre édit interdisant l'élevage du porc pour la boucherie qui avait été promulgué, au moment même où trois cents femmes et enfants étaient massacrés sur la rive d'un fleuve.

L'abbé, son neveu Tch'eng-ts'eu et sa fille la princesse T'ai-p'ing s'évertuèrent par la suite à donner un semblant de vérité à sa nouvelle position, la bouddhéïté, et des épithètes d'inspiration plus ou moins bouddhiste, toujours plus nombreuses, furent ajoutées à son titre d'empereur. Tch'eng-ts'eu faisait circuler des pétitions à cet effet qui finirent par recueillir les signatures de vingt-six mille personnes. Au commencement, elle était la « Mère Sainte Divine Souveraine », puis au moment de la fondation de sa dynastie, elle fut « l'Empereur de l'Esprit Saint » pour, en septembre de l'an 693, à l'occasion d'une grande cérémonie célébrée dans le temple de Tous les Dieux, devenir « Roue d'or », « Empereur de l'Esprit Saint » ; enfin, au mois de mai de l'an 694, elle fut « Primordiale, Roue d'Or, Empereur de l'Esprit Saint » avant d'être désignée, en novembre de la même année, sous le titre de « Grande Compatissante, Primordiale, Roue d'or, Empereur de l'Esprit Saint ». Elle adorait tout cela.

Mais son aspiration au divin ne dura que le temps où l'abbé lui fut fidèle. Il se fatigua d'elle, car, bien qu'elle usât de fards, elle n'en avait pas moins soixante-douze ans. Le ventre rondouillard du Bouddha rieur n'était plus aussi édifiant que par le passé et, à présent, riche et puissant, l'abbé essayait de se tenir éloigné d'elle le plus possible. Il ne quittait plus le temple dont il avait la charge, le temple du Cheval Blanc, où il avait d'autres moyens de se divertir. Grand-mère le faisait chercher souvent, mais toujours il trouvait des excuses pour ne pas accéder à son désir. Elle l'avait toujours laissé libre d'agir à sa guise et se trouva bientôt sous la coupe d'un terrible maître-chanteur. Il avait pris d'obscures dispositions en accueillant dans son temple, après les avoir fait tonsurer, une centaine de jeunes costauds dont la plupart avait été boxeurs ou lutteurs comme il l'avait été autrefois. Les résidences qu'il avait mises à la disposition de ces pseudo-moines dans l'enceinte du temple étaient somptueuses.

Grand-mère se sentait impuissante, d'autant plus impuissante qu'il était bien le seul homme qu'elle ait jamais craint au cours de son existence. Entre-temps, elle avait trouvé un nouvel amant en la personne du médecin de la cour, Tch'en Nan-k'ieou. Quand il apprit la nouvelle, l'abbé fut comme fou et devint plus insolent que jamais. Ses visites, courtoises pour la forme, car elle ne l'excitait plus, se firent plus rares. Lui qui la connaissait mieux que quiconque semblait agir bien légèrement, traiter l'impératrice comme une maîtresse que l'on délaisse. Peut-être, au fond, n'était-il pas si fou ? Il connaissait le prix qu'elle était prête à payer pour qu'il ne divulguât point les perversités dont elle avait été capable et, de surcroît, son pouvoir dépassait celui des grands ministres. En désespoir de cause, pour l'éloigner de la capitale, l'impératrice envoya l'abbé commander ses troupes engagées dans une guerre contre les Turcs au nord. La chance fut avec lui car, quand il rejoignit ses quartiers, les Turcs, défaits par des dissensions internes, avaient renoncé à leur invasion. L'abbé put ainsi rentrer à la capitale triomphalement après avoir fait ériger un mémorial de guerre pour célébrer sa victoire.

Le temps des festivités du Nouvel An arriva. Comme à l'accoutumée, hommes et femmes emplirent les temples, et le temple de Tous les Dieux avec ses Bouddhas s'élevant du sol et ses myriades de lumières fut ouvert au public. Après avoir rapporté à l'impératrice l'heureuse conclusion de sa campagne contre les Turcs, l'abbé l'informa de son désir de célébrer l'événement avec pompe. Il espérait, de la part de sa maîtresse, une récompense, un titre plus élevé ou toute autre forme de reconnaissance, mais elle se montra cordiale, sans plus. L'abbé se consacra à sa grande célébration. La grande image du Bouddha qui avait été peinte sur une étoffe de deux cents pieds de hauteur fut déroulée à l'extérieur des portes de la Cité interdite. Le 15 janvier eut lieu la fête des lanternes qui embrasait toute la ville. Il y eut un grand rassemblement et on jeta des sapèques aux spectateurs sur la place devant le temple de Tous les Dieux. L'« abbé embrassant la Vertu » attendait que l'impératrice vienne honorer ces fêtes de sa présence comme elle avait coutume de le faire. Il avait même préparé un programme spécial à son attention, puisqu'elle était un Bouddha vivant. Il prévint tout le monde de son arrivée qu'il pensait imminente. Sa présence lui était indispensable pour conforter sa position de favori aux yeux du public. Il attendait, attendait toujours. Elle ne se montra pas. Il fut comme enragé à l'idée qu'elle était sans doute avec son nouvel amant et sa rage ne diminua que lorsque, finalement, il trouva un moyen de se venger.

Cette nuit-là, sous le coup d'une folle colère qu'expliquait son amour-propre bafoué, il mit le feu au temple du Ciel qui avait coûté des milliers de ligatures de sapèques. Le Bouddha colossal de deux cent cinquante pieds de hauteur était, on s'en souvient, une statue remplie de chanvre et recouverte de plâtre. L'image brûla et, comme dans un feu d'artifice, tout le bâtiment s'évanouit dans un flamboiement et dans le craquement des étincelles. Le grand feu, avivé par la bise hivernale, se saisit du temple de Tous les Dieux qui était situé juste devant le précédent. Bientôt il fut la proie des flammes. Le pont T'ien-kin était éclairé comme en plein jour. Le spectacle de ces immenses bâtiments enflammés était extraordinaire et nombreux furent les curieux à l'admirer à distance. La conflagration atteignit trois ou quatre cents pieds de hauteur. Les étincelles jaillissaient et mirent le feu à l'image du Bouddha en étoffe, déjà déchirée par les vents glacés de l'hiver. « Le nez du Bouddha brûle ! » s'écrièrent les spectateurs. Le feu lécha, peu à peu, le nez, à l'amusement de tous. L'odeur de la peinture se mêla à celle du sang, à celle du bois des charpentes qui craquaient avant de s'écrouler. Quelques étincelles retombèrent même sur le marché du nord, à l'extrémité de la ville, et l'éclat rougeoyant du ciel recouvrit la cité.

L'aube éclaira l'immense charpente qui brûlait encore, le bois craquait et des flammes apparaissaient ici ou là. Le phénix métallique du faîtage avait survécu au feu ; il gisait à terre, incliné sous un angle grotesque. Cet événement entra dans l'histoire sous le nom de l'« Incendie du 15 janvier ». Telle avait été la leçon que le moine embrassant la Vertu avait voulu donner à sa maîtresse infidèle. Dans son imagination malade, le feu, pareil à un démon rouge, lui apparut comme un spectacle magnifique et propre à rasséréner ses âmes. L'impératrice allait-elle le punir ? L'abbé savait qu'elle ne bougerait pas. Il est vrai qu'elle parut honteuse et embarrassée. Elle tenta d'expliquer à ses courtisans que les ouvriers s'étaient montrés négligents et qu'un tas d'étoffes de chanvre avait dû mettre le feu aux bâtiments. Elle ordonna la reconstruction des temples et ce fut l'abbé qui, une fois encore, assura la direction des travaux. Profondément humiliée, elle n'osa pas, pourtant, offenser son amant qu'elle savait ne pas être animé par la vertu de discrétion. Elle enrageait à présent de s'être laissée entraîner dans un commerce avec un pareil personnage, une racaille et un imposteur. Mais il était impossible de le faire traduire en justice. Elle redoutait la perspective d'un procès où tout pourrait être dit. Le public avisé aurait une oreille attentive à tous les détails suggestifs et rapidement tout l'empire serait au fait de ses aventures. N'avait-elle pas été couverte d'opprobre lors de l'exécution du jeune Hao ? L'abbé en savait bien plus que le jeune homme, puisqu'il avait été son partenaire dans la débauche. Allait-elle laisser l'histoire la juger comme la pire pervertie sexuelle qui jamais exista ? Le meurtre ne résoudrait-il pas cette question ?

Peu après, le censeur Tcheou K'ieou apporta la preuve des agissements criminels de l'abbé au temple du Cheval Blanc où il voulait fomenter une rébellion avec son millier de boxeurs et de pseudo-moines. Il en parla à l'impératrice car il souhaitait faire traduire l'abbé en justice.

– Croyez-vous que cela soit nécessaire ? demanda-t-elle, un peu contrariée, après avoir essayé de lui faire entendre, à mots couverts, la situation.

– Oui, Majesté. Je suis certain que l'abbé ourdit de sombres machinations et je veux lui poser un certain nombre de questions.

Il insista tant que l'impératrice répondit, après avoir réfléchi un moment : « Bien, Retournez à votre office, je vous l'envoie sur-le-champ. »

Tcheou K'ieou se retira, persuadé qu'elle ne ferait rien contre son amant. Mais il venait à peine de regagner ses bureaux que l'abbé, à sa grande surprise, apparut. Il attacha son cheval à la barrière et sauta dans le bureau du censeur. Il se jeta sur une banquette qui se trouvait là, leva les pieds en l'air et se mit à rire. Quand Tcheou K'ieou l'appela pour l'interrogatoire, il se releva brusquement, sortit et enfourcha son cheval. La conduite outrancière de l'abbé fut rapportée à l'impératrice qui avait sans doute conseillé à son amant de simuler la folie.

« Le moine est fou, dit-elle, il n'est pas utile de le persécuter. Par contre, occupez-vous de l'affaire des pseudo-moines du temple du Cheval Blanc, je vous laisse carte blanche. »

Tcheou K'ieou fut contraint d'accepter. Il jugea les autres moines et les fit exiler.

La princesse T'ai-p'ing, qui était au courant de tout ce qui se passait, rendit un jour visite à sa mère. Elle était soucieuse, elle aussi, d'un éventuel scandale qui l'éclabousserait, elle, la pervertie qui à seize ans déjà aimait à se travestir en garçon.

– Pourquoi permettre à ce crâne chauve de conduire une révolte contre le trône ? Ne faut-il pas prendre soin de lui de manière définitive ? Cela ne peut plus durer.

– Ce n'est pas si simple, répartit sa mère dans un pâle sourire. Que pouvons-nous faire ?

– Laissez-moi agir. Je vais prendre soin de lui. La situation est tout simplement intolérable.

– Bien, dit sa mère qui avait compris. Mais sois prudente !

La princesse envoya un mot à l'abbé lui disant que l'impératrice souhaitait le voir pour discuter des plans du nouveau palais. Puis elle choisit vingt-quatre suivantes, de fortes femmes, qu'elle arma de cordes, de manches à balais et de perches, et les instruisit de son plan. Quand le moment du rendez-vous arriva, elle sortit avec ses femmes jusqu'au *Yao-kouang-dian,* où l'abbé devait passer pour se rendre chez l'impératrice. Elle avait donné ordre à son cousin Yeou-ning de se tenir prêt avec un groupe de gardes du palais.

La princesse attendit, ses femmes à ses côtés, l'arrivée de l'abbé. Celui-ci venait habituellement à cheval accompagné de deux serviteurs. A la réception de la lettre, il s'était montré hésitant car il connaissait le sort qui avait été réservé à ses moines. Puis il s'était souvenu que l'impératrice avait empêché son procès et avait décidé de se rendre à son invitation. Il arriva par la porte nord du palais et avança avec précaution, regardant alentour. Un grand jardin séparait les bâtiments résidentiels des palais officiels. Il contourna un étang et arriva dans la partie arrière des appartements privés qui étaient reliés entre eux par des galeries couvertes en zigzag. Il observa avec plus de prudence encore les environs, mais ne vit que les servantes habituelles du palais. La princesse T'ai-p'ing se tenait sous le porche et lui souriait en guise de bienvenue. Il descendit de cheval et attacha sa monture sous un arbre. Soudain les femmes sortirent de leurs cachettes ; elles lancèrent des cordes autour de lui, l'étranglant comme un poisson pris au filet et lui assenèrent des coups. L'abbé hurla, mais ses serviteurs s'étaient enfuis depuis longtemps. Et déjà les gardes du palais fondaient sur lui. L'abbé fut tué sur un ordre exprès de la princesse et son corps envoyé au temple du Cheval Blanc pour y être incinéré.

C'était du travail net et bien fait. La princesse reçut les félicitations de sa mère. Sa fille était sa digne descendante ! Ainsi finit la vie de l'abbé fou, un mois à peine après l'incendie des temples et, avec lui, les aventures bouddhiques de l'impératrice. Son acharnement contre lui se retourna contre la religion aussi, car treize jours après sa mort, elle annonça qu'elle abandonnait les épithètes de « Grande Compatissante » et de « Primordiale » dans ses titres honorifiques ; ses aspirations religieuses s'étaient brisées. Elle n'aimait plus non plus le nom d'ère d'inspiration bouddhique, la « Sanctification suprême ». Avec son amant confucéen, le docteur Tch'en, elle devint confucéenne et, en septembre de la même année, elle changea le nom d'ère en « Dix mille années atteignant le Ciel ». « Ciel » sonnait mieux dans la tradition, d'où le nom qu'elle donna au nouveau palais lorsqu'il fut terminé, « le palais où l'on atteint le Ciel ».

Chapitre 40

Un drame fou, mais gai et savoureux s'achevait. Tandis que la vie privée de l'impératrice était loin d'être sans reproche, son gouvernement se fit plus humain. Le gang des juges illettrés, des censeurs véreux et des bourreaux sanguinaires était brisé, et la terreur cessa. Le seul qui survivait encore était Lai, disgracié en province. Depuis la machination tramée contre le prince Tan par son neveu Tch'eng-ts'eu et qui avait eu la conclusion que l'on sait, elle s'était fatiguée de celui-ci. A chaque fois qu'elle l'apercevait, ses humeurs noires se réveillaient. Tch'eng-ts'eu, impopulaire, agressif sans intelligence et flatteur sans tact, était le symbole même de son échec, de la fin de son rêve d'établir une glorieuse maison Wou, et elle tourna son attention vers un autre de ses neveux, San-sseu.

L'impératrice, encore robuste de corps et d'esprit à soixante-treize ans, commença à rappeler dans son gouvernement les ministres intègres qu'elle avait toujours admirés en secret ; souvent ces derniers avaient été relégués à des postes peu élevés dans les provinces. On a vu ainsi revenir au pouvoir le juge honnête Hsiu Yu-kong, le généreux Wei Yuan-tchong et le sage juge Ti. Jamais elle n'avait méconnu leur honnêteté et leur grandeur, mais il lui avait semblé préférable de les tenir écartés, le temps de réaliser ses desseins. Je suis intimement persuadé qu'elle aurait pu devenir, sans ses ambitions excessives, une grande souveraine. Quand elle utilisa des instruments vicieux, comme Sou et Lai, c'était en pleine connaissance de cause. Elle aurait lié un pacte avec le juge des enfers en personne si ce dernier l'avait servie. Ses aventures avec le moine fou étaient autorisées par ses prérogatives impériales et jamais elle n'eut l'intention de se réformer ; il y eut d'autres, de nombreuses autres aventures de ce genre, car elle souhaitait vivre dans une atmosphère de fêtes, de délices en compagnie de sa parentèle et de ses amants. Sa pratique du gouvernement était si ancienne qu'elle pouvait bien s'octroyer du repos et, avec des hommes de principe à sa tête, elle était tranquille.

Hsiu Yeou-kong avait été rappelé et nommé au titre de vice-président du Tribunal des Censeurs. On se souvient qu'il avait osé argumenter contre sa souveraine en refusant de condamner la mère de la concubine Tu, épouse du prince Tchö. Wei Yuan-tchong aussi était de retour, pareil au vieux chêne après la tempête, trois tempêtes pour être exact. Lui aussi fut nommé vice-président du Tribunal des Censeurs.

– Dites-moi maintenant pourquoi vous vous êtes toujours attiré les ennuis ?

– J'étais comme un cerf, répondit Wei à l'impératrice avec un sourire dans la voix, et des prédateurs comme Lai et Tcheou voulaient goûter de ma chair !

Quant au juge Ti, il était pour l'heure gouverneur de Yeou-tcheou, l'actuelle Pékin, où il repoussa une invasion des tribus Khitans en établissant des liens étroits entre les soldats et les paysans et en restaurant leur fidélité à l'empire. En 698, il fut rappelé pour devenir le bras droit de l'impératrice. Il sembla que la noirceur de la nuit cédait la place à la clarté de l'aube. Même si elle l'avait parfaitement bien jaugé et jugé, l'impératrice ne se doutait pas que la montée du juge Ti au pouvoir signifiait la ruine de ses plans. Elle avait peut-être préféré oublier qu'au cours du procès dans lequel il était impliqué, Ti avait déclaré : « En tant que fidèle ministre des T'ang, je suis prêt à mourir. »

Comme une comète attire à elle d'autres étoiles, le juge Ti attira des hommes glorieux et l'impératrice lui accordait toute sa confiance.

Le juge Ti portait une paire de favoris retombants et une courte barbiche. Sa voix était plaisante. Son éloquence naturelle et diserte le servait à la perfection. Toujours il cernait le point juste, l'exprimait avec clarté et fermeté comme un bon homme de loi. Tous les hommes qu'il recommanda à l'impératrice furent agréés. Il avait réuni ainsi une bonne vingtaine d'hommes d'honneur. La cour et les audiences se transformèrent. Quelqu'un, un jour, le congratula d'avoir nommé tant de ministres capables, courageux et honnêtes, et il avait répondu : « C'est pour le bien de notre Empire, non pour le mien propre. » Il fut nommé aussi au poste de président du Tribunal des Censeurs ; Hsiu et Wei en étant les vices-présidents, il devint, dès lors, impossible au neveu Tch'eng-ts'eu d'agir en toute impunité. Tu King-kien, dont la réputation d'incorruptibilité couvrait l'empire tout entier au temps des bourreaux Sou et Lai, devint vice-président du Grand Secrétariat impérial.

Une des premières actions de ces hommes intègres qui émana de Hsiu fut de juger et de condamner Lai. Celui-ci était revenu à la capitale et occupait un poste de peu d'importance. S'il était encore très riche, s'il avait de nombreuses résidences et de nombreuses concubines, il était aigri, amer, aucune perspective de carrière ne s'ouvrait devant lui. Voulant regagner du pouvoir, il tenta d'attaquer le neveu Tch'eng-ts'eu et, pire encore, la princesse T'ai-p'ing au moyen de calomnies qui n'étaient pas vraiment mensongères d'ailleurs. On savait que Tch'eng-ts'eu s'était emparé de la concubine d'un autre homme et que la malheureuse s'était suicidée. Le poème écrit à sa mémoire par son mari passa de bouche en bouche ; les maisons de thé bourdonnaient du murmure des commérages. Lai ne se montra pas très diplomate en colportant de telles histoires, surtout celles qui mettaient en cause la princesse, fille de l'impératrice. Cette erreur lui fut fatale car celle-ci, en bonne politicienne, fit en sorte que Lai soit accusé de toutes sortes de crimes, extorsion, corruption, détournement de la justice. Les hommes au pouvoir soutinrent son action contre Lai. Le jour où ce dernier fut arrêté pour être conduit au tribunal, tous les habitants de la ville de Loyang sortirent de chez eux. Ils étaient assoiffés du sang de cet homme qui avait fait massacrer des centaines d'innocents et ruiner des milliers de familles. Hsiu et les juges du Tribunal des Censeurs n'eurent aucune difficulté à le déclarer coupable des accusations portées contre lui. Le verdict des juges fut soumis à l'impératrice pour être approuvé. Pendant trois longues journées, elle réfléchit et laissa l'édit sur sa table de travail tandis qu'à l'extérieur du palais, dans la ville, les gens attendaient impatiemment la nouvelle de la condamnation. Un des serviteurs de l'impératrice nommé Ki Meou avait autrefois échappé de justesse aux exactions de Lai ; comme il conduisait la voiture de l'impératrice dans le parc, il osa lui demander :

– Majesté, le rapport des juges sur l'affaire Lai n'a pas encore été approuvé. Pouvez-vous me dire pourquoi il en est ainsi ? La ville entière attend sa condamnation.

– Je réfléchis. Il a beaucoup œuvré pour le gouvernement, répondit-elle.

– Mais, Majesté, ses crimes sont plus hauts que les montagnes et les fantômes de ses victimes remplissent les vallées.

Ki Meou avait trouvé les mots justes pour la convaincre et on vit bientôt Lai, bâillonné, marcher vers son lieu de mort. Une foule comme jamais on n'en vit s'était rassemblée pour assister à l'exécution du dernier des bouchers. Dès que sa tête tomba, la foule s'élança en hurlant, déchaînée. Ce fut une véritable manifestation de folie collective. Ils voulaient voir le corps mutilé de cet homme dont le nom avait causé tant de malheur et tant de nuits blanches. Ce fut comme si un instinct animal les motivait. Il y eut une poussée violente pour atteindre le corps dont il ne resta bientôt plus qu'un paquet d'os et une bouillie sanguinolente. Quelqu'un arracha un œil, un autre, un os du poignet ; ils ne savaient pas pourquoi ils faisaient cela et rejetaient avec dégoût leur macabre découverte. Ce soir-là, le peuple de Lo-yang respira et s'écria : « Enfin, nous pouvons dormir, le dos appuyé contre nos matelas ! » Ce fut seulement à ce moment-là que l'impératrice réalisa la haine du peuple à l'égard de l'homme qui fut son instrument de torture des années durant. De manière subtile, elle décréta que la famille de Lai devait être réduite à néant « pour apaiser la colère du peuple ». Lai était le seul responsable et l'impératrice rendait justice à son peuple.

Chapitre 41

Après la mort de Lai, la cour s'installa dans un calme tel que l'impératrice demanda une fois à Yao Tch'ong avec surprise pourquoi elle n'entendait plus parler de complot ou de rébellion. Son neveu Tch'eng-ts'eu se montrait moins actif et les dignitaires respiraient plus aisément. Quand Lai et ses sbires étaient au pouvoir et que les dignitaires se rendaient, le matin, aux audiences, ils disaient à leur épouse : « Qui sait si nous nous reverrons un jour ? » En ce temps-là, les fonctionnaires pouvaient être arrêtés en pleine rue, jetés en prison, accusés de trahison, soumis à la torture et oubliés à tout jamais.

La première action du juge Ti fut de régler définitivement la question de la succession. Tch'eng-ts'eu avait été le seul à s'agiter des années durant pour être déclaré prince héritier car il était l'aîné des descendants de la maison Wou. Sa tentative pour discréditer le prince Tan s'étant soldé par un échec à cause du suicide de Ngan Kin-ts'ang, il se trouvait dans une situation pour le moins inconfortable. Ses espoirs étaient minces. On avait octroyé au prince Tan le privilège de porter le nom impérial de Wou et lui-même était franchement détesté par les hauts dignitaires. Aucun d'entre eux, de Lö Sseu-houei à Ts'en Tch'ang-king, ne voulant soutenir ses revendications, il les avait cassés et avait essayé, aussi, de briser Ti. Mais le juge avait survécu et il n'était pas homme à laisser cet affront impuni. Il ne l'attaqua pas sur un plan personnel, mais sur celui des plus hauts principes de l'Etat. La maison impériale des T'ang devait être restaurée et, pour cela, il fallait d'abord que l'un des princes survivants, Tchö ou Tan, recouvre de manière claire et définitive sa position d'héritier. Il était extrêmement délicat d'aborder ce point avec l'impératrice. Un grand ministre nommé Li Tchao-tö avait essayé, sans succès, et, à la suite des procès et contre-procès intentés par Tch'eng-ts'eu, il avait été exécuté arbitrairement ; son exécution avait eu lieu le même jour que celle de Lai.

L'impératrice se trouvait confrontée à un cruel dilemme. Comment une femme qui voulait fonder une dynastie et qui n'avait pas d'héritier lui convenant pouvait-elle réussir ? Elle n'y avait jamais songé avant, un peu comme ces hommes qui, leur vie durant, amassent des biens sans savoir à qui les léguer. Dans le cas d'une dynastie impériale, la chose était d'importance. Par son mariage, elle était alliée aux Li de la maison T'ang et ses fils Tchö et Tan se sentiraient toujours apparentés aux Li. Elle n'avait pas voulu revoir son fils Tchö, emprisonné depuis maintenant quatorze ans, et tenait le second, Tan, confiné au palais ou, plus exactement, Tan était cousu au fond de sa poche comme la dernière sapèque d'un joueur. Qu'allait-elle décider ? Malheureusement pour elle, son père avait eu seulement deux petits-fils, Tch'eng-ts'eu et San-sseu. Elle avait fait de son mieux pour les promouvoir, mais leur comportement et leur attitude la révulsaient. Tch'eng-ts'eu n'avait qu'une qualité, une énergie débordante. Il n'avait ni tact, ni dignité et s'était comporté comme un laquais à l'égard de l'abbé. San-sseu, comme son cousin, était un piètre personnage, hautain avec les uns, obséquieux avec les autres. D'une manière générale, les deux cousins ne s'étaient attiré que la haine et le mépris. Yi-tsong, un autre de ses neveux, était un homme petit et frêle qui évoquait par sa tournure un épouvantail, ce qui n'avait pas le moins du monde réduit ses sottes ambitions.

Les neveux Wou se vêtaient de pourpre. Mais la pourpre devenait commune. Trop d'ex-condamnés, de vendeurs des rues ou de juges illettrés s'en étaient recouverts. Quelle que fut la coupe de leurs vêtements, taillés aussi amples que possible pour masquer leur constitution débile, les neveux Wou n'avaient pas une stature princière. Ils n'avaient ni la stature, ni la naissance, ni l'intelligence, ni la force que requiert la position de prince héritier. Aucun d'eux n'avait reçu une éducation convenable et, ce qui était pire, ils n'avaient aucun respect des lettrés et des livres. L'héritier présomptif, Tch'eng-ts'eu, était si sale et si repoussant de sa personne que même son ambitieuse cousine, la fille adoptive de l'impératrice, la princesse T'ai-p'ing avait refusé de le prendre pour époux. Le mari de la princesse avait disparu au cours de la rébellion des princes et plutôt que de s'acoquiner avec Tch'eng-ts'eu, elle avait préféré s'allier avec un autre de ses cousins, Hinki ; ce dernier était marié, mais l'impératrice s'était arrangée, dès que la décision de la princesse avait été prise, pour faire disparaître son épouse, sans trop attirer l'attention.

Toutes ses réflexions sur le destin de sa dynastie conduisirent l'impératrice à proposer son neveu Sansseu comme prince héritier. Ti et les autres s'opposèrent à ce projet. L'impératrice se montra sincèrement désolée et ne pouvait toujours pas se décider. Une fois, elle évoqua devant le juge Ti un rêve qu'elle faisait souvent. Quelle que fût sa stratégie, elle perdait aux échecs. Ti lui dit que son rêve avait un sens caché qu'expliquait le fait que, dans notre langue, le terme utilisé pour « joueur d'échec » contenait le mot « fils » :

« Majesté, vous perdez parce que vous n'avez pas de joueur d'échec convenable. Sans joueur, vous ne pouvez que perdre. »

La convaincre d'abandonner ses neveux pour replacer sur le trône les princes T'ang n'était pas chose aisée. Pareille décision remettait en question toutes ses prétentions à l'égard de sa propre dynastie et son dessein initial de règne universel. Mais le juge Ti, maître détective, était aussi un homme convaincant. Il trouva l'argument qu'il fallait avancer ; comme les grandes idées, il était simple. L'impératrice, qui était à présent une femme âgée et qui pensait au destin de ses âmes, ne supporterait pas l'idée de disparaître sans avoir l'assurance qu'on lui offrirait régulièrement des offrandes. Ti l'effraya suffisamment pour qu'un jour, quand la question de la succession s'était reposée, il put lui dire : « Il faut mettre un de vos fils sur le trône. Votre tablette ancestrale occupera une place d'honneur dans le temple des ancêtres impériaux et des sacrifices vous seront rendus sans discontinuer. De plus, vous devez considérer quelle est la relation la plus intime, celle de mère et de fils ou celle de tante et de neveu. Parfois même on a vu des fils se rebeller contre leurs parents. Quelle assurance avez-vous que vos neveux se souviendront toujours de votre bonté à leur égard ?

« Au contraire, s'ils vous ignorent et se détournent de vous, qu'adviendra-t-il de vous ? »

L'argument fit son chemin. L'impératrice savait que les rites funéraires étaient définis soigneusement et prescrits avec la plus grande rigueur. Elle détestait l'idée de devenir une âme affamée que l'on ne célébrerait pas et que l'on abandonnerait. Elle pouvait aussi imaginer, en toute lucidité, que ses neveux la négligeraient, voire même la déshonoreraient après sa mort. Malgré tout, si elle avait toujours admiré les jugements sages de Ti, elle n'était pas décidée à se rendre aussi facilement à ses arguments :

– Il s'agit de mes propres affaires, décréta-t-elle, je déciderai le temps venu.

– Majesté, l'Empire tout entier vous appartient, à vous et à votre maison. Il n'est aucune affaire du gouvernement et de l'Etat qui ne soit votre affaire propre. La question du prince héritier concerne la famille impériale, mais aussi tous vos sujets, tous vos dignitaires et moi-même, votre serviteur. De même que la fondation d'une dynastie doit être réglée de manière claire et définitive, la succession au trône nécessite de la clairvoyance. Le grand T'ai-tsong, pour gagner son Empire, a vu ses narines envahies de la fumée et de la poussière des champs de bataille. Il affronta tous les dangers et résolut toutes les difficultés pour établir la maison impériale sur le trône et léguer l'Empire à votre défunt époux. A présent, ses fils ont foi en vous et vous êtes leur mère. Quel que soit l'angle sous lequel on envisage la chose, il serait correct de nommer Tchö ou Tan, votre héritier.

Ti avait parlé avec chaleur et vérité. L'impératrice fut heureuse de voir que cette question, qui l'avait rendue perplexe des années durant, était à présent clarifiée. Les termes de son choix se situaient dans l'alternative suivante ; devait-elle être la mère ou la tante du futur empereur ? Laquelle des deux perspectives était la plus sûre pour ses âmes ?

Peu de temps après, l'impératrice interrogea Ti à nouveau :

– Qui de Tan ou de Tchö doit me succéder ?

– Tchö, naturellement, car il est l'aîné.

Les conseils de Ti étaient toujours simples et définitifs. Le prince Tchö, séparé de sa mère depuis des années, fut rappelé à la cour avec son épouse. Leur retour devait être gardé secret et le prince qui avait à l'époque quarante ans ne fut pas autorisé à voir les dignitaires de l'empire. On avait allégué sa maladie pour l'empêcher de paraître au palais. Le prince se souvenait encore du jour où sa mère l'avait fait jeter au bas du trône et son esprit, encore plein de crainte et rompu à l'obéissance servile, s'égarait. Pourquoi l'avait-on rappelé ? Voyant que la situation ne se dénouait pas, le juge Ti rendit visite à l'impératrice pour la presser de prendre une décision. Sa Majesté n'était-elle pas vraiment décidée ? Pourquoi gardait-elle le secret du retour de Tchö au palais ? N'aurait-il pas fallu accueillir le prince en grande pompe pour affirmer sa position ? Toujours convaincant, le juge Ti insista sur la chaleur des relations qui existaient entre une mère et son fils et, finalement, l'instinct maternel de l'impératrice se réveilla. Il est probable aussi qu'elle avait décidé du meilleur choix pour la destinée de ses âmes dans l'au-delà. Elle appela le prince Tchö de derrière le rideau du trône et dit avec chaleur :

– Voilà, je vous rends votre héritier !

Le juge Ti et le jeune prince mirent genou à terre pour la remercier et Ti la congratula d'avoir pris la bonne décision. Il ajouta cependant :

– Que ceci ne demeure pas secret.

– Que voulez-vous dire ?

– Le peuple n'a pas vu le retour de Tchö à la capitale. Je suggère qu'il retourne, lui et sa suite, aux portes de la ville pour que Votre Majesté les accueille officiellement. Ainsi l'Empire saura que votre fils est revenu.

Le conseil de Ti fut suivi et les choses se passèrent ainsi. Nous étions au mois de mars de l'an 698. Le prince Tchö nommé héritier, les espérances de Tch'engts'eu s'écroulèrent. Seul et désespéré, il tomba malade et mourut en septembre de la même année. Mon oncle Tan avait assisté à la nomination de son frère sans ressentiment aucun.

L'année suivante, les enfants de la maison T'ang dont je faisais partie furent autorisés à quitter le palais de l'est et à mener une vie libre. Notre présent souverain, Ming-houang, avait alors quatorze ans et moi, vingt-sept. Il me sembla sortir d'une cage dorée. J'aurais du être grandement excité à l'idée de recouvrer la liberté, de me promener à travers les rues de la cité, de voir les boutiques, les maisons. Mais il n'en fut rien. Quelque chose en moi était mort et il me fallut des années pour abandonner cette attitude acquise faite de prudence, de silence et de peur, pour recommencer à vivre normalement à nouveau.

Ti vieillissait. Il avait agi avec bonheur et fut traité royalement par l'impératrice. Chacune de ses apparitions publiques lui attirait des honneurs spéciaux. L'impératrice ne l'appelait pas par son nom, ni par son titre, mais lui donnait du *Kouo-lao* ou « Vénérable de l'Etat ». Ti sentait que la lutte engagée par les neveux Wou pour reprendre le pouvoir aux princes T'ang ne trouverait pas une issue de sitôt. Comment tout cela allait-il se terminer ? Il ne le savait pas. Il avait fait de son mieux. La situation requérait à présent un homme d'action et de courage peu commun, capable de prendre de grandes décisions. Il lui sembla qu'il y avait suffisamment d'hommes de caractère à la tête de l'Etat pour pouvoir agir en cas de crise, des hommes comme Wei Yuan-tchong, Yao Tch'ong ou Song King. La moralité du gouvernement était restaurée, c'était le principal. Son dessein plus lointain était la chute de la dynastie de l'impératrice. Parmi ses amis de toujours, il avait la plus grande confiance en Tchang Kien-tche qui n'était alors que magistrat dans un district éloigné de la capitale. Kien-tche parlait peu, il était calme, profond et son habileté dans les affaires d'Etat était incomparable. Tous les deux, ils avaient pour but secret de restaurer les T'ang même s'ils savaient qu'il leur faudrait du temps, des circonstances favorables et des hommes preux placés aux postes stratégiques pour réussir.

Une fois, l'impératrice avait demandé à Ti de lui recommander quelqu'un pour un poste important.

– Ti, trouvez-moi un homme d'une rare capacité qui pourrait diriger les autres, agir et penser au-dessus des autres.

– Majesté, tout dépend de ce que vous voulez faire de lui.

– Je veux un homme capable de diriger le gouvernement comme de diriger les armées.

– Si Votre Majesté a besoin d'un lettré pour être conseiller impérial, un homme comme Hsieou Kiun-Tch'en conviendra. Mais si Votre Majesté a besoin d'un homme de force et d'action, capable d'assurer un véritable commandement, il y a Tchang Kien-tche.

Ce que l'impératrice avait en tête quand elle avait interrogé Ti à ce sujet n'était pas très clair. Tchang Kien-tche fut nommé magistrat à la capitale, fonction relativement importante que Ti, lui-même, avait occupée autrefois. Pourquoi l'avait-elle nommé là ? Peut-être voulait-elle tester ses capacités ? Une autre fois, elle demanda à Ti de lui recommander un homme capable.

– Je vous ai parlé déjà de Tchang Kien-tche, déclara Ti.

– Je l'ai nommé à un poste à la capitale. Trouvez-m'en un autre.

– Ce n'est pas ce que je voulais dire, Majesté. Je vous l'ai recommandé, non pas pour qu'il devienne magistrat, mais pour qu'il soit vice-président du département des Affaires d'Etat.

Et, dans les jours qui suivirent, l'impératrice nomma Tchang Kien-tche vice-président du ministère de la justice avant de lui faire assumer, plus tard, une charge plus haute encore.

Ti sentit sa fin proche. Il savait qu'à présent, il mourrait heureux ; il avait fait ce qui était en son pouvoir, le reste dépendait du Ciel. Les événements futurs nous montreront que les hommes qui entreprirent le coup d'Etat pour abattre l'impératrice et restaurer les T'ang, furent tous des hommes qu'il avait recommandés. Il mourut en l'an 700, âgé de soixante et onze ans, après un long entretien privé avec Tchang Kien-tche. Il avait laissé le gouvernement de l'empire entre de bonnes mains. Il n'avait pas à agir lui-même. « L'exemple même du crime parfait », avait alors conclu le maître détective.

Chapitre 42

Bien avant la mort de Ti, l'impératrice avait deux nouveaux favoris, les frères Tchang à la triste notoriété. Ti avait, sur ce sujet, ses façons de voir. Il considérait les deux jeunes hommes comme les « maîtresses » de l'impératrice. Ces affaires ne regardaient qu'elle et lui était occupé par de plus graves pensées. Il avait utilisé, d'ailleurs, en bon détective qu'il était, les « maîtresses mâles » d'un « empereur femelle » pour parler en faveur des princes Tchö et Tan. Un détective suit toujours la même ligne de conduite et il avait interprété les signes des temps correctement. Il savait que la dégénérescence de la morale au palais aiderait indirectement à restaurer les T'ang. Par son attitude latitudinaire en apparence, il avait voulu fournir à l'impératrice assez de corde pour se pendre. La dame Wei, épouse de Tchö, avait dit, dans son franc-parler, que ces gigolos conduiraient l'impératrice à la ruine, Ti n'avait pas eu la même compassion.

L'impératrice, lassée de son amant confucéen, le médecin Tch'en, avait pris deux, puis bientôt trois, quatre et cinq amants. Elle était en train d'établir ce que l'on pourrait appeler un harem d'hommes. Il était facile d'imaginer qu'une femme âgée de soixante-quinze ans voulait jouir de l'existence et qu'une personne ayant régné sous le nom d'ère « Sanctification du Ciel » pouvait tout se permettre. Souvent, un vieux souverain se rejouit en compagnie de jeunes et charmantes personnes, il en était de même pour elle. Les frères Tchang étaient remarquablement beaux. Yi-tche, l'aîné, et Tch'ang-tsong, le second, étaient appelés respectivement, dans les milieux populaires, « monsieur Cinq » et « monsieur Six », selon l'ordre de leur arrivée dans leur famille. On les vit évoluer au palais, le visage fardé, les cheveux apprêtés et du parfum dit « langue de poulet » pour l'haleine dans la bouche. Monsieur Six était si beau qu'on disait de lui que son visage était pareil à la fleur de lotus. Un certain Yang Tsai-sseu, grand flatteur, dit une fois à Tch'ang-tsong qu'il était certain que c'était le lotus qui demandait à être comparé à son visage. Les deux frères vivaient la plupart du temps au palais, bien qu'on leur eût alloué des résidences et des villas avec serviteurs, dépendances et bétail. Leur mère, madame Tchang, avait aussi un amant, avec l'autorisation expresse de l'impératrice, en la personne du vice-président du ministère des armées, Li Kiong-hieou. Tch'ang-tsong, le cadet, était une découverte de la princesse T'ai-p'ing. Incapable de contenir son ravissement, celle-ci partagea la bonne nouvelle avec sa mère qui découvrit bientôt la véracité des dires de sa fille. La nuit suivante, Tch'ang-tsong devenait « général aux couleurs volantes » et révéla à la vieille rouée que son frère aîné, spécialiste des substances amoureuses et régénératrices, lui était supérieur dans les arts de l'amour. L'impératrice découvrit avec grand plaisir la véracité des dires de Tch'ang-tsong. D'ailleurs, la constance de ce Yi-tche dans le lit impérial montre bien qu'il devait avoir des talents particuliers propres à exciter et à satisfaire la vieille impératrice. Celle-ci connut un regain de vitalité remarquable. A soixante-neuf ans, il lui poussa de nouvelles dents de sagesse et à soixante-seize, probablement à cause des aphrodisiaques de Yi-tche, de nouveaux sourcils lui apparurent. Personne n'eut été surpris s'il lui avait poussé une paire de favoris.

Si Tch'ang-tsong était plus attrayant physiquement, Yi-tche était un amant plus expérimenté. Le choix entre les deux eût été difficile, mais il n'était pas nécessaire.

De plus, la mère comme la fille se comportaient très honorablement avec deux hommes. L'abbé comme le médecin furent oubliés. A partir de ce moment et jusqu'à son dernier jour, l'impératrice ne put se passer de leur jeunesse, de leur beauté et de la joie qu'ils lui offraient, et ne les laissa pas s'éloigner d'elle. Elle ne pouvait plus vivre sans eux. Sa jalousie montra même qu'il ne s'agissait pas simplement d'un caprice de vieille femme, mais d'une réelle entente charnelle. Il y avait au palais une secrétaire très attachée à Tch'ang-tsong. Cette jeune personne n'était autre que la petite-fille du grand poète Chang-kouang Yi. On se souvient que ce dernier avait été condamné à la peine capitale pour avoir incité Kao-tsong à déposer l'impératrice et que sa famille avait été réduite à l'esclavage. Mademoiselle Chang-kouang, dont le nom était Wan-eul, avait pratiquement grandi au palais. Son talent pour les lettres aidant, elle était devenue femme de rang et avait pour charge, depuis l'année 696, de rédiger les édits de l'impératrice. Plus tard, sous le règne du prince Tchö, elle devint chef-examinateur des lettrés du service civil. Inutile de dire que l'attraction était mutuelle entre elle et Tch'ang-tsong. Ils s'étaient souvent rencontrés et appréciés au cours des banquets et autour des tables de jeux. Leur aventure était sans doute allée trop loin. Un jour, tout à leur joie d'être ensemble, ils oublièrent la présence de l'impératrice.

« Comment osez-vous ? » s'écria l'impératrice en menaçant la jeune femme avec un stylet d'or. Heureusement pour elle, mademoiselle Chang-kouang eut le temps de s'esquiver pour éviter le coup. Le pire aurait pu se produire si Tch'ang-tsong n'avait pas mis genou à terre et demandé pardon à sa maîtresse. Le couteau avait blessé la jeune femme au front et, plus tard, elle porta des boucles pour masquer la cicatrice. Jamais plus ils ne fleuretèrent ensemble, du moins en la présence de l'impératrice. Mademoiselle Chang-kouang avait un appétit si démoniaque de la chair que, plus tard, elle devait partager son amant, le neveu San-sseu, avec l'impératrice Wei, femme du prince Tchö. La cour était au comble de la confusion.

L'affaire des frères Tchang tourna bientôt à l'institution. Les gens se demandaient ce qu'ils faisaient au palais et quel était leur poste. Bien évidemment, l'impératrice ne souhaitait pas pour ses amants de hautes charges qui les auraient occupés la plupart du temps. Mais si on voulait arrêter les ragots et justifier la présence d'hommes non castrés dans l'enceinte des appartements privés, il fallait créer pour eux un nouveau bureau, d'où l'établissement de l'« Institut des Grues » dont l'aîné Yi-tche fut nommé président. Le nom de l'institut répondait comme en écho à celui de la « Terrasse de la licorne », la bibliothèque impériale. Il était en résonance avec l'esprit du temps, ou tout du moins l'état d'esprit de l'impératrice, car la grue, oiseau des immortels taoïstes, conduisait vers les terres du bonheur éternel. Faire de ses amants des chambellans eût semblé trop réaliste et impliquait de réelles contraintes. Faire d'eux des gardiens de vases de nuit eût semblé trop prosaïque. La grue, par ailleurs, était l'emblème de la vie libre et oisive, détachée de tous les devoirs terrestres. Mais un institut devait avoir un but. L'impératrice y avait songé déjà, ce serait un institut consacré aux recherches intellectuelles. Un institut requérait aussi la présence d'une équipe de secrétaires ; quel serait leur rôle ? Il fut décidé que le meilleur sujet de recherche serait l'étude des trois religions, le confucianisme, le taoïsme et le bouddhisme. Le bureau éditorial, dirigé par Yi-tche, devrait compiler une anthologie des textes sacrés des trois religions, les *Entretiens de Confucius,* le *Livre de Lao-tseu* et les *Dits du Bouddha* ; le corpus comprendrait aussi les livres des saints, des sages et des philosophes de moindre importance. Le choix des éditeurs se porterait plutôt sur les passages d'inspiration naturaliste et lyrique, plutôt que sur les développements philosophiques abscons. En général, les discours sur la vanité de la vie et la vacuité des existences peuvent conduire à une plus grande dévotion et à une élévation de l'âme ; dans la perspective voulue par l'impératrice, l'accent était mis, au contraire, sur la brièveté de la vie humaine et sur la nécessité d'en jouir le plus possible. Le taoïsme ne disait-il pas qu'on pouvait aspirer à une vie paradisiaque en partageant la vie des immortels, *hic et nunc* ? Dans tous les cas, les recherches érudites n'apparurent pas comme étant la principale préoccupation des pensionnaires de l'« Institut des Grues », bien qu'il y eut quelques lettrés et écrivains parmi eux. Ils étaient, en fait, comme le nom de leur bureau l'indiquait, *kong-fong* ou « assistants impériaux de Sa Majesté ».

La véritable occupation de tout ce monde était les fêtes, les dîners et les jeux. Il semblait que l'impératrice avait voulu faire de l'institut un palais féerique. Sa situation était remarquable. Ses bâtiments entouraient le palais *Yao-kouang*, somptueusement gravé et décoré, qui évoquait la mémoire de l'empereur de la dynastie des Souei lequel avait perdu son trône à cause de son amour des femmes. Derrière l'ensemble palatial, s'étendait le jardin impérial d'un kilomètre de long qui comportait un étang de forme oblongue et deux îlots, entouré d'arbres, d'arbustes, d'arches décoratives et de galeries couvertes aux solives gravées et peintes. On répandit la rumeur que Tch'ang-tsong était la réincarnation d'un immortel taoïste de l'Antiquité. Pour que ce rêve des terres paradisiaques soit perceptible à l'impératrice, Tch'ang-tsong se vêtait d'un manteau de plumes à la manière des immortels, il jouait de la flûte et faisait le tour du parc sur une grue de bois, à l'admiration et à l'envie de tous. Le nombre des pensionnaires de l'« Institut des Grues » ne devait jamais cesser d'augmenter tandis que sa réputation déclinait ; on parla d'homosexualité. Cette notoriété produisit la plus amusante lettre qu'un sujet écrivit jamais à sa reine. Un certain jeune homme nommé Wei avait manifesté bruyamment son désir de devenir un membre de l'institut et ce, en vertu, de sa beauté « sub-abdominale ». Un vieux lettré digne de soixante-dix ans, Tchou King-tso, fut révolté ; autrefois Tchou s'était élevé contre les crimes de Lai et de ses sbires. Il crut qu'il était de son devoir de censeur d'écrire une lettre officielle de protestation à l'impératrice.

« Il me semble que Sa Majesté a déjà deux favoris avec Yi-tche et Tch'ang-tsong. Ne lui suffisent-ils pas ou doit-il y avoir encore plus de garçons à l'« Institut des Grues » ? Le palais est empli d'horribles commérages. J'apprends que Wei clame être admis assistant impérial en vertu de ses mérites intimes, d'autres pourraient suivre son exemple... »

Après avoir pris connaissance de cette lettre, l'impératrice déclara à son auteur : « Merci de votre message. Je n'en savais rien ! »

Les lettrés confucéens réprouvaient de manière générale l'exhibition de la dépravation morale. Song King, ministre au tempérament fier, insulta Tch'ang-tsong en l'appelant « Madame ». Une autre fois, le président de la Grande Chancellerie impériale, Wei Nganche, trouvant les frères Tchang en compagnie de marchands vulgaires du Sseu-tchouan aux tables de jeu, les avait fait expulser du palais car il les en jugeait indignes. La lettre de Tchou avait cependant attiré l'attention de grand-mère sur la terrible réputation de l'« Institut des Grues » à l'extérieur. Elle voulut changer son nom en *Fong-tch'en-fou* ou « Bureau des assistants impériaux ». Je pense soudain que, hormis le temps consacré aux fêtes et aux banquets, elle devait passer une bonne moitié de son temps au lit.

La rumeur s'intensifia. Le fils du prince Tchö, à présent nommé « petit-fils impérial », autre innovation de grand-mère, en fut dégoûté. Il avait juste vingt ans et sa sœur venait de se marier avec le fils de Tch'eng-ts'eu, Yen-ki. Le frère et la sœur ne purent s'empêcher d'évoquer entre eux la conduite scandaleuse de leur grand-mère. Dès que celle-ci l'apprit, elle fut grandement offensée et jugea leur attitude comme un manque de respect à l'égard des personnes âgées. Le grand âge qu'elle invoquait ici ne l'avait pas adoucie, mais l'avait, au contraire, rendue plus dure, plus dure et plus fantasque. Elle fit fouetter à mort ses petits-enfants et demanda au mari de sa petite-fille de se pendre.

Chapitre 43

Pareils scandales furent loin d'arrêter les rumeurs et, au contraire, les amplifièrent. L'opposition à l'impératrice augmentait comme sa moralité dégénérait. Les dignitaires du palais se dressèrent contre les frères Tchang dont les cousins devenaient chaque jour plus arrogants ; ils étaient prêts à fomenter des révoltes dans la capitale, comme le moine fou l'avait fait avant eux, dix ans auparavant. Aussi longtemps que les gigolos étaient confinés dans leur harem pour le plaisir de l'impératrice, les ministres avaient fermé les yeux sur leurs agissements. Mais Tch'ang-tsong et ses autres frères devenaient ambitieux et interférèrent de bien des manières dans la conduite de l'administration. Les dignitaires considérèrent qu'autoriser un tel scandale était une insulte personnelle. Déjà des lettres dénonçant leur conduite avaient été envoyées et le récit de leurs exactions circula plus rapidement à travers le pays qu'un édit envoyé par la poste impériale. Chaque maison de thé et chaque échoppe devenait un relais pour propager les affaires des pensionnaires et d'ailleurs, plus tard, parut un ouvrage sous le titre *Histoire secrète de l'Institut des Grues* où toutes ces anecdotes furent consignées.

L'énergique Wei Yuan-tchong était le plus acharné de tous et n'autorisait aucune extravagance. Quand les gens de la maison de Tch'ang-tsong commirent des manquements à la paix, il leur fit infliger, publiquement, la bastonnade. Un des frères de Tch'ang-tsong, Tch'ang-ki, travaillait sous les ordres de Wei au bureau préfectoral de la capitale. Encouragé par le pouvo... ses frères, Tch'ang-ki dirigeait le bureau comme s'il ... appartenait. Wei le tança vertement devant les fonctionnaires réunis et bloqua son avancement à un poste mieux payé auquel l'autre aspirait. De plus, Wei écrivit à l'impératrice :

« Votre serviteur est étonné de ne pas pouvoir poursuivre sa tâche au sein de l'administration impériale et de voir que l'on a permis à des personnes de peu d'entrer à votre service. » L'expression « personnes de peu » faisait clairement référence aux favoris de l'impératrice. L'inimitié s'accentua entre cette dernière et ses ministres. Pour Wei, il s'agissait d'épurer le gouvernement en se débarrassant de ces pervertis sexuels. Tch'ang-tsong attaqua le premier en calomniant Wei auprès de sa maîtresse ; Wei aurait dit qu'elle devenait vieille et que tous devaient se rallier au prince Tchö, ce qui était exactement le type d'accusation propre à enflammer le courroux de l'impératrice. Rendre le trône à son fils ? Jamais, aussi longtemps qu'elle vivrait ! L'affaire s'envenima. Les favoris de l'impératrice combattirent les dignitaires et les ministres qui se regroupèrent autour de Wei. Considérant qu'il s'agissait d'une affaire grave, l'impératrice fit tenir une audience à laquelle devaient assister les princes Tchö et Tan. Wei devait être interrogé et répondre aux accusations portées contre lui. Avant l'audience, Tch'ang-tsong avait persuadé un dénommé Tchang Yue de témoigner contre Wei. A l'époque, Tchang Yue était fonctionnaire de cinquième rang et Tch'ang-tsong lui avait probablement promis une promotion rapide au sein de l'administration ; il est probable aussi que Tchang ait donné sa promesse au mignon.

Les dignitaires attendaient le moment de pénétrer dans la salle du trône. L'ardent Song King, vice-président du Tribunal des Censeurs, apostropha Tchang en ces termes :

– Il serait fort regrettable, mon cher Tchang Yue, que vous fassiez du tort au vice-président du Grand Secrétariat impérial. De qui avez-vous peur ? De « mesdames les Frères » ? Nous sommes tous concernés par cette affaire et ce sera un honneur pour moi que d'être démis de mes fonctions ou exilé pour avoir combattu ces donzelles !

– Mourir avec honneur ou être promu avec déshonneur, choisissez, avait dit Lieou Tche-ki, grand lettré, historien et philosophe de l'histoire, présent parmi les lettrés. D'autres aussi invitèrent Tchang Yue à se tourner contre Tch'ang-tsong. Les dignitaires s'étaient montrés si belliqueux et si déterminés que Tchang Yue changea d'avis ; on peut penser qu'il avait bien promis, comme je le crois, à Tch'ang-tsong de témoigner en sa faveur. Enfin Wei arriva, l'air furibond. En apercevant Tchang Yue, il s'écria :

– Voilà donc la racaille qui témoigne contre Wei Yuant-chong ! (Wei était toujours emphatique dans ses propos.)

– Excellence, pourquoi me tenir un tel langage ? faites-moi confiance.

La cloche venait de sonner et ils n'eurent plus le temps de poursuivre la conversation. Ils entrèrent l'un après l'autre dans la salle du trône. S'ensuivit une amusante querelle entre les mignons et les lettrés au vaste savoir. Sa Majesté l'impératrice ouvrit les débats en demandant à Tchang Yue de répéter ce qu'il avait entendu. Comme celui-ci allait répondre, Tch'ang-tsong lui donna un coup de coude pour lui intimer l'ordre de parler dans le sens qu'il souhaitait, lui.

« Majesté, dit alors Tchang Yue, ici même, en votre auguste présence, Tch'ang-tsong essaie de m'influencer pour témoigner contre Wei. Vous pouvez imaginer aisément ce qu'il en est hors de la salle du trône. Devant vos Majestés impériales et leurs Excellences ici réunies, je voudrais dire que je n'ai jamais entendu le vice-président du Grand Secrétariat impérial, Wei Yuan-tchong, alléguer que nous apportions notre soutien au prince héritier contre Votre Majesté. Voilà ce que Tch'ang-tsong voulait me forcer à avouer, je suis désolé, il n'en est rien. »

Furieux et ahuri à la fois, Tch'ang-tsong oublia toute prudence et s'écria :

– Tchang Yue et Wei Yuan-tchong conspirent ensemble !

– L'accusation que vous portez est grave, dit l'impératrice, avez-vous des preuves de ce que vous avancez ?

– Oui, j'ai des preuves.

– Lesquelles ?

– J'ai une fois entendu Tchang Yue dire à Wei Yuan-tchong que s'il n'était pas le duc Tcheou en personne, il devait le devenir !

Les ministres, au comble du soulagement, ne purent retenir leurs rires. Car le duc Tcheou était un ministre sage, parangon de l'honnête homme selon Confucius. Par ignorance, Tch'ang-tsong venait de dire que l'ambition de Wei était de ressembler au puissant duc Tcheou qui fut régent du roi Tch'eng [16] lorsque celui-ci était enfant ; or, jamais il n'y eut plus fidèle et plus loyal ministre dans l'histoire. Comparer un homme au duc Tcheou était le plus grand compliment que l'on puisse faire à quelqu'un.

« Je suis désolé, répondit Tchang Yue, Tch'ang-tsong devrait mieux connaître notre histoire. Il est vrai que quand Son Excellence le prince héritier revint à la capitale, j'allai lui présenter mes congratulations pour sa nomination et exprimai l'espoir que Son Excellence Wei devienne l'égal du duc Tcheou. Qui prendre pour exemple sinon lui ? »

---

16. Le roi Tch'eng était le troisième souverain de la dynastie des Tcheou de l'ouest, 1122-771 av.n.e.

La cour entière éclata de rire. Tch'ang-tsong, déconfit, murmura quelque chose à l'oreille de l'impératrice et celle-ci leur donna congé après avoir gratifié Tchang Yue de traître, au comble de la colère.

Le jour suivant, Tchang Yue fut interrogé à nouveau et s'en tint à sa version des faits. Mais, les choses étant, Tchang et Wei devaient passer en jugement. Yi-tsong, un des neveux de l'impératrice, se trouvait parmi les juges. Le procès de Wei déchaîna les passions. Tous les dignitaires s'étaient ralliés à lui. Pétrel des hautes mers, Wei serait toujours au cœur des tempêtes. Lorsqu'on l'avait rappelé d'exil, dignitaires et gens du peuple l'avaient acclamé triomphalement et avaient accordé crédit à l'impératrice pour sa juste décision. A présent qu'il était accusé à nouveau, les fonctionnaires noyèrent l'impératrice de lettres pour plaider sa cause et Houan Yen-fan, un homme recommandé par le juge Ti, se porta garant sur sa vie de la loyauté de Wei. Mais, de toute façon, un mot glissé sur l'oreiller a toujours plus de poids que la harangue d'un censeur à la cour. L'impératrice avait toujours éprouvé de l'affection pour Wei, mais ne pouvait pas faire perdre la face à son favori et que l'on prouva ou non légalement sa culpabilité n'empêcha pas de l'envoyer une fois encore en exil.

Wei vint dire adieu à Sa Majesté. Il lui déclara :

– Majesté, votre serviteur est âgé et il n'est pas une chance sur dix que vous le revoyiez vivant. Mais, je vous en prie, suivez mon conseil. Un jour, plus tard, vous penserez à Wei et vous souviendrez de ses paroles.

– Quel est votre conseil ? demanda l'impératrice avec gentillesse.

Alors, Wei désigna du doigt les frères Tchang qui se trouvaient dans la pièce et dit avant de prendre congé :

– Ces deux jeunes hommes feront votre ruine !

Après son départ, l'impératrice soupira à regret : « Comme il doit être loin à présent. » Cependant, le dossier n'était pas clos. Wei avait été démis de ses fonctions au cours d'un simulacre de procès et sans autre raison valable que de s'être opposé aux favoris de l'impératrice. Tch'ang-tsong, qui n'était pas encore satisfait du châtiment infligé à son rival, ourdit une machination contre lui. Les amis d'un exilé avaient pour habitude de lui faire préparer un dîner d'adieu. Huit camarades de Wei avaient sacrifié à la tradition et lui avaient offert un dîner avant son départ pour l'exil. Tch'ang-tsong avait rédigé une lettre d'information, envoyée par un soi-disant Ts'ai Ming, alléguant que Wei et ses amis complotaient une rébellion. Les amis de Wei en question n'avaient pas de postes très élevés au sein de l'administration impériale, aussi l'impératrice appointa-t-elle un juge pour faire leur procès. Elle demanda à un officier du palais d'envoyer le message suivant au juge :

« Sa Majesté considère que l'affaire des amis de Wei est simple. Interrogez-les et envoyez-nous votre rapport au plus tôt. »

Le juge Houai Sou qui était intègre ne considéra pas l'affaire aussi simplement et ne voulait pas être en partie la cause de la ruine de Wei Yuan-tchong qu'il admirait grandement. Car si l'accusation se révélait fondée, Wei pouvait être facilement gratifié de la mort en exil et personne ne pourrait rien pour lui. L'impératrice – Tch'ang-tsong plutôt – envoya un autre message au juge :

« Les faits sont clairs. Pourquoi ce retard ? Sa Majesté s'impatiente. »

On fit comparaître le juge Houai Sou devant l'impératrice. Il expliqua son retard en disant qu'il ne pouvait pas retrouver l'accusateur, le dénommé Ts'ai Ming.

– Comment saurais-je où il se trouve ? dit l'impératrice. La lettre d'information ne suffit-elle pas ?

– Non, Majesté, je suis désolé. Je ne peux pas prendre de décision tant que je n'ai pas interrogé la personne qui porte l'accusation.

– La lettre suffit, il n'est pas nécessaire de produire son auteur.

– Je ne le pense pas, répondit le juge, je ne peux pas me fier à ce seul morceau de papier. Ce n'est pas suffisant. Il se peut, et j'ai tout lieu de le croire, que le dénommé Ts'ai Ming n'existe pas. Je ne peux juger une affaire sans plaignant et sans témoin, juste sur la présentation de la lettre d'un informateur inconnu.

– Vous voulez ainsi laisser libres ceux qui sont accusés de trahison ?

– Majesté, comment oserais-je ? Wei était le vice-président du Grand Secrétariat de Votre Majesté. Ses amis lui ont de toute évidence offert un dîner d'adieu avant son long voyage. Je ne peux pas croire que Wei soit un rebelle. Votre Majesté a le pouvoir de le faire mettre à mort, si elle le désire. Donner un ordre suffit. Mais si vous voulez que je le condamne au cours d'un procès régulier, je ne peux faire autrement que de m'en tenir aux procédures de la loi.

– Voulez-vous dire que, selon les procédures de la loi, ces hommes devraient être libérés ?

– Je suis peut-être stupide, Majesté, mais je ne vois pas de quoi pourraient être coupables ces huit hommes !

Les faits étaient si clairs qu'il eût été embarrassant même pour l'impératrice de punir le juge. Elle ordonna que l'on ferme ce dossier et consola son mignon par d'autres faveurs. Wei, brisé pour la troisième fois, devait revenir bientôt plus aimé et plus honoré que jamais.

Chapitre 44

Le regrettable désordre que l'impératrice et son galant avaient déclenché en persécutant Wei de manière arbitraire fit mauvaise impression sur tous les dignitaires de la cour. Les ministres et les secrétaires, hommes recommandés par le juge Ti, resserrèrent leurs rangs. L'atmosphère était à l'amertume, voire même à la rébellion, comme au temps du pouvoir de Lai. Les noms des gigolos apparurent sur des affichettes et étaient dans toutes les chansons et toutes les rengaines ; leurs exploits, aussi grivois que ceux du moine fou, étaient, somme toute, aussi rafraîchissants que les friandises qui accompagnent le thé et les graines de melon. Tout cela devenait très compromettant pour l'impératrice. Ses censeurs ne faisaient pas, selon elle, leur devoir. Tch'ang-ki, le frère du favori, était devenu fabuleusement riche et menait grand train. Comme ses frères, plus il était riche et plus grandes devenaient ses ambitions, lesquelles étaient à la mesure de son impopularité. Une nuit, quelqu'un écrivit à la craie sur la porte de la résidence de Tch'ang-ki : « Combien de temps cela va-t-il durer ? » La diatribe fut effacée le matin même, mais réapparut la nuit suivante. Le manège continua six ou sept jours durant, si bien qu'à la fin, Tch'ang-ki, exaspéré, écrivit lui-même : « Un jour de plaisir me suffit ! »

La destruction des amants indignes de l'impératrice et son abdication se rejoignirent dans l'esprit des dignitaires. Une quinzaine d'entre eux se regroupèrent autour de Tchang Kien-tche et mûrirent un plan secret. L'hostilité contre les frères Tchang inclut un cercle plus large de personnages qui n'étaient pas dans le secret, mais qui combattirent avec zèle pour ruiner les favoris. La cause était excellente pour rallier tous les honnêtes gens et procurait un prétexte parfait pour un coup d'Etat. L'« Institut des grues » pouvait dégager un parfum fétide aussi longtemps que les orgies étaient confinées dans les appartements privés de l'impératrice. Mais son influence grandissait et les ministres usèrent de moyens légaux pour tenter de la réduire à néant. Tchang Kien-tche ne parla de ses projets qu'à ses amis intimes. On se souvient que des années auparavant, il avait fait le serment avec son ami Yang Yuan-yen de restaurer les T'ang et d'éconduire l'impératrice. Une de ses premières actions, lors de son arrivée au pouvoir, fut de nommer Yang général d'une des unités de gardes du palais : « Je ne vous ai pas nommé à ce poste sans arrière-pensée, dit Tchang Kien-tche à son ami, vous rappelez-vous notre discussion sur le fleuve Bleu, une nuit de pleine lune ? »

Yang avait compris.

Tous ces événements trouvèrent une conclusion rapide. La démission de Wei avait eu lieu en 703 et, l'année suivante, l'impératrice fut constamment malade. Elle garda le lit des mois durant avec ses deux amants à son chevet. Même les conseillers privés n'étaient pas autorisés à la voir. Les mignons s'inquiétèrent. Qu'allait-il advenir d'eux si leur protectrice mourrait ? Elle avait déjà quatre-vingt-un ans et les meilleures glandes de castor et autres substances régénératrices ne pouvaient empêcher la marche du temps. Par ailleurs, la vie licencieuse qu'elle menait n'avait pas non plus contribué à améliorer sa santé. Les mignons, certains de la haine des dignitaires à leur égard, tentèrent une dernière manœuvre pour consolider leur pouvoir. Des placards apparurent dans les rues sur lesquels on pouvait lire que les deux frères fomentaient un complot. En juillet, les ministres réussirent à traîner Tch'ang-tsong en justice car ce dernier avait volé les terres d'un fermier. Ils avaient eu le soutien de Tchang Kien-tche qui savait que seules les poursuites légales pourraient perdre la réputation des deux frères et augmenter la haine du peuple à leur égard. L'impératrice se trouvait, une fois encore, dans une position inconfortable. Si Tch'ang-tsong était condamné et que les tribunaux rouvrent le dossier Wei, sa réputation serait gravement entamée. Et Tchang Kien-tche ne pouvait pas perdre.

Extorquer la terre d'un pauvre fermier était un crime passible d'une amende de vingt livres de cuivre et de la perte de ses fonctions officielles. Les censeurs exigèrent que Tch'ang-tsong fût privé de ses rangs et de ses titres. L'impératrice savait qu'à travers lui, c'était elle que l'on visait. Lors d'une audience avec ses ministres, elle déclara :

– Je sais que vous ne l'aimez pas. Mais ce sont certainement les gens de sa maison qui se sont emparés des terres du fermier en question. En raison des actions bénéfiques de Tch'ang-tsong à l'égard de votre impératrice, je demande qu'on lui laisse son poste.

– Et qu'a-t-il fait par le passé pour mériter votre soutien ? demanda Song King.

L'impératrice se tourna alors vers Yang Tsai-sseu, fidèle partisan de son amant que l'on avait célébré dans un poème intitulé *Le Renard à deux pattes*.

– Rappelez, Yang, ce que Tch'ang-tsong a fait pour moi.

– Majesté, je sais qu'il a fait recueillir les simples les plus rares pour composer des médications propres à vous octroyer jeunesse et longévité.

Yang était sincère dans son propos, mais les ministres prirent un air compassé.

– Bien, conclut l'impératrice, que Tch'ang-tsong garde son poste.

Cependant les ministres ne relâchèrent pas leur pression. Wei Ngan-che et un autre envoyèrent une mise en accusation officielle à Tch'ang-tsong et deux juges furent appointés pour examiner son cas. Pour éviter cette comparution en justice, l'impératrice préféra nommer les deux ministres à des postes dans les provinces. Les poursuites cessèrent.

Mais, en décembre de la même année, Tch'ang-tsong fut accusé d'un crime plus grave. Il avait consulté un maître du destin pour apprécier ses chances de devenir empereur. Les baguettes de divination formèrent le signe composé de six lignes pleines ou lignes mâles, preuve qu'il allait devenir souverain comme le suggéra le devin Li Hong-t'ai qui lui conseilla, en outre, de bâtir un temple à Ting-tcheou pour augmenter ses chances. Li fut arrêté et interrogé. Il confirma les faits. L'affaire fut présentée officiellement à l'impératrice et Tch'ang-tsong ne perdit pas de temps ; il lui écrivit sur-le-champ une lettre l'informant du résultat de l'oracle. Ainsi, il pourrait dire, pour sa défense, que Sa Majesté l'impératrice était au courant de tout. Il s'arrangea pour qu'elle nomme un ou deux de ses hommes, juges. Le verdict des censeurs fut le suivant : il était coupable, mais comme il avait confessé son crime à sa Majesté, il était pardonné. Song King ne s'avoua pas vaincu. Il considérait la visite de Tch'ang-tsong au devin comme une offense gravissime contre l'empire et une intention claire de trahir l'Etat. Il écrivit à l'impératrice en ce sens et lui demanda l'arrestation et la comparution de Tch'ang-tsong devant un tribunal compétent. Mécontente, l'impératrice ne répondit pas. Song King écrivit à nouveau et lui posa la question suivante :

– Que dirait le peuple si de tels crimes n'étaient pas jugés ?

Elle essaya encore de retarder le procès.

– On s'occupera de cette affaire plus tard, laissez-moi le temps de prendre connaissance des éléments du dossier.

L'impératrice n'était pas prête à jeter son amant dans les bras de ceux qui voulaient sa mort. Mais Song King, têtu comme une mule, était aussi difficile à circonvenir que Wei Yuan-tchong. Elle fit promulguer un édit selon lequel Song King devait enquêter sur une affaire dans le sud, à Yang-tcheou ; elle pensait pouvoir l'éloigner de la capitale comme elle l'avait fait avec Wei Ngan-che. Song King refusa de s'y rendre. Sa charge le retenait à la capitale. Elle voulut ensuite l'envoyer à Yeou-tcheou pour le même motif et il refusa encore : « Majesté, je suis désolé, mais les devoirs de ma charge m'empêchent de vous obéir. Le règlement de notre tribunal prescrit le déplacement pour enquête d'un censeur seulement dans le cas où un fonctionnaire de haut rang du district est impliqué dans l'affaire et celui d'un juge, dans le cas de fonctionnaire de bas rang. En tant que vice-président du Tribunal des Censeurs, je ne peux quitter mon poste, sauf cas d'extrême importance. »

Les événements se précipitèrent. L'impératrice refusa de laisser son amant quitter le palais où il était en sécurité. Les ministres menèrent une attaque de concert. Houan Yen-fan écrivit à sa souveraine :

« A deux reprises, Tch'ang-tsong a violé les lois de l'Empire. Mais il est toujours libre. S'il n'est pas arrêté pour être jugé, pourquoi ne pas accorder la liberté à tous les criminels ? Cette affaire nuit à la légitimité de la Loi et au bon ordre de l'Etat. »

Le Tribunal des Censeurs, sur la base des déclarations du devin et de la propre confession de Tch'ang-tsong à l'impératrice, déclara que le crime de ce dernier ressortissait à la sédition et qu'il était passible de la peine capitale. Tenant son rapport en main, Song King retourna au palais pour demander la comparution immédiate de l'accusé.

– Voici le rapport final des censeurs. Je demande instamment à Votre Majesté qu'elle accepte de laisser le criminel passer en jugement.

– Mais vous savez bien qu'il m'a tout raconté. Cela ne montre-t-il pas la loyauté de son cœur ?

– Il ne le fit qu'une fois son affaire portée au Tribunal des Censeurs. Et si nous n'étions pas intervenus, il serait resté muet. Le crime qu'il a commis ne peut être pardonné par une simple confession. Que restera-t-il du respect des lois si des exceptions sont faites pour des hommes qui ont vos faveurs ?

L'impératrice essaya de calmer Song King car son seul souci était de sauver son amant.

– Voulez-vous bien considérer les faits à nouveau ?

– Je sais que je vous ai offensée Majesté. Mais le devoir prime avant toute chose et je suis prêt à mourir pour ne pas avilir ma charge.

L'impératrice qui était têtue et Song King qui ne l'était pas moins se trouvaient dans une impasse. Pour sauver la situation, « le renard à deux pattes » qui était aux côtés de l'impératrice déclara : « Sa Majesté va prendre sa décision. Vous pouvez vous retirer. »

L'impératrice était enfermée dans un dilemme cruel. Elle ne pouvait pas outrepasser les lois de l'empire, mais voulait sauver son amant. Elle répéta ce qu'elle avait fait, autrefois, pour sauver l'abbé de la justice. On fit envoyer Tch'ang-tsong au Tribunal des Censeurs. Song King pensa qu'il avait enfin réussi. Il commença l'interrogatoire qui fut mené en toute légalité. Mais avant qu'il n'ait eu le temps d'apprendre des choses intéressantes, un émissaire du palais apporta une note de l'impératrice sommant Tch'ang-tsong de revenir immédiatement auprès d'elle. « Damnation ! s'écria Song King. J'aurai pu faire fouetter cette racaille sur l'heure et le voilà parti ! »

La loi, une fois encore, était bafouée. L'homosexuel dégénéré avait échappé à la justice grâce à l'intervention éhontée d'une vieille femme perverse. Leurs agissements allaient bientôt être étalés sur la place publique et punis. Les frères Tchang avaient commis assez de crimes pour être pendus et bien des dignitaires, au temps de la terreur, avaient subi ce châtiment sans avoir commis la moitié de leurs délits. La patience des bons ministres s'épuisait. Les frères Tchang devaient être éliminés, d'une manière ou d'une autre ; Tchang Kien-tche entra en action.

Chapitre 45

L'impératrice avait été malade tout au long du mois de décembre alors que les censeurs s'acharnaient contre son amant. L'année nouvelle la trouva dans un état de délabrement pire encore. Aucun assistant impérial, aucun conseiller privé, pas même ses propres fils n'étaient admis en sa présence. Seuls les deux frères se tenaient constamment à ses côtés.

Tchang Kien-tche mit alors son plan à exécution. On se souvient qu'il avait nommé son ami Yang Grand Général d'une des gardes impériales. A l'époque, les gardes des casernes du sud étaient chargées de la paix et de l'ordre dans la capitale tandis que celles des casernes du nord veillaient sur la Cité interdite et les bureaux de l'administration impériale. Leur commandant en chef, ou Grand Général, était Li To-tso. Tchang Kien-tche le gagna à sa cause avec prudence en lui rappelant sa dette à l'égard des empereurs T'ang. Li était un honnête homme et il prêta serment devant le Ciel dans la résidence de Tchang Kien-tche. Ce dernier, par la suite, devait nommer trois de ses hommes aux postes de commandement des autres corps de gardes. A cet effet, il avait rappelé son ami Yao Tch'ong qui venait juste d'arriver de sa lointaine province dans la capitale et le mit au courant de son action. Le coup d'Etat était prévu pour le 22 janvier, un mois après l'intervention de l'impératrice pour sauver Tch'ang-tsong. Chaque détail avait été pensé avec soin. Les gardes des casernes du nord et du sud devaient agir conjointement tandis que la police de la ville encerclerait les hommes de Tch'ang-tsong et prendrait le contrôle de ses propriétés en ville. Puis, les gardes des casernes du nord, fortes de leur mille cavaliers et de leurs cinq cents soldats, encercleraient le palais impérial et forceraient l'impératrice à abdiquer.

Au matin du jour dit, le 22 janvier de l'an 705, les gardes du palais se rassemblèrent à la porte nord. Tchang Kientche, Houan Yen-fan, Li To-tso et les autres chefs étaient là ainsi qu'un des gendres du prince Tchö. C'est avec lui que le Grand Général Li To-tso se rendit dans les appartements du prince Tchö dont la présence était nécessaire puisque le coup d'Etat avait été fomenté en son nom. Tchö, qui n'avait pas été prévenu, se montra perplexe ; il était un peu effrayé aussi et ne savait ni que faire, ni que dire.

« Nous vivons un grand jour, dit Li To-tso qui commençait à perdre patience. Savez-vous ce que nous préparons ? La restauration de la maison T'ang, la dynastie de votre grand-père T'ai-tsong. Nous sommes prêts à risquer notre vie pour cette grande cause, le moins que vous puissiez faire est de vous montrer et de conduire les dignitaires chez votre mère. »

Le prince hésitait toujours. Il frissonnait en pensant : « Je sais que les frères Tchang méritent la mort... Mais ma mère est si malade... Tout cela est si soudain... »

« Bien, continua Li To-tso, sortez et dites vous-même aux dignitaires que notre projet ne vous intéresse pas. De toute manière, s'il n'aboutissait pas, nos familles seraient ruinées. » Si Tchö avait refusé, il est probable qu'ils l'auraient escorté pour diriger la rébellion et mis sur le trône de force. Son gendre, Wang T'ong-kiao, l'encouragea :

« Nous devons agir vite et ne pas perdre de temps. Les gardes sont à l'extérieur du palais, prêts à entrer et à vous faire acclamer empereur. Vous serez plus en sécurité avec nous si nous venons à échouer. »

On hissa le prince, encore hésitant, sur son cheval ; il ne savait pas s'il allait monter sur le trône ou périr.

La maison de l'héritier du trône était reliée à la porte nord du palais par un grand jardin. Tchang Kien-tche et les autres respirèrent lorsqu'ils virent le prince apparaître. Aussitôt, les gardes reçurent l'ordre de pénétrer dans le palais et de se placer aux endroits convenus. Les gardes de Li To-tso se dirigèrent vers les quartiers résidentiels de l'impératrice, « le palais où l'on accueille les immortelles ». Rendus inquiets par toute cette agitation, les deux frères sortirent de leurs appartements. Des gardes en uniforme étaient postés autour de l'étang et dans le parc. Un détachement marchait sur les appartements privés de l'impératrice. Arrivés à l'étang, les gardes empruntèrent les galeries couvertes. Les deux frères furent immédiatement reconnus. Ils essayèrent de s'échapper, mais on donna ordre de les poursuivre. Les gardes hurlants brandirent leurs couteaux et se précipitèrent sur eux. Ils furent bientôt entourés et maîtrisés et on les décapita proprement.

Un peu plus loin se trouvait la porte d'entrée du « palais où l'on accueille les immortelles », cachée en partie par les arbres. Dans « le palais où les immortelles se rassemblent », l'impératrice dormait. Le Grand Général Li To-tso pénétra dans le palais et ordonna aux serviteurs de sortir. Puis, lui, Tchang Kien-tche et les autres chefs de la révolte, entrèrent dans la chambre de l'impératrice.

– Quel est tout ce bruit, demanda cette dernière avec encore de l'autorité dans la voix. Comment osez-vous venir ici ?

– Nous vous demandons pardon, Majesté, répondit Tchang Kien-tche. Tchang Yi-tche et Tchang Tch'ang-tsong, coupables de trahison, viennent d'être tués sous nos ordres. Je suis désolé de ne pas vous en avoir tenue informée avant.

Les yeux de l'impératrice se posèrent sur son fils et elle s'exclama :

– Vous ici ! Regagnez vos appartements. Puisque vous les avez tués, vous devez être satisfaits. Sortez à présent !

– Je suis désolé, déclara Houan en s'avançant d'un pas. Le prince héritier ne regagnera pas ses appartements. Son père, le défunt Kao-tsong vous le confia pour qu'il règne après lui. Il est grand temps que le trône lui soit rendu. Nous demandons humblement à Votre Majesté d'abdiquer en faveur de son fils Tchö.

L'impératrice se montra relativement calme et regarda tous ceux qui se tenaient en rang devant elle.

– Li Tchan, tu es là ! Dire que je vous ai accordé, à ton père et à toi tant de faveurs ! Toi aussi, Ts'ouei Hsiuan-wei, moi qui t'ai promu en personne ! Je ne peux y croire. Vous êtes tous des rebelles, des pourceaux !

Elle serait donc toujours aussi sûre d'elle... Ts'ouei répondit :

– Majesté, nous vous sommes reconnaissants des faveurs que vous nous avez accordées, mais Votre Majesté comprendra que nous sommes animés d'une véritable gratitude à son égard.

Grâce à l'habileté du plan de Tchang Kien-tche, l'opération ne prit guère plus d'une demi-heure. Ils sortirent. Seul resta Li Tchan, chargé de garder l'impératrice. Les dignitaires emmenaient avec eux les têtes des gigolos.

En différents endroits de la ville, le gang de Tch'angtsong avait été démembré et ses autres frères, arrêtés. Les têtes des deux mignons furent exposées sur le pont Kienkin et une grande foule se rassembla pour assister à l'exécution des membres de la famille Tchang.

Le lendemain, le 23 janvier, le prince Tchö fut déclaré régent pour une période limitée dans le temps et le 24, l'impératrice abdiqua officiellement. Le prince Tan fut nommé grand-duc. Tous les descendants de la maison T'ang furent restaurés dans leurs rangs et titres d'autrefois. Les exilés et leurs familles condamnés par Lai et Tcheou furent autorisés à regagner leurs résidences, tous, exceptés les enfants des bourreaux. Le 26, l'impératrice quitta le palais pour être mise sous garde à vue dans la résidence impériale à l'ouest de la ville. Le nouveau régent, toujours aussi respectueux à l'égard de sa mère, venait la voir tous les dix jours pour lui présenter un rapport. Comme les jours passaient, elle pensa qu'elle aurait été plus heureuse s'ils l'avaient tuée sur-le-champ.

Pour la première fois de sa vie, la vieille autocrate sentit qu'elle était vaincue. Li Tchan la surveillait comme une prisonnière et sa fierté était terriblement heurtée. Elle était seule. Ses amants avaient disparu et sa chère fille, la princesse T'ai-p'ing, s'était rangée du côté du prince Tchö. Pire, chaque visite du respectueux régent lui apportait des nouvelles qui étaient autant de défaites. Sa dynastie était abolie. Le labeur de toute sa vie était réduit à néant. Ah ! Si seulement elle était encore jeune et vigoureuse et pouvait sortir de son lit, elle aurait su comment faire disparaître cette racaille, ces ingrats qu'elle avait promus et nourris et qui, à présent, se détournaient d'elle.

Les événements se succédèrent avec rapidité. Le 1er février, la dynastie des T'ang fut officiellement restaurée.

Toutes les couleurs, les insignes, les titres et les dénominations redevinrent ceux des premières années du règne de Kao-tsong. Ping-tcheou, son district natal au Chan-hsi, ne fut plus la « capitale du nord ». Lo-yang, la « cité où les dieux demeurent », redevint comme autrefois la « capitale de l'est ». Elle apprit aussi que Wei Yuan-tchong, qu'elle avait fait conduire en exil, était rentré sous les acclamations du peuple et devenait président du Grand Secrétariat impérial avant d'être nommé président de la Grande Chancellerie impériale. Elle se rappela alors son conseil : « Ces deux jeunes gens feront votre ruine. »

Des nouvelles pires encore lui parvinrent. En mars, les descendants et parents de l'impératrice Wang et de la concubine impériale Hsiao recouvrèrent leur nom de clan respectif et on ne les désigna plus sous les noms de « cobra » et de « vautour ». Au cours du mois de mai, le temple ancestral des Wou perdait ses prérogatives impériales et leurs ancêtres étaient privés de leur rang.

On pouvait considérer tout cela comme une juste punition, un juste retour des choses, la rétribution des actes au cours même de l'existence. Bouddha tout-puissant ! Qu'elle ait vécu jusqu'à ce jour ! Les nouvelles à propos des familles de l'impératrice Wang et de la concubine Hsiao lui rappelèrent sa jeunesse. Les fantômes revinrent la hanter. Devait-elle faire la paix avec eux ? De cette manière, elle pourrait dire qu'elle leur avait pardonné et ils seraient amis à nouveau s'ils se rencontraient en enfer. Mais n'était-elle pas le Bouddha Maitreya ? Elle prit l'habitude de se faire lire des passages du *Livre du Grand Nuage* et se sentait mieux à l'écoute de ces douces psalmodies. Cette musique lui rappelait les jours passés en compagnie de l'abbé. Elle pouvait vraiment dire qu'elle avait joui pleinement de la vie. Plus que les autres femmes ! Comme elle s'était jouée d'elles ! Elle riait parfois à l'idée d'avoir été la femme la plus merveilleuse et la plus puissante jamais née sur la terre et elle se sentait capable de réaliser des choses plus grandes encore, au ciel ou en enfer. Elle était sûre d'une chose : jamais le nom de Wou Tsö-t'ien ne serait oublié.

En novembre, elle rendit ses âmes au démon dans son confinement luxueux. Elle avait quatre-vingt-trois ans. Toujours soucieuse des offrandes à ses mânes après sa mort, elle avait dit se contenter du titre « d'impératrice » et non pas « d'empereur » au cours des célébrations ; elle avait ajouté vouloir être considérée simplement comme la femme de devoir de son cher époux Kao-tsong qui, je pense, devait trembler à l'idée de la retrouver. Dans un dernier testament, elle avait pardonné à l'impératrice Wang, à la concubine Hsiao, à Souei-leang, à Han Yuan, à Lieou Che, l'oncle de l'impératrice Wang, et leur rendait grâce d'avoir rendu son chemin à travers les terres infernales plus facile et plus plaisant.

Ainsi finit l'existence de la plus extravagante, de la plus orgueilleuse et de la plus célèbre souveraine de notre histoire. Certaines de ses actions démoniaques lui survécurent. Il fallut attendre que les membres de son clan soient tués jusqu'au dernier au cours des décennies suivantes pour que le chapitre final de ces mémoires soit clos.

Achevé d'imprimer
sur les presses
HORIZON
GROUPE
Parc d'activités de la Plaine de Jouques
200, avenue de Coulin
13420 Gémenos

pour le compte des Éditions Philippe Picquier
Le Mas de Vert - 13200 Arles

Dépôt légal : juin 1994